Hans-Peter Nolting

Lernfall Aggression

Wie sie entsteht –
Wie sie zu vermindern ist

Theorie und Empirie
aggressiven Verhaltens und
seiner Alternativen

Rowohlt

Originalausgabe
Redaktion Ludwig Moos
Umschlagentwurf Werner Rebhuhn

Überarbeitete Auflage 1983
38.–42. Tausend November 1983

Veröffentlicht im Rowohlt Taschenbuch Verlag GmbH,
Reinbek bei Hamburg, Mai 1978
Copyright © 1978 by Rowohlt Taschenbuch Verlag GmbH,
Reinbek bei Hamburg
Satz Times (Linotron 505 C)
Gesamtherstellung Clausen & Bosse, Leck
Printed in Germany
780-ISBN 3 499 17139 2

Inhaltsverzeichnis

Vorwort 11

Erster Teil: Einführung 13

Kapitel 1
Absicht des Buches und erster Überblick 13

Kapitel 2
Aggression: Kurze Erläuterung zum Begriff 16

Kapitel 3
Populäre Vorstellungen über Aggression 19

Zweiter Teil: Erklärungen zur Entstehung von aggressivem Verhalten 27

Kapitel 4
Aggression als Ausdruck eines Triebes 28

1. Triebtheorien der Psychoanalyse 28
Der Todestrieb bei Freud 28
Neuere psychoanalytische Auffassungen: Mitscherlich, Hacker 30

2. Die Triebtheorie von Konrad Lorenz 33
Stammesgeschichtliche Erklärung 33
Beobachtungen am Menschen 35

3. Allgemeine Bemerkungen zu den Trieblehren und der «aggressiven Natur» des Menschen 37

Kapitel 5
Frustration und Aggression

39

1. Was ist eine Frustration? 40

2. Führen Frustrationen zu Aggressionen? 41
Bedingungen für eine «aggressive Wirkung» von Frustrationen 42
Die Vielfalt möglicher Frustrationsfolgen 46
Warum reagieren Menschen so leicht aggressiv auf Frustrationen? 49

3. Gibt es Aggressionen nur nach Frustrationen? 50

4. Langzeiteffekte: Lebensgeschichte und gesellschaftliche
Bedingungen 52
Frustrationen in der Lebensgschichte 53
Gesellschaftliche Bedingungen 55

Kapitel 6
Aggression als erlerntes Verhalten

57

1. Lernen am Modell (Lernen durch Beobachtung) 58
Imitierte und nichtimitierte Aggression 59
Fördernde und hemmende Bedingungen 61
Situationen, in denen sich das Modellernen auswirkt 62
Aggressive Modelle im Alltag 63

2. Lernen am Erfolg (Lernen durch Bekräftigung) 68
Die Erfolge von Aggression 69
Erfolglose und bestrafte Aggression 74
Leid als Aggressionsziel: Vergeltung und «spontane» Aggression 75
Generalisiertes und situationsspezifisches Verhalten 79

3. Signallernen und seine Bedeutung für affektive Reaktionen 82

4. Kognitives Lernen: Begriffe, Regeln, Problemlösen 84

5. Rückblick: Was wird gelernt? Was ist angeboren? 86

Kapitel 7
Aggressionstheorien und Arten der Aggression

88

Kapitel 8
Aggressionshemmungen 93

1. Leid-induzierte Hemmung 94

2. Angst vor Bestrafung 96

3. Einstellung gegen Aggression (moralische Hemmung) 97

Kapitel 9
Die Opfer aggressiver Handlungen 102

1. Art der Aggression und typische Opfer 102

2. Sündenböcke 104
Wie kommt es zu Sündenbockphänomenen? 104
Schlußfolgerungen 109

Kapitel 10
Zusammenfassendes Erklärungsmodell 111

1. Warum Aggression? – Verschiedene Seiten einer Frage 111

2. Erklärung für das Auftreten von aggressivem Verhalten:
Die Interaktion von Person und Situation 112

3. Erklärung von Ursprung und Entwicklung aggressiven Verhaltens 117

Dritter Teil: Verminderung aggressiven Verhaltens
118

Kapitel 11
Lösungsrichtung 1:
Aggressionen «ausleben» – ein Irrweg 119

1. Erläuterungen zum Ventil-Konzept 119
Einige Ansichten und Vorschläge 119
Aspekte der Katharsis 121

2. Aggressionsverminderung durch Ausleben? 123
Allgemeine Senkung des «angestauten Aggressionspotentials»? 123
Abbau akuter Ärger-Aggression? 125

3. Erleichterung durch Ausleben? 129

**4. Schlußfolgerungen: Was ist gefährlich, was unnötig,
was hilfreich?** 132

Kapitel 12
Lösungsrichtung 2:
Die Anreger vermindern 133

**1. Verminderung von Frustrationsbedingungen in verschiedenen
Lebensbereichen** 134
Erziehung und Familie 136
Schule und Ausbildung 138
Sozioökonomische Bedingungen 138

2. Verminderung aggressiver Modelle und Hinweisreize 139
Aggressive Modelle 139
Aggressive Hinweisreize 141

3. Ebenen der Umweltveränderung 143

Kapitel 13
Lösungsrichtung 3:
Die Anreger anders bewerten 146

**1. Veränderte Bewertung von frustrierenden Ereignissen:
Verständnis und «Weniger-Wichtig-Nehmen»** 146

**2. Veränderte Bewertung «positiver» Anreize:
Ausgewogenes Wertsystem** 151

**3. Veränderte Bewertung von aggressiven Modellen und
Hinweisreizen: Vorsicht und Skepsis** 155

**4. Veränderte Bewertung als «intellektuelle» Lösung:
Die Bedeutung von Aufklärung und «Bewußtsein»** 157

Kapitel 14
Lösungsrichtung 4:
Aggressionshemmungen fördern 159

1. Art der Hemmung und ihre praktische Bedeutung 160

2. Einstellung zu Aggression und individuelle Verantwortung 162
Ablehnung von Aggression als notwendige Voraussetzung 162
Förderung nicht-aggressiver Einstellungen: Ziele und
Bedingungen 163

Kapitel 15
Lösungsrichtung 5:
Alternatives Verhalten lernen 167

1. Was soll gelernt werden? 168
Zielbereich 1: Der Umgang mit eigenen aggressiven Gefühlen 168
Zielbereich 2: Die Bewältigung von Problemen und Konflikten 172

2. Warum alternatives Verhalten gelernt werden muß:
Das Problem des «Wollens» und «Könnens» 177

3. Beispiele aus verschiedenen Lebensbereichen und die Rolle
lernpsychologischer Prinzipien 180
Sozialpädagogische und klinische Beispiele 181
Familiäre Erziehung 189
Schule 192
Kommunikation in Partnerbeziehungen 195
Beruf 196
Politik 198

Kapitel 16
Ist Frieden lernbar? 202

Anhang:
Leitfaden zur Analyse von Problemfällen 206

Literaturverzeichnis 209

Register 220

Vorwort

Dieses Buch ist zum einen für all jene gedacht, die zur Verminderung zwischenmenschlicher Aggression beitragen möchten und die zu der Frage, wie dies geschehen kann, eine wissenschaftliche Orientierung aus der Psychologie suchen. Zum andern eignet es sich für Leser, die sich für ihr Studium, ihre Ausbildung, ihren Beruf oder aus persönlichem Interesse mit der Entstehung und Verminderung aggressiven Verhaltens befassen wollen.

Während die meisten «Aggressionsbücher» überwiegend die Entstehung und die Erscheinungsformen von Aggression behandeln und nur sehr sparsam oder gar nicht erörtern, wie sich aggressives Verhalten abbauen und verhüten läßt, ist dies das eigentliche Thema des vorliegenden Buches. Für das Problem des Aggressionsabbaus ist natürlich wichtig, welche Vorstellung man über das Zustandekommen aggressiven Verhaltens hat. Wer als Laie in den letzten Jahren dazu Informationen aus der Wissenschaft gesucht hat, fand den «Streit der Gelehrten» darüber möglicherweise recht verwirrend. So sprechen etwa die einen von einem angeborenen Aggressionstrieb, während andere der Umwelt die entscheidende Bedeutung zumessen.

Der derzeitige Forschungsstand ist sicher nicht so, daß alle Fragen geklärt sind. Aber er ist auch nicht mehr so, daß eine Theorie gleichberechtigt neben die andere zu stellen wäre. Denn sie unterscheiden sich erheblich darin,

○ welches Beweismaterial sie anführen können,
○ welche praktischen Konsequenzen man aus ihnen ziehen kann,
○ und zum Teil auch darin, wie weit die praktischen Konsequenzen ihrerseits wissenschaftlich belegt werden können.

Ich habe versucht, all dies in verständlicher Form darzustellen, ohne dabei jedoch die Dinge einfacher zu machen, als es wissenschaftlich zulässig ist.

Ich danke allen, die sich an der Umfrage zu Vorstellungen über Aggression beteiligt haben, und denen, die zur inhaltlichen und technischen Fertigstellung des Buches beigetragen haben. Für die kritische Durchsicht des Manuskriptes möchte ich namentlich Herrn Dipl.-Psych. Georg Bruno Herrmann meinen Dank ausssprechen.

H. P. N.

Vorwort zur zweiten Auflage

Die Änderung gegenüber der ersten Auflage besteht – abgesehen von kleineren Korrekturen – vor allem darin, daß einige Kapitel erweitert wurden:

In Kapitel 6 werden die Effekte beziehungsweise Motive aggressiven Verhaltens ausführlicher dargestellt, ebenso die Bedeutung von Situationseinflüssen und Rollen. Des weiteren ist ein Kapitelabschnitt über kognitive Lernprozesse eingefügt worden.

Kapitel 12 wurde um den Abschnitt «Ebenen der Umweltveränderung» erweitert.

Kapitel 13 geht stärker als bisher auf die Möglichkeiten ein, durch kognitive Prozesse unangemessen «empfindliche» Bewertungen von Frustrationsereignissen zu verändern.

Kapitel 15 wurde an mehreren Stellen erweitert: Neu aufgenommen wurden Hinweise dazu, wie auf «provozierendes» Verhalten anderer reagiert werden kann. Des weiteren wird die Bedeutung von Denk- und Selbstkontrollprozessen für den Erwerb alternativen Verhaltens stärker hervorgehoben und illustriert, ebenso die Wichtigkeit der Verbreitung gewaltfreier Aktionsformen als Mittel zur Verminderung politisch-militärischer Gewalt.

Neu aufgenommen wurde im Anhang ein Leitfaden zur Analyse von Problemfällen in realen Lebenssituationen, der zugleich eine Art Zusammenfassung bietet.

Vorwort zur fünften Auflage

Um die wichtigsten Aussagen zur Aggressionsentstehung deutlich herauszuheben und übersichtlich zusammenzufassen, wurde Kapitel 10 weitgehend neu gestaltet. Ebenso gilt dies für das Abschlußkapitel zur Frage «Ist Frieden lernbar?».

Erster Teil: Einführung

Kapitel 1
Absicht des Buches und erster Überblick

Was es immer gegeben hat, gilt leicht als selbstverständlich und unveränderlich. In Armut zu leben, war für viele Menschen in früheren Zeiten – und ist es vielfach auch heute noch – ebenso selbstverständlich wie mit Armen und Beinen geboren zu werden. Armut hat sich jedoch in der Geschichte als veränderlich erwiesen und für die meisten Menschen unserer Kulturzone ist eben dies heute selbstverständlich.

Wo es um menschliches Verhalten geht, werden Selbstverständlichkeiten gerne mit der «Natur» erklärt. Daß Männer zur Arbeit gehen und Frauen das Essen kochen, daß Männer härter und Frauen sanfter sind, ist für viele Menschen auch heute noch ein naturgegebener Unterschied (obwohl sich nachweisen läßt, daß die Fähigkeits- und Interessenunterschiede weitgehend erworben sind). Ähnlich ist es mit der Selbstverständlichkeit, daß es Krieg, Gewalt und Zwietracht immer gegeben hat und (daher!) immer geben wird. Sie in Frage zu stellen bedeutet keineswegs, eine friedliche Zukunft zu prophezeien. Jedoch: die Tatsache, daß es immer Aggression unter den Menschen gegeben hat, ist nicht schon ein Beweis dafür, daß das naturnotwendig so sein muß und Veränderungen nicht möglich sind.

Nach den vorliegenden Ergebnissen der Aggressionsforschung ist das Hauptproblem nicht eine «aggressive Natur» des Menschen, die sich allen Lösungsversuchen widersetzt. Die Hauptprobleme sind vielmehr, wichtige Erkenntnisse über aggressives Verhalten zum Allgemeingut zu machen, sowie die Bereitschaft und Fähigkeit, diese Erkenntnisse in zentralen Bereichen wie Erziehung und Politik anzuwenden.

Die Rolle von Bakterien als Krankheitserreger ist heute praktisch jedermann in unserer Gesellschaft geläufig, und diese Erkenntnis wird auch weitgehend durch medizinische Versorgung und persönliche Hygiene in die Praxis umgesetzt. Ähnliches müßte für das Aggressionsproblem erreicht werden. Erkenntnisse der Psychologie müßten konsequent für die Verminderung destruktiven zwischenmenschlichen Verhaltens angewandt werden.

Nun soll hier keineswegs behauptet werden, daß das Aggressionspro-

14 Einführung

blem ein rein psychologisches sei; und auch nicht, daß die psychologische Seite abschließend und unumstritten geklärt sei. Jedoch liegen zu diesem Thema weit mehr nützliche Forschungsergebnisse vor, als im allgemeinen in interessierten Berufsgruppen (etwa bei pädagogisch Tätigen, Journalisten), geschweige denn in der breiteren Öffentlichkeit (also unter anderem bei Eltern), bekannt zu sein scheint.

Aber auch da, wo man einige Sachkenntnis voraussetzen kann, bleibt diese häufig ohne Wirkung. Das liegt zum einen daran, daß Wissen sich nicht ohne weiteres in Verhalten umsetzen läßt (sonst könnte man z. B. durch das Anhören von Vorträgen Autofahren lernen). Zum anderen liegt es manchmal aber auch an der fehlenden Bereitschaft, aus dem Wissen Konsequenzen zu ziehen. Als Beispiel läßt sich hier der Strafvollzug nennen. Fast alle Experten sind sich einig, daß das traditionelle «Absitzen» einer gewissen Zeitspanne unter kärglichen Bedingungen, in menschlich rauhem Klima, ohne Spielraum für eigenverantwortliches Handeln und in «schlechter Gesellschaft» kaum geeignet ist, einen Menschen zu «resozialisieren», unter anderem also verantwortungsbewußter und weniger aggressiv zu machen. Aber viele Politiker und Wähler haben dieses Ziel entweder gar nicht oder finden es nicht so wichtig, daß sie auch zur Investition von mehr Geld in Reformen bereit wären.

Ein Buch wie dieses kann primär nur auf den ersten der angesprochenen Aspekte eingehen, nämlich wichtige psychologische Informationen über aggressives Verhalten vermitteln. Den zweiten Aspekt – die Nutzanwendung – kann es lediglich zu fördern versuchen, indem es ausdrücklich auf mögliche Konsequenzen für verschiedene Anwendungsbereiche hinweist.

Wie eingangs schon angedeutet, vertritt dieses Buch die Auffassung, daß aggressives Verhalten keine Naturnotwendigkeit ist. Es hält die Annahme für falsch, daß Menschen sich aggressiv verhalten *müssen*, und wenn sie dagegen anzugehen versuchen, sich «Aggressionen anstauen», die gefährlich explodieren oder seelisch krank machen können. Der Verfasser sieht sich hier in Übereinstimmung mit den meisten Psychologen und Sozialwissenschaftlern, die sich in den letzten Jahren eingehender mit dem Problem der Aggression befaßt haben. Als Antwort auf populär gewordene Bücher von Tierverhaltensforschern (vor allem LORENZ) und Tiefenpsychologen (z. B. MITSCHERLICH), die den Eindruck erweckten, «die» Wissenschaft habe beim Menschen einen Aggressions*trieb* aufgedeckt, veröffentlichten vor einigen Jahren auch in Deutschland mehrere Wissenschaftler Übersichten über den Stand der psychologischen Aggressionsforschung, die das einseitige Bild korrigieren sollten (SELG 1971, SCHMIDT-MUMMENDEY/SCHMIDT 1971, LISCHKE 1972).

Ähnlich wie diese Autoren stützt sich auch das vorliegende Buch vornehmlich auf die *empirische Aggressionsforschung*. Sie versucht, dem Problem durch Experimente sowie systematische Beobachtungen und

Absicht des Buches und erster Überblick   15

Erhebungen in realen Lebenssituationen (Felduntersuchungen) auf die Spur zu kommen. Sie hält demgegenüber bloßes Nachdenken am Schreibtisch, die Berufung auf die Meinung berühmter Leute oder das (Über-)Interpretieren einer Einzelbeobachtung für gänzlich unzureichend, wenngleich dies häufig eine «eingängige» Darstellung erleichtert.

Wenn die Ausführungen in diesem Buch so weit wie möglich durch Verweis auf wissenschaftliche Untersuchungen belegt und einige davon beschrieben werden, so hat sich der Verfasser dennoch um eine Sprache bemüht, die nicht nur für Fachkollegen verständlich ist; vielmehr sollen alle Personen angesprochen werden, die – gleich welcher Fachrichtung – berufliches oder persönliches Interesse an dem Thema haben. Fachausdrücke sind – um umständliche Übersetzungen zu vermeiden – natürlich unerläßlich; doch werden sie erläutert, soweit ihre Bedeutung sich nicht aus dem Zusammenhang ergibt.

Darüber hinaus seien zur Kennzeichnung des Buches die inhaltlichen Akzente wie folgt skizziert: Die Fragestellung richtet sich primär auf die *Möglichkeiten zur Aggressionsverminderung*, also den Abbau und die Vorbeugung aggressiven Verhaltens. Der dritte Teil (Kapitel 11 bis 16) ist ausschließlich dieser Frage gewidmet. Hieraus sei folgendes vorweggenommen:

○ Die Darstellung der Lösungsansätze ist nicht auf eine bestimmte theoretische Richtung beschränkt. Vielmehr wird versucht, die zahlreichen verschiedenartigen Vorschläge oder praktizierten Maßnahmen zunächst nach Zugangsweisen systematisch zu ordnen.

○ Die dabei unterschiedenen 5 Lösungsrichtungen werden mit Beispielen ausgefüllt und auf ihre Vor- und Nachteile untersucht.

○ Die Einschätzung ergibt, daß 4 der 5 Lösungsrichtungen viele oder wenigstens einige erfolgversprechende Möglichkeiten bieten und daß eine wechselseitige Ergänzung der 4 Zugänge erforderlich ist.

Der zweite Teil (Kapitel 4 bis 10) über die *Entstehungsbedingungen aggressiven Verhaltens* hat primär die Aufgabe, die Grundlage für die Systematisierung und Bewertung der Lösungsrichtungen zu liefern. Es ist jedoch durchaus möglich, daß jemand der theoretischen Orientierung zur Aggressionsentstehung nicht oder nicht in allen Punkten folgt und dennoch den vorgeschlagenen Lösungswegen zustimmt; er wird sich dann deren Sinn und Nutzen lediglich anders erklären. So mag z. B. das Erlernen konstruktiven Konfliktverhaltens auch der für nützlich halten, der – anders als der Verfasser – darin eine «Kanalisierung» oder «Sublimierung» untergründiger aggressiver Impulse sieht.

Das hier vorgestellte Erklärungsmodell geht davon aus,

○ daß verschiedene Arten der Aggression unterschieden werden sollten;

○ daß es nicht «die» Ursache für aggressives Verhalten gibt, sondern daß es aus dem Zusammenspiel verschiedener Bedingungen der Person und der Situation entsteht.

16   Einführung

Was die Bedingungen der *Situation* anbelangt, so gehören dazu im weiteren Sinne auch politische, wirtschaftliche, technische und andere Bedingungen. Diese werden unter dem Blickwinkel berücksichtigt, daß sie das menschliche Verhalten und Erleben mitbestimmen; sie werden aber nicht selbst zum Thema gemacht. Die Bedeutung dieser Faktoren (z. B. sozialer Mißstände) wird angesprochen, ihre nähere Untersuchung aber anderen Fachrichtungen überlassen.

Aus der psychologischen Perspektive ist die Aggressionsbewältigung ein Problem der Veränderung menschlichen Verhaltens. Und in dieser Hinsicht kommt dem Begriff des *Lernens* eine zentrale Rolle zu. Es gibt viele Dinge, die wir nicht lernen, obwohl sie lernbar sind. Dazu gehört in hohem Maße auch friedliches Verhalten. Auch wenn dieses sicher nicht nur eine Sache des Lernens ist (die Einflüsse der Situation kommen hinzu), *bietet doch die menschliche Lernfähigkeit einen Spielraum, der beim Aggressionsproblem bisher kaum genutzt wurde* – im Gegensatz zum Lernen von Rechtschreibregeln, mathematischen Gesetzen usw. Natürlich ist ein solches soziales Lernen schwerer zu organisieren als der übliche Schulstoff: es geht dabei um den Erwerb von Einstellungen und Normen, von Umgangsstilen und Verhaltenstechniken. Die Bedeutung des Problems sollte jedoch einigen Aufwand rechtfertigen.

Kapitel 2
Aggression: Kurze Erläuterung zum Begriff

Einen allgemein akzeptierten Aggressionsbegriff gibt es in der Psychologie nicht. Die Definitionsversuche und ihre Problematik sollen hier nicht ausführlich besprochen werden. Es liegen dazu mehrere gründliche Erörterungen vor (SELG 1974, LISCHKE 1972, WERBIK 1971, SCHOTT 1971). Eine eindeutige, zufriedenstellende Lösung ist offenbar nicht möglich. Deshalb werden nur einige grundlegende Gesichtspunkte genannt, die für das Verständnis der weiteren Kapitel erforderlich sind.

Klar ist zunächst, daß bei Aggression meist an *schädigendes Verhalten* gedacht wird. Dies reicht jedoch offenbar nicht aus. Wenn ich jemanden absichtlich auf den Fuß trete, ist dies eine Aggression, nicht aber, wenn es aus Versehen geschieht. Nimmt man die *Absicht* in die Definition mit hinein, bringt dies jedoch einige Schwierigkeiten mit sich, da die wirkliche Absicht eines anderen ja nicht zu sehen ist. Um die zufälligen und

Aggression: kurze Erläuterung zum Begriff 17

versehentlichen Schädigungen auszuklammern, enthalten trotzdem die meisten Definitionen in der einen oder anderen Formulierung als Kennzeichen, daß die Schädigung beabsichtigt ist. Als Beispiel einer solchen Definition (der sich auch dieses Buch anschließt) sei folgende genannt: Aggression ist ein Verhalten, dessen Ziel eine Beschädigung oder Verletzung ist (BERKOWITZ 1971).

Wie ist es aber, wenn z. B. Eltern ihr Kind schlagen und es ihr primäres Ziel ist, das Verhalten des Kindes «zum Positiven» zu verändern? Auch dies muß als Aggression gelten, da die Erzeugung von unangenehmen Empfindungen beabsichtigt ist, wenn auch nur als Mittel zum Zweck. Dasselbe gilt, wenn Polizisten einen Verbrecher jagen, oder jemand in Notwehr zuschlägt. Wenn ein letztlich positiver Zweck einer Handlung ihren an sich aggressiven Charakter nehmen könnte, dann gäbe es kaum noch Aggressionen. Denn wo läßt sich ein solcher Zweck nicht finden? Der «heilige Krieg» liegt da auf derselben Ebene wie das Motto: «Wer sein Kind liebt, der züchtigt es.»

In der Definition von BERKOWITZ heißt es: «Aggression ist ein Verhalten . . .» Dies ist ein zweiter Punkt, auf den kurz eingegangen sei. Aggression hat ja nicht nur eine *Verhaltens*seite (Handlungen), sondern auch eine *emotionale* Seite im Sinne von Gefühlen und Antrieben. Nicht nur alle Formen von Gewalt wie Schlagen, Töten, physisches Bedrohen und verbale Formen wie Schimpfen oder Spotten bis hin zu mimischen Ausdrucksweisen wie einem bösen Gesicht gehören zum Begriff der Aggression, sondern auch Ärger, Wut, Groll, Haß usw. Im allgemeinen (so auch in diesem Buch) bezieht sich «Aggression» auf das Verhalten, und die Frage, welche emotionalen Prozesse dabei eine Rolle spielen, bedarf erst noch besonderer Klärung. Zur Verdeutlichung ist es sinnvoll, dabei von «aggressiven Gefühlen» oder ähnlichem zu sprechen. In manchen Fällen ist allerdings ohnehin klar, daß die emotionale Seite gemeint ist, so z. B. in der volkstümlichen Redeweise, daß jemand «Aggressionen» in sich «hat».

In der psychologischen Forschung ist es meist wichtig, «Aggression» irgendwie zu messen, also in Zahlen auszudrücken. Dafür eignen sich manche Aggressionsformen besser als andere. Man kann – um ein Beispiel für die Verhaltensseite zu nehmen – etwa zählen, wie oft ein Kind ein anderes während der Schulpause schlägt; aber der mimische Ausdruck ist schwerer zu quantifizieren. In Experimenten werden häufig Elektroschocks an einer «Aggressionsmaschine» (BUSS 1961) verwendet. Die Versuchsperson hat z. B. die Aufgabe, eine andere Versuchsperson (in Wirklichkeit ein Helfer des Versuchsleiters) für Fehler beim Auswendiglernen von Worten durch die elektrischen Schläge zu «bestrafen». (Die Schocks und ihre Wirkungen werden simuliert, ohne daß die echte Versuchsperson dies wissen kann.) Zwar ist der Versuchsperson vorgegeben, daß sie überhaupt Schocks erteilt, aber in den meisten

18 Einführung

Experimenten ist es ihr überlassen, wie häufig, wie lange und mit welcher Voltzahl sie dies tut. Diese Werte dienen daher als Maß für das aggressive Verhalten, und man kann z. B. untersuchen, ob durch eine Verärgerung die Werte ansteigen. – Seltener als die Verhaltensseite wird die emotionale Seite gemessen. Prinzipiell ist jedoch auch dies möglich, durch objektive Maße wie Höhe des Blutdrucks, oder durch subjektive Maße wie Einschätzung der eigenen ärgerlichen Stimmung auf einer Art Temperaturskala (mehrstufige Schätzskala).

Schließlich muß noch erwähnt werden, daß manche Autoren den Aggressionsbegriff viel weiter fassen, so daß dann Selbstbehauptung, Wetteifer und anderes dazu gerechnet werden, oder gar «. . . alles, was durch Aktivität – zunächst durch Muskelaktivität – eine innere Spannung aufzulösen sucht» (MITSCHERLICH 1969 a, S. 12). Sehr ausführlich definiert HACKER (1971, S. 80) Aggression als «jene dem Menschen innewohnende Disposition und Energie, die sich ursprünglich in Aktivität und später in den verschiedensten individuellen und kollektiven, sozial gelernten und sozialvermittelten Formen von Selbstbehauptung bis zur Grausamkeit ausdrückt». Abgesehen davon, daß Aggression hier kein Verhalten, sondern eine «Disposition» und «Energie» ist, wird sie praktisch gleichbedeutend mit *Aktivität* beziehungsweise mit Aktivitätsdrang, wobei die Aktivitäten destruktiv wie auch konstruktiv sein können.

In einer so weiten Fassung ist der Begriff Aggression aber unbrauchbar und überflüssig. Danach kann man sich verhalten wie man will, man ist praktisch immer aggressiv. Wenngleich der *Zusammenhang* von (schädlicher) Aggression und allgemeiner Aktivität des Organismus für jede Aggressionstheorie von Bedeutung ist und näher untersucht werden muß, sollte der Aggressionsbegriff jedoch seine spezifische Bedeutung behalten. Er sollte auf die Verhaltensweisen beschränkt bleiben, die wir üblicherweise aggressiv nennen und die das eigentliche Problem darstellen, um das es geht: nämlich vor allem jenes unfriedliche, gegen andere Menschen gerichtete Verhalten, das uns das Leben oft so schwer und unerträglich macht. Dies haben anscheinend auch fast alle Autoren in erster Linie im Auge, auch wenn sie in der wissenschaftlichen Definition voneinander abweichen.

Zum Abschluß daher noch eine Definition, die etwas konkreter die aggressiven Formen menschlichen Handelns charakterisiert, wie sie uns in der Familie, in der Erziehung, im Beruf, in der Politik und anderswo begegnen: «Unter aggressiven Verhaltensweisen werden hier solche verstanden, die Individuen oder Sachen aktiv und zielgerichtet Schaden zufügen, sie schwächen oder in Angst versetzen» (FÜRNTRATT 1974, S. 283).

Kapitel 3
Populäre Vorstellungen über Aggression

Aggression ist ein Alltagsproblem. Es berührt jeden. Solchen Problemen stehen die meisten Menschen, da sie eine gewisse Ordnung brauchen, nicht ohne Meinung gegenüber, gleich ob sie nun auf Sachkenntnis beruht oder lediglich auf persönlichem «Überzeugungswissen».

Welche Vorstellungen über die Entstehung von Aggression und die Möglichkeiten ihrer Verminderung sind besonders verbreitet? Wie weit stimmen sie mit neueren Ergebnissen der Aggressionsforschung überein?

Um Eindrücke zu überprüfen, die aus zahlreichen Gesprächen und Seminaren sowie aus journalistischen Berichten zum Thema stammten, führte der Verfasser eine kleine Umfrage durch, in der nach Ursachen von Aggression und nach Möglichkeiten ihrer Verminderung gefragt wurde. Befragt wurden 62 Lehrer(-innen) der Grund- und Hauptschulen sowie eine gemischte Stichprobe (40 Personen) von Angehörigen diverser nichtakademischer Berufe (Techniker, Verwaltungsangestellte, Kaufleute, Krankenschwestern, Hausfrauen u. a.). Diese Stichproben können natürlich nicht als repräsentativ für die Gesamtbevölkerung gelten. Daher sollen die nachfolgenden Prozentzahlen auch nicht als die genaue Meinungsverteilung in der Bevölkerung verstanden werden; sie sollen lediglich ausgeprägte Trends demonstrieren. Von Interesse ist dabei, daß die eine Gruppe – die Lehrer – nach Ausbildung und Beruf relativ gute psychologische Kenntnisse haben müßte, während dies von der anderen Gruppe weniger zu erwarten war.

Die Befragung bestand aus zwei Teilen:
1. Freie Beantwortung. Hier sollten die Befragten kurz in Stichworten zu zwei Fragen Stellung nehmen:
    «Was fällt Ihnen spontan ein zu der Frage, warum es so viel Aggression in der Welt gibt?»
    «Was ließe sich Ihrer Ansicht nach für die Verminderung von Aggression unter den Menschen tun?»
    Hierzu sollten in ca. 3 Min. jeweils 1–3 Antworten notiert werden.
2. Ein Fragebogen mit vorgegebenen Antworten. Sie orientierten sich zum großen Teil an den wichtigsten psychologischen Theorien.

Es ist anzunehmen, daß die spontanen Antworten am besten die geläufigsten Vorstellungen wiedergeben. Die vorgegebenen Antworten bieten demgegenüber eine relativ breitgestreute Meinungspalette an und erfassen, welche Zustimmung die einzelnen Ansichten finden, von denen die Befragten einen großen Teil von sich aus gar nicht geäußert hätten.

	Anteil aller Antworten		
	Gesamt %	Lehrer %	Gemischte Stichprobe %
I. Unangenehme Erfahrungen unterschiedlicher Art	78	75	83
Davon:			
1. Unerfreuliche Erfahrungen im zwischenmenschlichen Umgang (schlechte Kommunikation wie Nicht-zuhören, Nicht-eingehen auf den anderen; Unverständnis, mangelnde Akzeptierung; keine Rücksicht, Egoismus, Machtbedürfnisse u. ä.; seltener: Angst, Mißtrauen, Ungerechtigkeiten)	30	22	40
2. Mangelnde Selbstverwirklichung (Unterdrückung eigener Wünsche, Einengung und Zwänge, unterdrückter Ärger, verdrängte Sexualität, Unzufriedenheit mit sich)	14	15	13
3. Anforderungen (Leistungsdruck und anderer Stress)	13	13	13
4. Materielle Lebensbedingungen (ungleiche Verteilung des Besitzes, Hunger, dichte Bevölkerung, Wohnungsnot)	10	10	10
5. Politische Verhältnisse (vor allem Herrschaftsstrukturen)	6	8	1
6. Erziehung und Familie (fehlende Wärme, Strenge)	6	6	6

Populäre Vorstellungen über Aggression   21

	Anteil aller Antworten		
	Gesamt %	Lehrer %	Gemischte Stichprobe %
II. Der Rest der Antworten erstreckt sich auf			
7. Durchsetzung (Selbstbehauptung, nationale Interessen)	5	4	6
8. Diverse persönliche Eigenarten	3	5	1
9. Massenmedien	3	2	4
10. Wertnormen in der Gesellschaft (Betonung von Geld; Religionen; Leistungsbetonung in Punkt 3 enthalten)	3	4	1
11. Menschliche Natur	2	4	0
12. Sonstiges	6	6	5

Zunächst zu den Vorstellungen über die *Ursachen von Aggression*. In der freien Beantwortung wurden von jedem Befragten meist 2 oder 3 Gründe genannt. Sie wurden nachträglich in verschiedene Rubriken geordnet. Dabei ergibt sich als erstes wesentliches Ergebnis, daß in beiden Stichproben Aggression überwiegend auf unangenehme Erfahrungen in der einen oder anderen Form zurückgeführt wird.

Der Trend ist in beiden Stichproben also sehr ähnlich. Allerdings werden von den Lehrern politische Aspekte häufiger genannt, während in der gemischten Stichprobe der zwischenmenschliche Bereich überaus stark dominiert.

Wie sieht nun das Meinungsbild aus, wenn eine Reihe unterschiedlicher Erklärungen vorgeschlagen werden, wie dies im zweiten Teil der Befragung geschah? Hier ergaben sich umseitige Zustimmungsquoten.

Die Ergebnisse besagen zunächst einmal, daß in beiden Gruppen fast alle Erklärungen mehr Zustimmung als Widerspruch finden. Auch hier stehen die beiden Aussagen, die sich auf «unangenehme Erfahrungen» im persönlichen und gesellschaftlichen Bereich beziehen, weit vorne (Rangplätze 2, 4). Sie entsprechen der *Frustrations-Aggressions-Theorie*

22 Einführung

	Zustimmung		
	Gesamt %	Lehrer %	Gemischte Stichprobe %
1. «Durch falsche Erziehung»	94	100	85
2. «Durch die vielen Probleme und Ärgernisse des Alltags»	93	95	91
3. «Weil viele Menschen nicht gelernt haben, sich anders zu verhalten»	91	93	88
4. «Auf Grund von ungünstigen Lebensbedingungen»	90	95	82
5. «Durch Gewaltdarstellungen in Film und Fernsehen»	86	87	85
6. «Weil es oft einfacher ist, sich aggressiv zu verhalten»	73	80	61
7. «Weil man es von anderen vorgemacht bekommt»	67	78	47
8. «Weil man sich damit leichter durchsetzen kann»	65	74	47
9. «Weil jeder Mensch aggressive Antriebe in sich hat, die er von Zeit zu Zeit abreagieren muß»	62	61	63
10. «Weil der Mensch einen Aggressionstrieb hat»	61	66	51
11. «Aus Mangel an gutem Willen»	47	42	56
12. «Weil man damit mehr erreichen kann»	41	42	39
13. «Durch schlechte Veranlagung»	11	7	19

(Kapitel 5). Auch die Erziehung (1) wird, wie die spontanen Äußerungen zeigen, vermutlich weitgehend in diesem Sinne verstanden (mangelnde Wärme, Einengung usw.).

Hohe Zustimmung finden aber teilweise auch Aspekte, die sich auf das menschliche Lernen beziehen (Kapitel 6). Die *Lerntheorie* wird vertreten durch die Aussagen der Rangplätze 3, 5, 7, 8 und 12. (Auch die

Populäre Vorstellungen über Aggression 23

Erziehung [1] ist in diesem Sinne interpretierbar; doch denken die meisten offenbar mehr an Frustrationen.) Interessant ist, daß all diese Aspekte spontan fast nie geäußert werden; sie sind daher wohl keine dominierenden Vorstellungen. Sehr hohe Zustimmung erhält die ganz allgemeine Aussage über einen *Mangel* an Lernen (3). Daß Aggression *durch* Lernen entstehen kann, wird bei den Filmen (5) sehr häufig angenommen, während alle anderen Lernbedingungen in der unteren Hälfte stehen (7, 8, 12). Hier ist nun eins der bemerkenswertesten Ergebnisse, daß den Darstellungen in Film und Fernsehen größere Bedeutung zugeschrieben wird als den lebenden Vorbildern in der eigenen Umwelt! (Weil man vielleicht selbst ein solches Vorbild ist?) Weiter wird die Rolle des Erfolges von aggressivem Verhalten bei einem spezifischen Hinweis («durchsetzen», 8) zwar insgesamt mehrheitlich erkannt (vor allem von den Lehrern), doch ist dieses Zweckprinzip in seiner allgemeineren Bedeutung («mehr erreichen», 12) offenbar weniger durchsichtig.

Eine weitere Frage ist, ob sich der Mensch von Natur aus aggressiv verhalten muß. Hierauf beziehen sich die Aussagen mit den Rangplätzen 9 und 10. Die *Triebtheorie* (Kapitel 4) findet zwar auch überwiegend Zustimmung, jedoch ist sie nicht so dominierend (in den spontanen Äußerungen selten genannt), wie man nach der Popularität entsprechender Autoren (wie LORENZ oder MITSCHERLICH) erwarten könnte.

Fast einhellige Zustimmung findet jedoch die durch die Triebtheorie nahegelegte Vorstellung, daß Aggression ihr Ventil brauche. Dies zeigen einige weitere Aussagen mit hoher Zustimmung:

«Wenn man Aggressionen verspürt und zurückhält, äußern sie sich später an anderer Stelle» (92 % beziehungsweise 90 und 94 %).

«Kinder sollte man ihre Aggressionen ausleben lassen» (72 % beziehungsweise 67 und 81 %).

«Aggressionen kann man durch Sport, Holzhacken usw. abreagieren» (78 % beziehungsweise 71 und 90 %).

Diesen Vorstellungen liegt ein hydraulisches Energiemodell der Aggression zugrunde. Es muß nicht mit der Triebtheorie verbunden sein, sondern kann auch auf der Annahme beruhen, daß sich durch Frustrationen Aggressionen «anstauen». In einem wie im anderen Fall besteht aber offenbar die Vorstellung, daß man «Aggressionen» (man beachte den Plural) in sich «hat» wie Wasserdampfmoleküle, die nach außen drängen.

Fazit: Die geläufigste Vorstellung ist, daß Aggression eine Folge von unangenehmen Erfahrungen ist. Aggression wird damit vorwiegend als reaktives Geschehen verstanden, weitaus weniger als ein zweckgerichtetes Verhalten, das von seinen Effekten lebt. Natürliche Quellen im Menschen spielen ebenfalls als Ursache keine dominierende Rolle, wenngleich die meisten Befragten an einen Aggressionstrieb glauben (auch die Pädagogen). In ihrer Wirkungsweise werden jedoch aggressive

24   Einführung

Bedürfnisse von den meisten sehr triebähnlich gesehen, nämlich als Energiedruck, der seinen Auslaß braucht.

Nun zur *Aggressionsverminderung*. Die spontanen Einfälle verteilen sich wie folgt:

	Anteil aller Antworten		
	Gesamt %	Lehrer %	Gemischte Stichprobe %
1. Besserer Umgang mit dem Mitmenschen (mehr auf den anderen eingehen, zuhören; Verständnis, Akzeptierung; Rücksicht; mehr Kontakte)	34	23	55
2. Information und Bewußtseinsbildung bezüglich Aggression (Bewußtmachen der Ursachen, eigene Aggression erkennen, Aufklärung für Eltern)	11	13	7
3. Bessere materielle Lebensbedingungen	9	9	9
4. Mehr Selbstverwirklichung (freie Entfaltung, Selbstbestimmung)	9	12	5
5. Bessere Erziehung (Erziehung zur Persönlichkeitsentfaltung, bessere Schulen)	8	10	4
6. Übungen, Training (freundliches Verhalten, Konfliktverhalten u. ä. üben)	6	8	2
7. Weniger Stress (weniger Leistungsdruck, ruhigere Lebensführung)	6	7	3
8. Politische Veränderungen (vor allem: mehr Demokratie)	3	3	4
9. Sich abreagieren (Kanalisieren, z. B. durch Sport)	2	3	0
10. Sonstiges	12	12	11

Populäre Vorstellungen über Aggression   25

Mit Ausnahme der Kategorien 2 und 6, die das Lernen betreffen, entsprechen die Vorschläge im wesentlichen dem Meinungsbild über die Entstehung von Aggression. Sie sind bei den Lehrern aber deutlich stärker verteilt als in der gemischten Stichprobe.

In beiden Gruppen steht die Gestaltung der zwischenmenschlichen Kontakte (1) im Vordergrund. Die Vorschläge beinhalten jedoch lediglich Aufforderungen oder Wünsche, die Menschen sollten sich dem anderen mehr widmen, ihm zuhören usw., aber keine Angaben, wie dies zu erreichen sei. Nur vereinzelt wird vorgeschlagen, dies bewußt zu üben (6), also zu lernen. Angesichts der Tatsache, daß Aggression zum großen Teil ein Verhalten in Konfliktsituationen ist, wird bemerkenswert selten vorgeschlagen (nur zweimal bei fast 200 Antworten), bessere Konflikt-Verhaltensweisen zu erlernen. Insgesamt wird dennoch die Bedeutung des Lernens bei der Aggressionsverminderung höher eingeschätzt als bei der Entstehung. Allerdings wird dabei überwiegend nur an den Erwerb von Kenntnissen und Einsichten (2) gedacht. – Ein weiterer großer Teil der Vorschläge bezieht sich in irgendeiner Form auf die Verminderung von Frustrationen: bessere Lebensbedingungen, mehr Möglichkeiten der Selbstverwirklichung, weniger Stress, mehr Demokratie (3, 4, 7, 8). Auch die bessere Erziehung (5) sowie der Umgang mit dem anderen (1) ist vermutlich größtenteils in diesem Sinne gemeint. – Eine ganz andere Lösung, nämlich aggressive Impulse auf harmlosen Wegen zu kanalisieren, wird spontan selten vorgeschlagen (9).

Wie schon bei den Erklärungen zur Aggression, sind die Vorschläge zur Verminderung weit vielfältiger, wenn sie durch vorgegebene Antworten angeboten werden (s. S. 26).

Wie die Zustimmungsquoten zeigen, stehen die Notwendigkeit und Möglichkeit des Lernens (kognitiv wie auch im Verhalten; 1, 2, 3) und die Verminderung von unangenehmen Bedingungen (4, 5) etwa gleichwertig nebeneinander. Auch das «Ausleben» aggressiver Energien wird überwiegend akzeptiert (6, 8), ebenso ein gewisser Glaube an die Macht der Vernunft und der «richtigen» Einstellung zum Leben (7, 9). Weniger Zustimmung erhält die moralische Verurteilung, vielleicht weil sie zu sehr nach drohendem Zeigefinger aussieht. (An sich ist eine ablehnende Einstellung zu aggressivem Verhalten ja unabdingbar; sonst brauchte man es nicht zu vermindern.) Bemerkenswert ist, daß fast niemand etwas von Bestrafungen hält, obwohl sie doch in Erziehung und Justiz überaus verbreitet sind.

Zusammenfassend ist festzustellen, daß die meisten Befragten Vorgehensweisen unterschiedlicher Art akzeptieren, wenn man sie «darauf bringt». Wie die spontanen Antworten zeigen, gibt es viele Vorstellungen davon, wie sich die Menschen anders verhalten sollten, jedoch recht wenige darüber, wie man sie dazu bringt. Das Vermitteln von Einsichten über Aggression sowie der Abbau von Einengungen und materieller

26   Einführung

Ungleichheit scheinen hier vergleichsweise am stärksten zu dominieren.
Das Problem auch unter dem Blickwinkel sozial-emotionalen Lernens zu
betrachten, ist anscheinend wenig geläufig, auch bei den Pädagogen.

	Zustimmung		
	Gesamt %	Lehrer %	Gemischte Stichprobe %
1. «…durch aufklärende Information bewußt machen, wie Aggressionen entstehen»	98	97	100
2. «…schon kleinen Kindern beibringen, wie sie Konflikte friedlich regeln können»	95	92	100
3. «Menschen können lernen, friedlich miteinander zu leben»	91	86	100
4. «…Alltagsprobleme lösen»	91	88	100
5. «…bessere Lebensbedingungen schaffen»	88	93	79
6. «…durch Sport, Holzhacken und ähnliches aufgestaute Aggressionen abreagieren»	78	71	90
7. «…immer wieder an die Vernunft und den guten Willen appellieren»	74	76	72
8. «…Kinder ihre Aggressionen ausleben lassen»	72	67	81
9. «…die Ärgernisse des Lebens nicht so ernst nehmen»	70	66	76
10. «…eine moralische Einstellung, die aggressives Verhalten verurteilt…»	50	44	59
11. «…durch Bestrafung…»	4	2	6

Zweiter Teil: Erklärungen zur Entstehung von aggressivem Verhalten

Warum schlagen, schimpfen, drohen oder morden Menschen? Warum kommt es also zu aggressivem Verhalten? In der Psychologie sind dafür bisher eine Reihe von Erklärungen (Aggressionstheorien) vorgeschlagen worden, die sich im wesentlichen auf drei Positionen verteilen: die Triebtheorie, die Frustrations-Aggressions-Theorie und die Theorie des sozialen Lernens. In etwas vereinfachter Zusammenfassung machen sie folgende Kernaussagen:

Triebtheorie: Der Aggression liegt ein angeborener Trieb zugrunde, d. h. im Organismus werden spontan aggressive Impulse produziert. Daher muß sich der Mensch aggressiv verhalten. Wenn man die Impulse zu unterdrücken versucht, kommen sie an anderer Stelle heraus (hydraulisches Energiemodell) oder führen zu seelischen Störungen. Die Formen der Äußerung müssen allerdings nicht unbedingt zerstörerisch sein, und hieraus ergeben sich gewisse Kontrollmöglichkeiten.

Frustrations-Aggressions-Theorie: Aggression ist eine Reaktion auf Behinderungen, Störungen und andere unangenehme Ereignisse, sogenannte Frustrationen. Nur wenn ein Mensch frustriert wird, verhält er sich aggressiv; dann allerdings – so die *ursprüngliche* strenge Fassung – mit Notwendigkeit. Denn sind durch Frustrationen einmal aggressive Impulse entstanden, so müssen sie sich in irgendeiner Aggressionsform ausdrücken (hydraulische Vorstellung wie beim Trieb). Ansatzpunkte zur Aggressionsverminderung liegen in den frustrierenden Situationen beziehungsweise Umwelteinflüssen. – In einer späteren *modifizierten* Fassung gilt Aggression zwar als eine häufige, aber keineswegs zwangsläufige Reaktion auf Frustrationen. Die Art der Reaktion wird durch Eigenheiten der Person und der Sitation mitbestimmt (Überschneidung mit der Lerntheorie).

Lerntheorie: Aggression ist im wesentlichen erlernt, wie anderes soziales (zwischenmenschliches) Verhalten auch. Der Mensch erwirbt es durch das Vorbild anderer, durch Verhaltenserfolge und andere Lernerfahrungen. In verschiedenen Situationen verhalten Menschen sich zwar häufig aggressiv – vor allem, wenn es nützliche Effekte verspricht, aber auch bei Frustrationen –, doch müssen sie es keineswegs. Ob sie es tun, hängt (neben speziellen Merkmalen der Situation) eben insbesondere davon ab, welche Lernerfahrungen sie gemacht haben. Und diese durch die Umwelt (z. B. in der Erzie-

28   Erklärungen zur Entstehung von aggressivem Verhalten

hung) oder selbsttätig (z. B. durch Verhaltenstraining) zu verändern, bietet
Ansatzpunkte zur Verminderung von Aggression.

Die drei «klassischen» Erklärungsansätze werden in den Kapiteln 4, 5 und
6 dargestellt. Für die beim Menschen vorkommenden Aggressionsphänome-
ne wird die Triebannahme zurückgewiesen und (statt einer einheitlichen)
eine differenzierende Erklärung bevorzugt, die neben einer relativierten
Rolle von Frustrationen vorrangig lerntheoretische Aspekte einbezieht. Eine besonders wichtige Differenzierung behandelt Kapitel 7: Entsprechend
ihrer Motivation werden *verschiedene Arten der Aggression* unterschieden.

Auf zwei ergänzende Aspekte zum Verständnis aggressiven Verhaltens gehen die beiden anschließenden Kapitel ein: auf die Wirkung – und oft auch
fehlende Wirkung – von Gegenmotiven, sogenannten Aggressionshemmungen (Kapitel 8), und auf die Bedeutung des Opfers bzw. Zielobjektes der
Aggression (Kapitel 9).

Die wichtigsten Gesichtspunkte der gesamten Analyse werden schließlich
in Kapitel 10 zusammengefaßt. Im Mittelpunkt steht dabei ein integrierendes
Erklärungsmodell – das *Person-Situation-Bedingungsmodell* –, das sowohl
unterschiedliche Arten der Aggression als auch individuelle Unterschiede als
auch Merkmale der jeweiligen Situation berücksichtigt. Es bildet zugleich
die theoretische Grundlage für die im dritten Teil beschriebenen Lösungsansätze.

Ein Hinweis:
Leser, die in erster Linie an den Möglichkeiten der Aggressionsverminderung interessiert sind, können sich zur Information über die Aggressionsentstehung gegebenenfalls auf die Kapitel 7 und 10 beschränken.

Kapitel 4
Aggression als Ausdruck eines Triebes

1. Triebtheorien der Psychoanalyse

Der Todestrieb bei Freud

In seinem berühmten Aufsatz «Das Unbehagen in der Kultur» (1930)
spricht Sigmund FREUD von der «angeborenen Neigung des Menschen
zum ‹Bösen›, zur Aggression, Destruktion und damit zur Grausamkeit»

Aggression als Ausdruck eines Triebes 29

(S. 479). Diese Neigung hatte er einige Jahre vorher (1920, 1923) – nach Beschäftigung mit Sadismus, Masochismus und vermutlich auch unter dem Einfluß des Ersten Weltkrieges – zum erstenmal auf einen selbständigen Grundtrieb zurückgeführt. Während er früher angenommen hatte, daß Aggression eine elementare Reaktion auf alle Behinderungen und Versagungen (Frustrationen) der sexuellen und lebenserhaltenden Bedürfnisse sei, war sie nunmehr – in den Worten FROMMS (1974, S. 15) – «ein ständig fließender Impuls, der in der Konstitution des menschlichen Organismus wurzelt».

Das Grundkonzept der FREUDschen Trieblehre besteht in der Überzeugung, «es müsse außer dem Trieb, die lebende Substanz zu erhalten und zu immer größeren Einheiten zusammenzufassen, einen anderen, ihm gegensätzlichen geben, der diese Einheiten aufzulösen und in den uranfänglichen anorganischen Zustand zurückzuführen strebe. Also außer dem Eros- einen Todestrieb» (1930, S. 477). Der Todestrieb verwirklicht in letzter Konsequenz die nach FREUDS Auffassung «konservative Natur» der Triebe, d. h. die Tendenz zur «Wiederherstellung eines früheren Zustandes» (1920, S. 38). Das Todesziel bedeutet zugleich eine vollendete Erfüllung des «Nirwanaprinzips», d. h. der Tendenz des Organismus, Spannungen zu reduzieren und letztlich einen Zustand der Spannungslosigkeit herbeizuführen.

Da das eigentliche Ziel des Todestriebes die *Selbstvernichtung* ist, muß erklärt werden, wie der Mensch mit einem Todestrieb leben kann. Erstens wirkt nach FREUD der Todestrieb – außer in pathologischen Ausnahmefällen (extrem: Selbstmord) – nie frei für sich allein, sondern in einer Mischung mit der Energie des lebenserhaltenden Eros, der Libido. «So ist der Akt des Essens eine Zerstörung des Objekts mit dem Endziel der Einverleibung, der Sexualakt eine Aggression mit der Absicht der innigsten Vereinigung» (1938, S. 71). Zweitens lenkt der Eros die Energie des Todestriebes über das Muskelsystem nach außen und somit tritt dieser als Aggression in Erscheinung. Der *Aggressions- oder Destruktionstrieb* ist also der abgelenkte Todestrieb des Menschen. «Das Lebewesen bewahrt sozusagen sein eigenes Leben dadurch, daß es Fremdes zerstört» (FREUD 1933 in seinem Brief an Albert Einstein zur Frage «Warum Krieg?»).

Da die Ablenkung gegen andere jedoch von der menschlichen Gesellschaft nur in Grenzen gestattet werden kann, wird die Aggression zum Teil «dorthin zurückgeschickt, woher sie gekommen ist, also gegen das eigene Ich gewendet. Dort wird sie von einem Anteil des Ichs übernommen, der sich als Über-Ich dem übrigen entgegenstellt, und nun als ‹Gewissen› gegen das Ich dieselbe strenge Aggressionsbereitschaft ausübt, die das Ich gern an anderen fremden Individuen befriedigt hätte» (1930, S. 482). Allerdings geht diese Eindämmung der äußeren Aggression auf Kosten persönlichen Glücks. «Zurückhaltung von Aggression ist

30 Erklärungen zur Entstehung von aggressivem Verhalten

überhaupt ungesund, wirkt krankmachend (Kränkung)» (1938, S. 72).

FREUDS Theorie führt mithin zu einer «tragischen Alternative», wie FROMM es in seiner kritischen Analyse ausdrückt: nämlich «entweder sich selbst (langsam durch Krankheit) oder andere zu zerstören; oder – anders ausgedrückt – er hat nur die Wahl, entweder sich selbst oder andere leiden zu machen» (FROMM 1974, S. 419).

Eine wirkliche Lösung des Dilemmas sieht FREUD offenbar nicht. Einmal setzt er eine (sehr unbestimmte) Hoffnung darauf, «den Gegenspieler dieses Triebes, den Eros anzurufen. Alles, was Gefühlsbedingungen unter den Menschen herstellt, muß dem Krieg entgegenwirken» (1933 b, S. 23). Jedoch: wie soll die Naturkonstante Eros eine Wirkung erhalten, die ihr bisher offenbar fehlte? Ein andermal spricht FREÚD davon, den Destruktionstrieb auf konstruktive Ziele – wie die Herrschaft über die Natur – zu richten (1930, S. 480). Dann täte der Todestrieb seltsamerweise genau das, was eigentlich der «zusammenfügende» Eros tut (vgl. FROMM, S. 421). FREUD hatte anscheinend auch wenig Vertrauen in diese Möglichkeiten, da er sie eher beiläufig erwähnt und auch später nicht mehr aufgreift, als er über Aggression spricht (1938). So bleibt im wesentlichen – trotz der psychischen Gefahren – die eindämmende Wirkung der kulturellen Normen beziehungsweise des sie repräsentierenden Über-Ich. Die Empfehlung, in relativ harmlosen Aggressionsformen die zerstörerischen Impulse «abzureagieren», ist von FREUD selbst nicht gegeben worden, wurde jedoch vielfach aus seinem Konzept abgeleitet.

Zur Bewertung der Theorie ist zu sagen, daß innerhalb des FREUDschen Gedankengebäudes die Annahme eines Todestriebes von jeher ein besonders strittiger Punkt gewesen ist. Ganz abgesehen von der geringen praktischen Verwertbarkeit erscheint sie biologisch unverständlich und bleibt im wesentlichen eine reine Spekulation. FREUD selbst (1933 a, S. 101) hat seine Trieblehre einmal als «Mythologie» bezeichnet (wenngleich sie ihm dennoch zu einem selbstverständlichen Erklärungsprinzip wurde); und auch ein Freudianer wie MITSCHERLICH räumt ein, daß der Todestrieb «empirisch schwer zu bewahrheiten» ist (1969 a, S. 116). Überprüfbar ist allerdings der Aspekt des Nirwana-Prinzips, also der Tendenz zur Spannungsreduktion und schließlichen Spannungslosigkeit: inzwischen kann als gesichert gelten, daß der Organismus nicht nur Spannung meidet, sondern auch sucht (worauf z. B. so unterschiedliche Autoren wie BERKOWITZ 1962 und FROMM 1974 hinweisen).

Neuere psychoanalytische Auffassungen: Mitscherlich, Hacker

Aus den genannten Gründen ist das Todestriebkonzept von FREUD nicht «die» Theorie der Psychoanalyse geworden. Innerhalb der psychoanaly-

Aggression als Ausdruck eines Triebes   31

tischen Richtung werden vielmehr im wesentlichen drei Positionen ver-
treten (vgl. Buss 1961): Eine kleine Gruppe (z. B. Menninger; M.
Klein; eingeschränkt Mitscherlich) schloß sich Freuds Theorie an.
Eine größere Gruppe (z. B. Hartmann, Kris und Löwenstein; Hacker)
glaubt an einen angeborenen Aggressionstrieb, der jedoch nicht als
Abkömmling eines Todestriebes angesehen wird. Eine dritte Gruppe
betrachtet Aggression überhaupt nicht als Ausdruck eines spontanen
Triebes, sondern als reaktives, soziales Phänomen (z. B. Fenichel; K.
Horney; Fromm).

Im deutschen Raum ist vor allem Alexander Mitscherlich mit seinen
Stellungnahmen zum Aggressionsproblem bekannt geworden (1969 a,
b). Er vertritt eine triebtheoretische Position, scheint sich aber bei der
Frage, ob Todestrieb oder Aggressionstrieb, nicht festlegen zu wollen.
Auf der einen Seite ist es für ihn «fraglich, zumindest gänzlich offen, ob
der Todestrieb als Trieb tatsächlich der Kernanteil der Aggression ist»
(1969 a, S. 116). Andererseits findet er es zuweilen schwierig, ohne einen
Todestrieb auszukommen: «Gäbe es nicht so etwas wie einen ‹Todestrieb› – jedenfalls in der menschlichen Spezies –, so wäre der Tod ‹auf
dem Felde der Ehre› nicht erklärbar» (S. 15).

Im wesentlichen folgt Mitscherlich Freuds dualistischer Theorie,
nach der zwei Arten von Triebenergie – «Libido» und «Destrudo»
(beziehungsweise: «Aggression») – in ihrem Zusammenspiel alles
menschliche Verhalten bestimmen. Zivilisiertes Verhalten erklärt er mit
einer Triebmischung, bei der «der libidinöse Anteil in der führenden
Funktion bleibt» (1969a, S. 92), während destruktives Verhalten das
Resultat einer «Triebentmischung» ist. In welcher Form die aggressiven
Energien umgesetzt werden, ist nach Mitscherlich durchaus von sozialen Faktoren beeinflußbar. Vor allem hängen die «lebensbestimmenden
ersten Triebmischungen» (S. 86) von der libidinösen Zuwendung und
Möglichkeiten der Identifikation in der Kindheit ab.

Der Psychoanalytiker Friedrich Hacker (1971, 1975) untersucht vor
allem die vielfältigen Erscheinungsformen von Aggression, insbesondere
die durch «Etikettenschwindel» (Hacker) verschleierten Formen wie
Herrschaft, Pflicht usw. Die Erscheinungsformen sind zwar in weitem
Maße von gesellschaftlichen Bedingungen und Lernfaktoren abhängig,
die eigentliche Grundlage aber liegt auch bei Hacker in einem Trieb.
Verbunden ist damit die Vorstellung (wie besonders in den Ausführungen über den «Kreislauf der Aggression» deutlich wird), daß der Mensch
eine gewisse Menge an aggressiven Energien in sich hat, die entweder
«frei» oder «gebunden» sein können. «Freie Aggression, die nackt und
ungezügelt sich als Gewalt ausdrückt, wird in inneren Instanzen (Gewissen, Charakter) und äußeren Institutionen (Spiele, Regeln, Normen,
Gruppen, Organisationen) gebunden und damit entschärft, kontrolliert
und gelenkt. Sie verwandelt sich in schlummernde, unsichtbare, oft un-

32 Erklärungen zur Entstehung von aggressivem Verhalten

bewußte Aggression, die nur unter ganz besonderen Bedingungen mobilisiert und damit offensichtlich wird. Unter den Etiketten Notwendigkeit, Pflicht und Selbstverteidigung kann Aggression im Namen des sie legitimierenden größeren Ganzen in Erscheinung treten» (1971, S. 89). Als Bedingungen, die den Ausbruch offener Aggression veranlassen oder erleichtern, nennt HACKER Angst, Schmerz, Alkohol und anderes mehr.

Die Frage der *Aggressionsbewältigung* wird von MITSCHERLICH wie HACKER nicht ausführlich erörtert. Da sie aufgrund ihres Triebmodells davon ausgehen, daß der Triebdruck irgendwie zum Ausdruck kommen muß, stellt sich für die Praxis nur die Frage, wie die Energien kanalisiert, gebunden oder abgeleitet werden können. Erziehung und gesellschaftliche Institutionen müssen dafür Sorge tragen, daß die Aggression in «gekonnte» Formen (MITSCHERLICH) gebracht oder in sozialunschädlicher Weise «gebunden» (HACKER) wird. Des weiteren setzen beide Autoren Hoffnung darauf, daß das Bewußtmachen und ein tieferes Verständnis der eigenen Aggression zur Bewältigung beiträgt.

Im übrigen äußert HACKER (1971, S. 427), er sei «für überhaupt fast alles, was zeitgenössische Philosophen, Soziologen, Psychologen, Psychiater, Politikwissenschaftler oder Verhaltensforscher als Lösung empfehlen oder als Ausblick gewähren», und erwähnt dabei die «Befriedigung aggressiver Tendenzen durch Ventilsitten» ebenso wie die «Verminderung der schreienden Ungleichheit zwischen den Völkern». Damit läßt er vermutlich alle Lösungsrichtungen zu, die im dritten Teil dieses Buches diskutiert werden.

Was die Beweisführung für die Theorie anbelangt, so steht es auch um den psychoanalytischen Aggressionstrieb und das hydraulische Energiemodell (die Menschen haben ein gewisses Quantum an Aggression in sich, das sich hier oder dort äußern muß) nicht zum besten. Man kann Autoren wie MITSCHERLICH und HACKER den Vorwurf nicht ersparen, daß sie die Existenz dieses Triebes unbesehen voraussetzen statt ihn nachzuweisen. Vor allem MITSCHERLICH scheint den Kontakt zur modernen empirischen Psychologie völlig zu meiden. In seinem bekannten Buch «Die Idee des Friedens und die menschliche Aggressivität» ist nicht eine einzige Untersuchung aus der empirisch-experimentellen Aggressionsforschung zitiert. HACKER ist hier deutlich offener, wenngleich er seine triebtheoretische Grundposition beibehält.

Auch wenn anschauliche Alltagsbeispiele mit Begriffen wie «Triebmischung», «Triebentmischung» und dergleichen interpretiert werden, so handelt es sich dabei natürlich keineswegs um Erklärungen, sondern um bildhafte Worte für eine Sache, von der man nichts Bestimmtes weiß. Es bleibt – um FREUDS Ausdruck zu gebrauchen – «Mythologie». Wenn MITSCHERLICH, einen ähnlichen Eindruck des Lesers vorwegnehmend, hierzu begründet: «Mythologien haben die Aufgabe, das Unbekannte darstellbar zu machen» (1969 a, S. 84), so ist dazu zweierlei zu sagen:

Aggression als Ausdruck eines Triebes   33

Erstens ist es dann die Aufgabe der Wissenschaft, immer genauer nach-zuweisen, in welchem Maße die Darstellung den unbekannten Sachver-halt richtig wiedergibt; und zweitens hatten die Psychoanalytiker dazu bisher über 50 Jahre Zeit. Irgendwann muß die Theorie über das Sta-dium der Mythologie hinauskommen.

2. Die Triebtheorie von Konrad Lorenz

Kaum ein Buch über Aggression, vielleicht sogar über menschliches Verhalten generell, ist bei uns so bekannt geworden wie «Das sogenann-te Böse» von Konrad LORENZ (1963). Auch die wissenschaftliche Dis-kussion des Aggressionsproblems hat dadurch einen kräftigen Anstoß bekommen.

Klarer und faßlicher als die meisten Psychoanalytiker erklärt der Tierverhaltensforscher LORENZ, was die Lehre vom Aggressionstrieb bedeutet: «Die Spontaneität des Instinktes ist es, die ihn so gefährlich macht» (S. 79). In unserem Organismus werden also ständig aggressive Impulse erzeugt, die sich so lange aufstauen (summieren), bis eine be-stimmte Schwelle überschritten wird: Dann kommt es zur Entladung in einer aggressiven Handlung. Nach dieser «Dampfkesseltheorie» der Ag-gression ist der Mensch nicht wütend, weil ihm z. B. Ärgerliches wider-fuhr – dies hat allenfalls das Ventil geöffnet –, sondern weil der spontane Trieb sich wieder einmal entladen mußte. Nach der «Abreaktion» herrscht Ruhe, bis wieder ein gewisser «Dampfdruck» erreicht ist. Je länger die Entladung aufgeschoben wird – man befindet sich ja meist in Situationen, in denen Aggressionen nicht akzeptabel sind –, um so grö-ßer ist der Triebstau und damit um so kleiner der Anlaß, der für einen aggressiven Ausbruch nötig ist. So kann die Fliege an der Wand zu einer Explosion führen. Im Extremfall kann es nach LORENZ sogar ohne äuße-ren Auslöser zur aggressiven Abreaktion kommen (Leerlaufreaktion).

Stammesgeschichtliche Erklärung des Aggressionstriebs

Da Aggression nach LORENZ ein angeborener Instinkt sehr vieler Tierar-ten und eben auch des Menschen ist, muß für jeden, der darwinistisch zu denken gelernt hat, ein solcher Trieb einen Sinn – genauer: einen arter-haltenden Sinn – haben. Darin unterscheidet sich LORENZ' Auffassung von FREUDS selbstvernichtendem Todestrieb. Dabei bleibt aggressives Verhalten gegen andere Arten (z. B. das Beutemachen), dessen arter-haltende Funktion offenkundig ist, außer Betracht. LORENZ definiert daher auch Aggression – spezifischer als die Psychoanalytiker – als den «auf den Artgenossen gerichteten Kampftrieb von Tier und Mensch».

34 Erklärungen zur Entstehung von aggressivem Verhalten

Den biologischen Zweck dieser innerartlichen (intraspezifischen) Aggression beschreibt LORENZ unter dem Titel «Wozu das Böse gut ist» in folgenden Funktionen:

1. Die Artgenossen stoßen sich gegenseitig ab; auf diese Weise verteilen sie sich in ihrem Lebensraum so, daß jeder sein Auskommen hat.
2. Die Auswahl der besten, d. h. stärksten, für die Fortpflanzung wird gewährleistet (in sogenannten Rivalenkämpfen).
3. Damit wird auch die Selektion eines kämpferischen Familienverteidigers für die Brutpflege gesichert.
4. Bei in Gemeinschaft lebenden höheren Tieren dient die Aggression auch der Bildung von Rangordnungen, die die «Handlungsfähigkeit» der Gemeinschaft sichern.

Wichtig ist in diesem Zusammenhang, daß sich die «an sich» zweckmäßige innerartliche Zuchtwahl auch verselbständigen kann, d. h. eventuell auch dann betrieben wird, wenn dies nach den Bedingungen der außerartlichen Umwelt nicht mehr erforderlich ist. Dies ist nach LORENZ offenbar in der Frühzeit der Menschheitsgeschichte vor sich gegangen: «Vor allem aber ist es mehr als wahrscheinlich, daß das verderbliche Maß an Aggressionstrieb, das uns Menschen heute noch als böses Erbe in den Knochen sitzt, durch einen Vorgang intraspezifischer Selektion verursacht wurde, der durch mehrere Jahrzehntausende, nämlich durch die ganze Frühsteinzeit, auf unsere Ahnen eingewirkt hat. Als die Menschen eben gerade so weit waren, daß sie kraft ihrer Bewaffnung, Bekleidung und ihrer sozialen Organisation die von außen drohenden Gefahren des Verhungerns, Erfrierens, Gefressenwerdens von Großraubtieren einigermaßen gebannt hatten, so daß diese nicht mehr die wesentlichen selektierenden Faktoren darstellten, muß eine böse intraspezifische Selektion eingesetzt haben. Der nunmehr Auslese treibende Faktor war der Krieg, den die feindlichen benachbarten Menschenhorden gegeneinander führten. Er muß eine extreme Herauszüchtung aller sogenannten ‹kriegerischen Tugenden› bewirkt haben» (1963, S. 67).

In der heutigen Situation kommt nach LORENZ als weiteres Problem für den Menschen hinzu, daß die Hemmungsmechanismen, die jede Art neben ihrem Aggressionstrieb zur Vermeidung einer grenzenlosen gegenseitigen Ausrottung mitbekommen hat (z. B. Demutsgebärden bei Tieren, Schreien des Opfers beim Menschen), durch die Entwicklung von Fernwaffen, deren Wirkung man nicht mit ansehen muß, außer Kraft gesetzt werden (vgl. Kapitel 8).

Aggression als Ausdruck eines Triebes   35

Beobachtungen am Menschen

Mit seinen naturgeschichtlichen Ausführungen verwendet LORENZ viel
Mühe darauf, zu erklären, *warum* wir seiner Meinung nach einen Aggressionstrieb besitzen. *Daß* wir ihn überhaupt besitzen, wird wesentlich
sparsamer begründet.

Welche Beweise führt LORENZ für seine Behauptungen an? Als Etho-
loge beschäftigt er sich in erster Linie mit dem Verhalten von Tieren. So
werden bei dem wichtigen Punkt der Spontaneität der Aggression der
Schmetterlingsfisch, der Drückerfisch und der Buntbarsch genannt. Für
den Menschen selbst führt er drei Beispiele an, die die Existenz eines
Aggressionstriebes belegen sollen.

1. Beobachtungen an einer Tante: «Sie hatte ein Dienstmädchen nie
länger als etwa 8–10 Monate. Von der neu eingestellten Hausgehilfin
war sie regelmäßig aufs höchste entzückt, lobte sie in allen Tönen als eine
sogenannte Perle und schwor, jetzt endlich die Richtige gefunden zu
haben. Im Laufe der nächsten Monate kühlte sich ihr Urteil ab, sie fand
erst kleine Mängel, dann Tadelnswertes und gegen Ende der erwähnten
Periode ausgesprochen hassenswerte Eigenschaften an dem armen Mädchen, das dann schließlich, regelmäßig unter ganz großem Krach, fristlos
entlassen wurde. Nach dieser Entladung war die alte Dame bereit, in dem
nächsten Dienstmädchen wieder einen wahren Engel zu erblicken.» (S.
38). Nun ist es wohl schwer möglich, von dem seltsamen Gebaren der
Tante auf ein böses Erbgut der gesamten Menschheit zu schließen, es sei
denn, man würde ein einziges Gegenbeispiel auch als Widerlegung der
Theorie akzeptieren.

2. Die sogenannte Polarkrankheit (Expeditionskoller): In kleinen iso-
lierten Gruppen, deren Mitglieder eng zusammenleben, kommt es häufig
zu zunehmender Gereiztheit, die so weit gehen kann, daß schließlich
zuvor unbemerkte Kleinigkeiten – z. B. wie der andere sich räuspert oder
ein Ei aufschlägt – zu einem Ärgerausbruch führen können. LORENZ
deutet dies als Ausdruck eines Aggressionsstaus, der entstehe, weil
die Gruppenmitglieder ganz aufeinander angewiesen sind und sich
auch nicht mit fremden Personen aggressiv auseinandersetzen können. Ein solches Geschehen läßt sich aber auch anders als mit einem
Trieb erklären. Die Aggressionen können ebensogut eine Reaktion
auf zahlreiche Frustrationen sein, die sowohl durch die besondere
entbehrungsreiche Lebenslage bedingt sein können als auch durch den
Umstand, daß Menschen, die ständig ohne viel Spielraum miteinander umgehen müssen, sich natürlich auch leicht «in die Quere» kommen. Sind die beteiligten Personen nicht fähig, mit ihren Gefühlen angemessen umzugehen, kann sich die emotionale Störbarkeit immer
mehr steigern.

3. Eine Untersuchung an Ute-Indianern (die einzige angeführte Un-

36 Erklärungen zur Entstehung von aggressivem Verhalten

tersuchung und daher von besonderer Bedeutung). Lorenz berichtet, ein amerikanischer Psychiater namens Margulin habe «sehr genaue psychoanalytische und sozial-psychologische Studien an Prärie-Indianern, besonders den Utes, angestellt und gezeigt, daß diese Menschen schwer an einem Übermaß aggressiver Triebe leiden, die sie unter den geregelten Lebensbedingungen der heutigen nordamerikanischen Indianerreservate nicht abzureagieren vermögen. Nach Ansicht von Margulin muß während der verhältnismäßig wenigen Jahrhunderte, während derer die Indianer der Prärie ein wildes, fast nur aus Krieg und Raub bestehendes Leben führten, ein ganz extremer Selektionsdruck auf Herauszüchtung größter Aggressivität wirksam gewesen sein» (Lorenz 1963, S. 364). Als Folge der unausgelebten Aggression leiden die Ute, so Lorenz, außerordentlich häufig an Neurosen, sind sehr gewalttätig gegen Angehörige anderer Stämme, sind jedoch zum Selbstmord verpflichtet, wenn sie einen der Ihren töten, und haben eine ungewöhnlich hohe Unfallneigung.

Woher Lorenz diesen Bericht hat, ist aus seinem Buch nicht zu ersehen. Margulin selbst hat seine Befunde offenbar nicht veröffentlicht (s. Stewart 1974, S. 136). Jedenfalls ist Lorenz' Darstellung nach Auskunft mehrerer Ute-Experten in fast allen Punkten falsch (Stewart 1974; Beatty 1974). Zunächst sind die Ute keine Prärie-Indianer (sie leben im Gebirge und in Talmulden), sie waren kein besonders kriegerisches Volk, sind gegen Angehörige anderer Stämme nicht auffällig gewalttätig, und haben nicht das Gebot, nach Tötung eines Stammesgenossen Selbstmord zu begehen. Zur Unfallrate schreibt Stewart: «Die Unfallrate bei den Ute ist hoch, weil ihr Alkoholmißbrauch hoch ist», wobei hinzuzufügen ist: «Der Alkoholmißbrauch der amerikanischen Indianer ist tatsächlich ein schwerwiegendes Problem, aber es ist nicht auf einen Stamm, die Ute, beschränkt, und es scheint mir keine Rechtfertigung dafür zu geben, für die Ute oder die Prärie-Indianer eine eigene Erklärung des Alkoholismus als Ergebnis unterdrückter Aggression zu erfinden» (S. 138). Was die Häufigkeit von Neurosen betrifft, so ist die Behauptung durch keinerlei statistisch-psychologische Angaben belegt, und es gibt auch «keine veröffentlichten Hinweise darauf, daß die ‹Neurosen› der Ute speziell auf unterdrückte Aggression zurückzuführen sind» (Beatty, S. 147).

Insgesamt ist somit bei Lorenz nicht ein einziger stichhaltiger Beleg dafür zu finden, daß das aggressive Verhalten von Menschen nach dem Modell des Buntbarsches zu erklären ist. Daran hat sich auch inzwischen nichts geändert. (Hinweise auf die universelle Verbreitung von Aggression und auf neurologische Studien werden noch besprochen; S. 38f.)

Lorenz hält es dennoch für erwiesen, «daß der heutige Zivilisierte überhaupt unter ungenügendem Abreagieren aggressiver Triebhandlungen leidet» (S. 363), und sieht daher eine wichtige *Möglichkeit der*

Aggressionskontrolle darin, an geeigneten Ersatzobjekten, etwa im Sport, Aggressionen abzulassen.

3. Allgemeine Bemerkungen zu den Trieblehren und der «aggressiven Natur» des Menschen

Hatten sich in früheren Zeiten Philosophen und Psychologen darum bemüht, eine möglichst komplette Liste der Triebe zusammenzustellen, die dem Menschen von Natur aus mitgegeben seien, so spielen Trieblehren in der modernen Psychologie praktisch keine Rolle mehr. Das hat gute Gründe.

Die Frage, wie viele Triebe der Mensch besitze, erhielt eine Unzahl verschiedener Antworten (1 Trieb bei ADLER, 2 bei FREUD, 18 bei McDOUGALL usw.), und eine Zusammenstellung der Trieblisten von über 400 Autoren durch BERNARD (zit. n. HOFSTÄTTER 1966) ergab dann auch die stattliche Zahl von 5684 Verhaltensweisen, die einem Trieb oder Instinkt zugeschrieben wurden. Je nachdem, wie breit ein Autor seine Kategorien anlegt, ergibt sich eine kleine oder große Zahl. So können z. B. Hunger und Durst zwei Triebe sein oder auch zu einem Nahrungstrieb zusammengefaßt werden oder mit Schlaf, Atmung, eventuell auch Aggression, gar zu einem «Selbsterhaltungstrieb».

Welche Verhaltensweisen man als triebbedingt ansieht, hängt des weiteren offenkundig davon ab, was in einer Gesellschaft «selbstverständlich» ist (vgl. HOFSTÄTTER 1966). So kann in einer Gesellschaft, in der Mann und Frau unterschiedliche Rechte eingeräumt werden, leicht der Glauben verbreitet sein, daß die Frau von Natur aus monogam, der Mann aber polygam veranlagt sei.

In jedem Falle bieten sich für alle Verhaltensweisen, die – soweit der Blick reicht – allgemein vorzukommen scheinen, Triebe allzu leicht als Scheinerklärungen an: indem man etwa Spiel mit einem Spieltrieb, Nachahmung mit einem Nachahmungstrieb und Aggression mit einem Aggressionstrieb «erklärt». Nach diesem Prinzip kann man auch ohne weiteres das Fallen von Gegenständen auf die Erde mit einem Falltrieb «erklären».

Natürlich muß für jede spezielle Triebhypothese – so auch für den Fall der Aggression – gesondert geprüft werden, ob eine derartige Oberflächlichkeit vorliegt. Denn die Gefahr von Scheinerklärungen besagt nicht, daß es keine Triebe gibt. Nimmt man als Kennzeichen eines Triebes an, daß es sich um ein angeborenes, spontanes und periodisches Geschehen handelt, so sind z. B. Hunger, Schlaf, Atmung, also die biologischen oder homöostatischen Bedürfnisse, durchaus als Triebe zu bezeichnen. Daß diese Merkmale auch für die menschliche Aggression zutreffen, ist jedoch – wie bereits ausgeführt – zu bestreiten.

38   Erklärungen zur Entstehung von aggressivem Verhalten

Ist aber der Hinweis auf die universelle Verbreitung nicht tatsächlich ein wichtiges Argument (so z. B. EIBL-EIBESFELDT 1973)? Prinzipiell nein, denn sonst müßte es beispielsweise auch einen Sprechtrieb oder «Hausbautrieb» geben. Angeboren ist die Fähigkeit, das Sprechen oder Bauen von Wohnungen zu erlernen, und sie kommt überall zur Geltung, weil diese Verhaltensweisen sich überall als nützlich erweisen. Universelle Verbreitung sagt also nichts darüber, ob ein Verhalten spontan, reflexhaft oder erlernt ist.

Im Falle der Aggression kommt aber noch hinzu, *daß die universelle Verbreitung ohnehin sehr relativiert werden muß.* Vergleicht man verschiedene, voneinander unabhängige Kulturen, so zeigt sich keineswegs eine einheitliche «aggressive Natur» des Menschen. In einer Analyse von Berichten (von Forschern wie M. MEAD, R. BENEDICT, G. P. MURDOCK) über 30 primitive Kulturen kommt FROMM (1974) zu drei Typen:

1. «Lebensbejahende Gesellschaften», die sehr friedfertig sind. Zu ihnen zählt FROMM etwa ein Viertel der betrachteten Kulturen (z. B. Zuni-Indianer, Polar-Eskimos).
2. «Nichtdestruktiv-aggressive Gesellschaften», für die kennzeichnend ist, daß «Aggressivität und Krieg zwar keine zentrale Bedeutung haben, aber doch normale Vorkommnisse sind und daß Rivalität, Hierarchie und Individualismus regelmäßig anzutreffen sind» (S. 151). Etwa die Hälfte wird so eingestuft (z. B. Krähen-Indianer, Grönland-Eskimos, Inka, Hottentotten).
3. »Destruktive Gesellschaften», für die Gewalttätigkeit, Zerstörungslust und Grausamkeit typisch sind. Hierzu zählt etwa ein Viertel der Gesamtzahl (z. B. Kwakiutl-Indianer, Azteken).

Die Unterschiede sind hier wichtiger als die Tatsache, daß Aggression überall vorkommt. Natürlich gibt es auch in friedfertigen Gesellschaften wie den Zuni zuweilen Ärger und Streit; «aber nur dann, wenn man sich dogmatisch der Auffassung von der angeborenen Aggression des Menschen verschrieben hat, wird man diese gelegentlichen Streitigkeiten als Hinweis auf tiefe und intensive verdrängte Aggressionen deuten» (FROMM, S. 153).

Kein Beweis für die Triebtheorie ist es auch (obwohl dies zuweilen als Argument genannt wird), daß es im Gehirn aggressionsaktivierende Zentren gibt. Denn *jedes* Verhalten – nicht nur Triebe, auch reine Reaktionen – hat seine organischen Grundlagen. Die Erregbarkeit dieser neuralen Systeme ist von physiologischen Zuständen (z. B. bei Frauen vom Menstruationszyklus), von Lernerfahrungen und möglicherweise auch von individuellen Anlagen abhängig (vgl. MOYER 1971, 1974). In einzelnen pathologischen Fällen wurden auch spontane Hirnaktivitäten mit resultierenden Wutausbrüchen beobachtet (MOYER 1972). Jedoch wurde für das Gehirn des normalen Menschen bisher keine spontane Aggressionsquelle entdeckt (vgl. LISCHKE 1971, MOYER 1971, 1974).

Angesichts der zahlreichen Einwände verwundert es kaum mehr, wenn sich die meisten Autoren – so unterschiedlich sie auch sonst orientiert sein mögen – in der Zurückweisung der Theorie vom Aggressionstrieb einig sind (vgl. BERKOWITZ 1962; RATTNER 1970; SELG 1971; PLACK 1974; FROMM 1974).

Kapitel 5
Frustration und Aggression

Beobachtet man im Alltag Aggressionen bei sich selbst oder anderen, so wird man sie in vielen Fällen darauf zurückführen, daß etwas nicht so läuft, wie man sich das wünscht. Der Betreffende mag einen Mißerfolg gehabt haben oder von einem Mitmenschen unfreundlich behandelt worden sein. Mit anderen Worten: Der Aggression ist ein ärgerliches oder «frustrierendes» Ereignis vorangegangen. Wie berichtet (S. 20 f), ist es die bei weitem populärste Vorstellung, daß Aggression als Reaktion auf unangenehme Erfahrungen entsteht.

Handelt es sich dabei tatsächlich um eine Gesetzmäßigkeit? Im Jahre 1939 veröffentlichten fünf Wissenschaftler der amerikanischen Yale-Universität ein Buch, das eben dies behauptete (DOLLARD/DOOS/MILLER/MOWRER/SEARS 1939; deutsch: 1971). Das Buch begann mit folgenden Thesen:

1. Aggression ist immer eine Folge von Frustration.
2. Frustration führt immer zu einer Form von Aggression.

Die große Bedeutung des Buches liegt darin, daß es den eigentlichen Beginn der *empirisch-experimentellen Aggressionsforschung* darstellte.

Schon vor der Yale-Gruppe hat es allerdings eine interessante und aufschlußreiche experimentelle Untersuchung zum Aggressionsproblem gegeben. Sie wurde 1931 unter dem Titel «Der Ärger als dynamisches Problem» von Tamara DEMBO veröffentlicht. Eines der Experimente von DEMBO sah folgendermaßen aus: Die Versuchsperson hatte sich in ein Quadrat von 2,50 m zu stellen; außerhalb des Quadrates stand ein Holzbock mit einer Blume. Die Versuchsperson hatte die Aufgabe, die Blume zu ergreifen, ohne dabei mit den Füßen das Quadrat zu verlassen. Es gab zwei Lösungen: 1. Man konnte einen innerhalb des Quadrates stehenden Stuhl nach außen setzen, sich mit einer Hand darauf stützen und die Blume ergreifen; 2. man konnte sich niederknien, und dabei die

40 Erklärungen zur Entstehung von aggressivem Verhalten

Füße im Quadrat lassen. Die Lösungen wurden im allgemeinen nach einiger Zeit gefunden. Nun sagte der Versuchsleiter, es gäbe noch eine dritte Lösung – die es jedoch nicht gab. Die Versuchspersonen stießen bei ihrem Lösungsbemühen also auf eine unüberwindliche Barriere. Auf diese Weise wurden sie «frustriert».

Wie verhielten sich nun die Teilnehmer des Experiments? Durch ihre anfänglichen Erfolge ermutigt, bemühten sie sich zunächst auch um eine instruktionsgemäße dritte Lösung. Doch mit zunehmenden Mißerfolgen kam es zu instruktionswidrigen Ersatzlösungen (Ergreifen einer näherstehenden, aber «falschen» Blume), zu Rückzugstendenzen – vorübergehend (sich hinsetzen und Zeitung lesen) oder endgültig (aufhören) –, sowie zu verschiedenen Formen von Ärgerausbrüchen (Schimpfen, Rache androhen, dem Versuchsleiter Befehle erteilen, sogar körperliche Kämpfe). Die Frustration hatte also auf die meisten Versuchspersonen eine deutliche, zum Teil sehr tiefe Wirkung; es gab jedoch auch einige, die ohne Ärger blieben.

1. Was ist eine Frustration?

Die experimentelle Situation von Dembo etwa entspricht recht gut der klassischen Definition von Dollard und Mitarbeitern, nach der eine Frustration vorliegt, wenn ein zielgerichtetes Verhalten (»instigated goal response») gestört wird. Die Person bemüht sich um die Erreichung eines Zieles, jedoch tritt eine «Barriere» (Dembo) dazwischen. Entscheidend ist dabei, daß eine Aktivität in Richtung auf das Ziel äußerlich, in jedem Falle aber innerlich (gedanklich) in Gang gekommen ist (Berkowitz 1969).

Zuweilen wird auch von Frustration gesprochen, wenn ein Bedürfnis nicht befriedigt werden kann, und zwar unabhängig von einer inneren oder gar äußeren Zielaktivität (z. B. Rosenzweig 1944). Entbehrungszustände (z. B. Nahrungsentzug, emotionale Vernachlässigung) zählen hier also zu Frustrationen.

Ebenfalls gilt dies für eine Gruppe von Ereignissen, die Buss (1961) als «schädigende Reize» (noxios stimuli) zusammenfaßt: Angriffe, also Aggressionen (auch verbal, z. B. Beleidigungen), Belästigungen und dergleichen (z. B. unangenehme Geräusche).

Damit kommen wir zu drei Typen von Frustrationen:
1. Störung einer zielgerichteten Aktivität (Hindernisfrustrationen),
2. Mangelzustände (Entbehrungen),
3. schädigende Reize.

Um der begrifflichen Schärfe willen wird von manchen Autoren (z. B. Buss 1961) nur der erste Typ als Frustration oder zumindest als Frustration im *engeren* Sinne (Selg 1971) bezeichnet. Alle drei Typen bilden dann eine Frustration im *weiteren* Sinne, also alle unangenehmen, *aversiven* Ereignisse beziehungsweise alle inneren und äußeren Reize, die das Individuum zu meiden sucht. In jedem Falle ist jedoch eine rein objektive Definition (ohne Einbeziehung der Person) nicht möglich. Die enge Definition impliziert eine innere Zieltendenz, die weite wird durch die Qualität «aversiv» zwangsläufig subjektiv gefärbt.

Es ist daher nicht verwunderlich, wenn sowohl auf die äußere beeinträchtigende Situation als auch auf die subjektive Empfindung das Wort Frustration angewandt wird. Um beides auseinanderzuhalten, kann man etwa das äußere Ereignis als Frustration und dann das Empfinden als Frustrationserlebnis bezeichnen (z. B. SELG 1971). Es ist damit möglich, daß jemand eine Frustration (Situation) nicht als Frustration empfindet. Man kann aber auch den inneren Zustand (Empfinden, Erlebnis) als Frustration bezeichnen (so im psychologischen Wörterbuch von DORSCH 1970) und davon die äußere Gegebenheit als Frustrationsereignis, Frustrationssituation oder Frustrationsbedingung abheben.

In diesem Buch wird darauf verzichtet, den Begriff von vornherein einzuengen; vielmehr wird – dem jeweiligen Autor sowie neudeutscher Alltagssprache folgend – eine breite Verwendung akzeptiert. Es wird jedoch jeweils erläutert, soweit sich dies aus dem Zusammenhang nicht ohnehin ergibt, um welchen Typ von Frustration und um welche «Seite» – die objektive oder subjektive – es sich handelt.

2. Führen Frustrationen zu Aggression?

Diese Frage, die von großer praktischer Bedeutung ist, wurde von DOLLARD und Mitarbeitern (1939) in sehr kategorischer Form («immer») bejaht. Doch erregten sie damit sofort lebhaften Widerspruch. Dies ist ohne weiteres zu verstehen, da wohl jeder Alltagsbeispiele dafür beibringen kann, daß jemand auf eine Behinderung, einen Mißerfolg oder eine Beleidigung keineswegs aggressiv reagierte. Die Untersuchung von DEMBO demonstrierte ebenfalls, daß durchaus nicht alle Versuchspersonen aggressiv wurden. So verwundert es nicht, daß von den Yale-Autoren selbst die These in ihrer krassen Form bald revidiert wurde: Danach rufen Frustrationen die Tendenz zu einer Reihe verschiedener Reaktionen hervor; eine davon ist die Tendenz zu irgendeiner Form von Aggression (MILLER u. a. 1941).

Mit einer solchen Relativierung beginnen jedoch erst die eigentlichen Fragen, nämlich zu bestimmen, *wann* Frustrationen zu Aggression führen.

Bedingungen für eine «aggressive Wirkung» von Frustrationen

Art der Frustration
Zunächst liegt es nahe, die verschiedenen Arten der Frustration auf ihre Wirkung hin zu betrachten.

Es gibt zahlreiche Untersuchungen mit Frustrationen im Sinne von *Hindernissen*, meist in der Form von Mißerfolgen. Sie werden durch unlösbare Aufgaben hervorgerufen, wie etwa in dem geschilderten «Blumenversuch» von DEMBO (1931) und anderen Experimenten (z. B. BUSS 1963, GEEN/BERKOWITZ 1967); oder die Versuchspersonen werden durch andere Teilnehmer bei ihren Leistungsaufgaben behindert (z. B. MALLICK/McCANDLESS 1966; BURNSTEIN/WORCHEL 1962). Weitere verschiedentlich verwendete Formen von Hindernisfrustration sind das Vordrängeln in einer Menschenschlange (z. B. HARRIS 1974) oder das Stehenbleiben eines Autos vor der Ampel, wenn sie auf Grün umspringt (z. B. DOOB/GROSS 1968); beim Ampelversuch gilt dann übrigens die Schnelligkeit und Heftigkeit des Hupens als Aggressionsmaß.

Der sicherste Weg, bei einem Menschen Aggression zu provozieren, ist vermutlich, ihn körperlich anzugreifen. Dies wäre eine Frustration vom Typ der *schädigenden Reize*. Mit dem Zufügen von Schmerz läßt sich beim Menschen aus ethischen Gründen natürlich kaum experimentieren; die meisten Untersuchungen wurden daher mit Tieren gemacht (vgl. ULRICH u. a. 1973). Eher kann man mit Belästigungen arbeiten, wie dem Anrempeln von Passanten (HARRIS 1973). Am häufigsten aber werden verbale Angriffe wie Beleidigungen oder ungerechte Kritik verwendet, um zu prüfen, unter welchen Bedingungen sie zu aggressiven Reaktionen führen (BUSS 1961, 1963, BERKOWITZ 1964, GEEN/BERKOWITZ 1967, FESHBACH 1961, SCHMIDT-MUMMENDEY 1972).

Die Mehrheit der Untersuchungen legt nahe, daß Frustrationen beider Art – Hindernisfrustrationen und schädigende Reize – die Wahrscheinlichkeit von aggressivem Verhalten erhöhen, das heißt, daß sie ein aggressionsfördernder Faktor sind. Nur wenige Untersuchungen fanden keinen solchen Einfluß der Frustration (z. B. BUSS 1966b, WALTERS/BROWN 1963).

Anders liegen die Dinge bei Frustrationen im Sinne von *Entbehrungen* oder Mangelzuständen. Vermutlich führen sie für sich genommen nicht zu Aggressionen. Physische Entbehrungen können jedoch – neben apathischem Verhalten – eine erhöhte emotionale Störbarkeit (Reizbarkeit, Nervosität) mit sich bringen, wie etwa ein sechsmonatiges Hungerexperiment (halbe Kalorienzahl) demonstrierte (KEYS u. a. 1950, zit. n. RUCH/ZIMBARDO 1974). Kommen dann noch Belästigungen und Hindernisfrustrationen hinzu, so kann dies recht leicht zu aggressiven Reaktionen führen, wie das sehr kraß in einem Schlafentzugsexperiment von SEARS, HOVLAND & MILLER (1940; zit. n. HOFSTÄTTER 1971) zu sehen war.

Man muß bedenken, daß in Entbehrungssituationen häufig zusätzliche Frustrationen anderer Art kaum vermeidbar sind. Soweit nämlich der Betroffene die Entbehrung nicht einfach auf sich nimmt (wie manche «gutwillige» Versuchsperson im Experiment oder der «brave» Untertan im realen Leben), führt der Druck der Situation natürlich leicht zu Versuchen einer Bedürfnisbefriedigung, also einer Beendigung der Entbehrungssituation. Wenn sie scheitern, ist dies eine Hindernisfrustration. So kann auch im Fall von Rebellionen gegen soziale Mißstände als eine wesentliche Bedingung gelten, daß die Betroffenen eine Verbesserung der Situation versucht oder zumindest «erwartet» haben, in ihnen also, wie beschrieben, eine Zieltendenz oder innere Aktivität in Gang gekommen ist, die dann enttäuscht wird (BERKOWITZ 1969, DAVIES 1969; GURR 1970). Ist dies nicht der Fall, bleiben Aggressionen aus; die Mangelsituationen werden vielmehr mit Apathie und Fatalismus getragen.

Weiter ist es möglich, daß in solchen wichtigen Fällen wie Armut oder wirtschaftlicher Not, die zusammengefaßt als Entbehrungssituation bezeichnet werden, in Wirklichkeit zahlreiche Hindernisfrustrationen stecken (wie Behinderungen durch kleinen Wohnraum). Auf Problemsituationen dieser Art wird später noch ausführlicher eingegangen (S. 55 ff). Hier soll nur darauf hingewiesen werden, daß eine «Entbehrung» eine sehr ungenaue Angabe der Frustration ist, bei der die möglichen aggressionsfördernden Bedingungen erst noch zu klären sind.

Aus diesem Grunde erweist sich auch der Fall emotionaler Entbehrungen (besonders: mangelnder Mutterliebe), die des öfteren als Aggressions«ursache» genannt werden, bei genauerem Hinsehen als ziemlich kompliziert (s. S. 53 f).

Als ebenfalls viel zu simpel und überdies unbewiesen ist auch die Theorie zurückzuweisen, daß «sexuelle Verdrängung» die Hauptursache für die «Kriegsbereitschaft» des einzelnen sei (PLACK 1967, S. 274).

Festzuhalten bleibt zunächst, daß zumindest Frustrationen im Sinne von Hindernissen (wie Behinderungen, Mißerfolge) oder schädigenden Reizen (wie Angriffe) die Wahrscheinlichkeit eines anschließenden aggressiven Verhaltens erhöhen beziehungsweise als aggressionsbegünstigende Bedingung anzusehen sind.

Situationsbewertung und Ärger

Woran liegt es aber, wenn auf Frustrationen der genannten Art keine Aggression folgt? Ein erster Gedanke wäre, daß eine solche Frustrationssituation für die betreffende Person nicht zu einem Frustrations*erlebnis* führt. Was bedeutet das?

Die naheliegendste Vorstellung von einem Frustrationserlebnis ist zunächst, daß die betroffene Person sich «ärgert», das heißt, daß durch die Behinderung oder dergleichen emotionale Prozesse ausgelöst werden, die subjektiv als ein Gefühl von Ärger, Wut, Zorn (eventuell Angst,

44 Erklärungen zur Entstehung von aggressivem Verhalten

wie noch zu zeigen sein wird) erlebt werden. BERKOWITZ (1962) modifizierte in diesem Zusammenhang die alte Sequenz

Frustration → Aggression

dahingehend, daß er die vermittelnde Variable «anger» (Ärger/Wut/Zorn) dazwischen stellte:

Frustration → Ärger/Wut/Zorn → Aggression

Zwar ist auch dies noch keine feste Reaktionsfolge, jedoch würden wir aggressives Verhalten nur dann erwarten, wenn ein Affekt wie Ärger/Wut/Zorn hervorgerufen wurde.

Ein solches Frustrationsgefühl wird aber längst nicht immer erzeugt, wenn ein Außenstehender die Situation als Frustration (Hindernis oder schädigender Reiz) definieren würde. Zur Teilsequenz Frustration → Ärger/Wut/Zorn ist es nötig, daß der Betroffene die Situation *als störend* (eher bei Hindernissen), *als bedrohlich* (eher bei schädigenden Reizen) oder sonstwie *aversiv bewertet* oder interpretiert. Danach ist es also von Bedeutung,

○ ob man eine Situation als echte Behinderung ansieht oder nicht (z. B. bei einer Zugverspätung: ob man einen eiligen Termin erreichen muß oder viel Zeit hat), ob man sie vielleicht sogar als reizvolle Problemaufgabe auffaßt;

○ ob man eine Frustration als Willkürakt oder als unwillkürlich (etwa: sachbedingt) ansieht (z. B. ob ich versehentlich im Gewühl oder absichtlich ans Bein getreten werde) (PASTORE 1952);

○ ob man (was mit der Willkür zusammenhängen kann) ein Verhalten als gegen sich gerichtet ansieht oder nicht (z. B. ob man Kritik als Hilfe oder als Herabsetzung auffaßt).

Es ist möglich, daß sich im Zeitverlauf die Bewertung der Situation verändert.

Nach der beschriebenen Analyse hat das Frustrationserlebnis also zwei Aspekte: einen kognitiven (Bewertung als «frustrierend») und einen affektiven (Ärger). Dabei setzt Ärger eine entsprechende negative Bewertung voraus. Andererseits besteht zwischen beiden Aspekten anscheinend insofern eine gewisse Unabhängigkeit, als man eine Frustration z. B. kognitiv als «Kleinigkeit» bewerten mag und dennoch starke Ärgeraffekte ausgelöst werden, oder umgekehrt ein als schwerwiegend bewertetes Ereignis relativ ruhig verarbeitet wird. Hier spielen auch Persönlichkeitsunterschiede eine Rolle.

Verhaltensgewohnheiten und Hemmungen

Individuelle Unterschiede sind auch in der Teilsequenz Ärger/Wut/Zorn → Aggression von großer Bedeutung. Wenn jemand ärgerlich, wütend oder zornig ist, so ist damit noch nicht festgelegt, daß er sich aggressiv

Frustration und Aggression   45

verhält. Er kann seinen Ärger auch beherrschen und überspielen, kann sich zurückziehen oder sich selbst beschwichtigen. Hier spielen die Verhaltensgewohnheiten hinsichtlich des Umgangs mit aggressiven Gefühlen sowie die Neigung zu Aggressionshemmungen eine Rolle. Beide Faktoren gehen auf Lernerfahrungen zurück, wie später noch dargelegt werden wird (Kapitel 6 und 8).

Aggressive Modelle und Hinweisreize
Außer von den besprochenen Faktoren in der Person hängt es natürlich auch von den Besonderheiten der *Situation* ab, ob sich aggressive Emotionen im Verhalten durchsetzen oder nicht. So können Aggressionen ausbleiben, wenn durch die aktuelle Situation (z. B. «feine» Gesellschaft) Hemmungen hervorgerufen werden.

Erleichtert wird die Aggression hingegen, wenn bereits andere Personen in dieser Situation aggressives Verhalten zeigen (sogenannte Modelle). Wenn beispielsweise in einer Menschenschlange jemand gerade gesehen hat, wie ein anderer einen Vordrängelnden barsch zurückwies, so erhöht das die Wahrscheinlichkeit, daß er selbst auch auf einen Vordrängler aggressiv reagiert (HARRIS 1973).

Begünstigt wird aggressives Verhalten außerdem durch Hinweisreize, die signalisieren, daß in dieser Situation Aggression sozusagen «paßt». Aggressive Hinweisreize sind Situationsmerkmale, die mit Aggression oder mit der Frustrationsquelle (dem Provokateuer) assoziiert sind (BERKOWITZ 1962, 1969). Dies kann die Anwesenheit von Schußwaffen im Raum sein (BERKOWITZ/LePAGE 1967, SCHMIDT-MUMMENDEY/SCHMIDT 1974), das Erzählen aggressiver Witze (BERKOWITZ 1970 b) oder auch aggressives Spielzeug (FESHBACH 1956).

Von besonderem Interesse sind die aggressiven Hinweisreize, die das Zielobjekt der Aggression bietet. Das Zielobjekt ist vorrangig der Provokateur beziehungsweise der «Schuldige». Ist er aber nicht gegenwärtig, mag man sich zwar ärgern, ihm jedoch erst dann «die Meinung sagen», wenn man ihn trifft (soweit er als der Stärkere keine Hemmungen weckt). Gegebenenfalls richtet sich die Aggression auch gegen andere Personen, die dem Provokateur etwa darin ähnlich sind, daß sie selbst auch irgendwie «stören» (z. B. der Lehrling, der einen Fehler macht) oder ohnehin in einem aggressiven Kontext (etwa als «Gegner») oder wenigstens als unliebsamer Mitmensch gesehen werden (vgl. BERKOWITZ 1962).

Die wichtigsten Aspekte seien noch einmal zusammengefaßt, da sie auch für die Aggressionsbewältigung von Bedeutung sind: *Frustrationssituationen können zu verschiedenen Verhaltensweisen führen, eine davon ist Aggression.* Sie tritt offenbar dann auf, *wenn*

○ die Situation tatsächlich als frustrierend bewertet wird und Ärger oder ähnliche Gefühle auslöst,

46   Erklärungen zur Entstehung von aggressivem Verhalten

○ das Individuum für solche Situationen aggressive Verhaltensgewohnheiten mitbringt,
○ die Situation keine Hemmungen weckt oder Hemmungen bei dem
betreffenden Menschen schwer geweckt werden können,
○ die Situation aggressive Modelle oder Hinweisreize bietet.

An all diesen Bedingungen könnte man nun ansetzen und Änderungen versuchen, um eine *Verminderung aggressiven Verhaltens* zu erreichen (im dritten Teil wird dies ausführlich besprochen). Zusätzlich gibt
es noch die Möglichkeit, die von der ursprünglichen, strengen Frustrations-Aggressions-Hypothese als einzige angeboten wurde: nämlich
Frustrationsbedingungen zu vermindern. Zwar waren auch Hemmungen
von Anfang an in der Theorie vorgesehen, doch wurde angenommen,
daß sich das Aggressionsbedürfnis dann andere Wege sucht (z. B. Sündenböcke oder Selbstaggression). Nur durch aggressives Verhalten
könnten danach also die aggressiven Impulse wieder abgebaut werden
(Katharsis-Hypothese). Daraus ist dann vielfach der Vorschlag abgeleitet worden, nach wirksamen und kontrollierten Wegen des «Abreagie-
rens» zu suchen, vor allem um einen gefährlichen Aggressionsstau zu
vermeiden, wie er durch mehrfache Frustrationen entstehen könne.
Auch als die Annahme aufgegeben wurde, daß Frustrationen immer ein
Aggressionsbedürfnis hervorrufen, blieb bei vielen Wissenschaftlern und
Laien die Vorstellung lebendig, daß, *wenn* es zu Aggressionsimpulsen
komme, sie sich nach hydraulischen Gesetzen äußern müßten. (In Kapitel 11 wird auf dieses Problem ausführlich eingegangen.)

Die Vielfalt möglicher Frustrationsfolgen

Liegen die beschriebenen Bedingungen nicht vor, ist keine Aggression,
sondern ein anderes Verhalten in der Frustrationssituation zu erwarten.
Was dies sein kann, soll nun näher erläutert werden. Dabei legt schon ein
flüchtiger Blick nahe, daß darunter einige problematische Reaktionen
sind sowie andere, die fast immer oder von Fall zu Fall sinnvoll erscheinen. Welche Möglichkeiten als Verhaltensgewohnheiten zu fördern wären und wie dies geschehen kann, wird später ausführlich besprochen
werden (Kapitel 15).

Typische Reaktionen
Auf Frustrationen können sehr viele Reaktionen folgen. Einige sind
täglich beobachtbar und für jedermann offensichtlich; andere sind in
psychologischen Untersuchungen entdeckt oder als typisch erkannt worden. Im wesentlichen können (außer Aggression) folgende Verhaltensweisen in Frustrationssituationen auftreten:
○ konstruktives Verhalten, Lösungsbemühungen;

Frustration und Aggression   47

○ Ersatzhandlungen: Ausweichen auf einfachere Ersatzlösungen (DEM-BO 1931);
○ Phantasiebefriedigung: vorgestellter Erfolg, Tagträume;
○ passiver Rückzug; aufgeben, resignieren;
○ aktiver Rückzug: Flucht, die Situation verlassen;
○ Regression: Rückschritt auf eine frühere Entwicklungsstufe, z. B. primitiveres Spielverhalten (BARKER/DEMBO/LEWIN 1941);
○ Fixation: stereotype Wiederholung desselben erfolglosen Verhaltens (MAIER 1949);
○ Abhängigkeitsverhalten: Zuflucht zu anderen;
○ Selbstbetäubung durch Alkohol, Drogen;
○ Selbstvorwürfe (Selbstaggression);
○ Umbewertung der Situation:
   a) als sinnvolle Neueinschätzung oder
   b) als Rationalisierung, z. B. als (scheinbar vernünftige) Bagatellisierung oder Saure-Trauben-Reaktion («Ich wollte es ja gar nicht haben»);
○ Humor (wohl nur, wenn es nicht zu echten Ärgergefühlen kommt).

Fluchtverhalten tritt typischerweise vermutlich nur bei schädigenden Reizen auf, die als Bedrohung wirken (besonders Angriffen), aber kaum bei Mißerfolgen. Es kann – wie Tierverhalten zeigt – als die elementare Alternative zur Aggression angesehen werden: entweder dem bedrohlichen Ereignis entgehen (Flucht) oder es beseitigen (Aggression). Vermutlich hat Flucht den Vorrang, und Aggression tritt nur auf, wenn die Situation nicht verlassen werden kann (vgl. FÜRNTRATT 1974; MICHAELIS 1976). Allerdings ist für den Menschen hinzuzufügen: «Weder kann er besonders schnell und ausdauernd laufen, noch stehen ihm wirkungsvolle Angriffswaffen zur Verfügung. Er ist also ‹von Natur aus› zu einem Weder-Flucht-noch-Angriffsverhalten gezwungen, wodurch es notwendig wird (um des Überlebens willen), auf Ereignisse nicht stereotyp zu reagieren wie viele Tiere, sondern mit einer Flexibilität, die bereits auf sehr feine Abstufungen bei Ereignisveränderungen anspricht» (MICHAELIS 1976, S. 45).

Es ist ja auch leicht zu beobachten, daß in einer Frustrationssituation *mehrere* unterschiedliche Reaktionen auftreten. So mag jemand anfangs konstruktives Bemühen zeigen, nach weiteren Mißerfolgen Aggression, um dann schließlich aufzugeben. Oder anfangs Aggression, dann Rationalisierungen, dann Ersatzlösungen, die konstruktiv angestrebt werden. Dies hängt von den besonderen Gegebenheiten der Situation ab (Stärke des Hindernisses, Gefährlichkeit; Alternativmöglichkeiten usw.) und von den personalen Faktoren (Stärke des Bedürfnisses, eigene Verhaltensgewohnheiten und -möglichkeiten usw.).

48 Erklärungen zur Entstehung von aggressivem Verhalten

Die Frustrations-Antriebs-Hypothese
Die Vielzahl möglicher Frustrationsfolgen hat manche Autoren veranlaßt, die Frustrations-Aggressions-Hypothese zu ersetzen durch die Frustrations-Antriebs-Hypothese (BANDURA/WALTERS 1963; SELG 1971). Sie begnügt sich nicht damit, auf die Unzulänglichkeit der Frustrations-Aggressions-Hypothese hinzuweisen, sondern versucht, die Ergebnisse auf einen neuen Nenner zu bringen. Danach führt die Frustration im Organismus zu einer *Aktivierung*, einer Erhöhung von Erregung und Antrieb («drive»). Physiologisch liegt dem die Ausschüttung des Hormons Adrenalin zugrunde. Die Aktivierung ist unspezifisch genug, um sich in verschiedene Verhaltensformen umzusetzen, erhöht aber jeweils deren Intensität. Für aggressives Verhalten ist sicher besonders typisch, daß es intensiv ist (heftig, laut). Aber auch konstruktives Bemühen, Flucht, Tagträume und andere Reaktionen können durch Frustrationen intensiviert werden.

Dennoch ist zu fragen, ob die Frustrations-Antriebs-Hypothese allgemeingültig ist. Problematisch erscheint sie vor allem da, wo Frustrationen mit prompter Resignation beantwortet werden. In solchen Fällen ist die Folge der Frustration möglicherweise ein Antriebs*verlust*. Das Individuum ist zunächst aktiv, wird aber schon beim ersten Hindernis «lahmgelegt», passiv*. Im übrigen erscheint es auch bei manchen Formen von Aggression etwas gewaltsam, von besonderer Intensität zu sprechen (z. B. bei ironischen Bemerkungen).

Insgesamt aber wird die Frustrations-Antriebs-Hypothese den Realitäten sicher gerechter als die alte Frustrations-Aggressions-Sequenz. Sie bedeutet nicht nur, daß auf Frustrationen *unterschiedliches Verhalten* folgen kann, sondern impliziert auch, daß der innere Erregungszustand mit subjektiv *unterschiedlichen Gefühlen* verbunden sein kann. Wir hätten also die Sequenz

Frustration → Erregung Antrieb → intensives Verhalten unterschiedlicher Art,

wobei die Erregung nicht nur als Ärger/Wut/Zorn, sondern auch als Elan/Leistungs«drang» (vornehmlich bei Hindernissen) oder als Angst (vermutlich eher bei Angriffen oder anderen schädigenden Reizen) erlebt werden kann. Die Grenzen zwischen den Gefühlen sind allerdings fließend. Es liegt auf der Hand, eine gewisse Entsprechung zwischen Gefühl und Verhalten anzunehmen, etwa zwischen Elan und Lösungsbe-

---

* Es scheint Fälle zu geben, wo aus dem Gefühl völliger Hilflosigkeit eine psychische *und* physische Passivität eintritt, die zum Tode führt. Derartiges wurde bei brasilianischen Indianern beobachtet, die wegen eines Tabu-Bruches vom Medizinmann verdammt worden waren. Ähnliches könnte beim Verlust eines nahestehenden Mitmenschen geschehen (vgl. SELIGMAN 1976).

Frustration und Aggression 49

mühen, Angst und Rückzug (Flucht), Ärger und Aggression.

Die Auffassung von der unterschiedlichen Gefühlsqualität der Erregung/Aktivierung wird auch gestützt durch die emotionspsychologischen Untersuchungen von SCHACHTER und Mitarbeitern. Danach kann ein und derselbe physiologische Erregungszustand ganz unterschiedlich erlebt werden (als Ärger, Angst, Freude), je nachdem, welches Gefühl dem Betreffenden durch die Situation nahegelegt wird (kognitiver Faktor). So versetzten SCHACHTER & SINGER (1962) ihre Versuchspersonen durch Einspritzung von Adrenalin in physiologische Erregung. Die Versuchspersonen, die über die Wirkung von Adrenalin nicht richtig informiert worden waren, wurden entweder wütend oder euphorisch, je nachdem, ob sie durch das Verhalten einer anderen Versuchsperson (ein instruierter Helfer des Versuchsleiters) glauben mußten, Adrenalin wirke so oder so. Die richtig informierten Versuchspersonen, die keine Interpretation ihres veränderten Zustandes brauchten, wurden weit weniger durch den «Modell»-Partner beeinflußt.

In diesem Zusammenhang sei an die Erscheinung erinnert, daß Gefühlszustände zuweilen sehr unbestimmt erlebt werden und daß sie erst dann als «Ärger», «Angst», «Betroffenheit» bezeichnet werden können, wenn man die Situation versteht, in der man sich befindet. Auch die Handlung selbst kann auf die Färbung der Emotion zurückwirken. So wird man eine Erregung eher als Ärger empfinden (deuten), wenn man auf eine Bedrohung mit Aggression reagiert hat, und eher als Angst, wenn man geflüchtet ist.

Wenn die Annahme stimmt, daß emotionale Erregungen unspezifisch sind (zumindest in gewissem Grade) und erst durch kognitiv verarbeitete Informationen zu einem spezifischen Gefühl werden, dann spricht einiges für die Vermutung, daß nicht nur aggressives Verhalten, sondern auch Ärger nicht notwendige Folge von Frustrationen ist, sondern daß man lernt, Ärger zu verspüren, weil man «von Kindesbeinen an vorgemacht bekommt, wie Menschen auf Frustrationen mit dem Ausdruck der Wut reagieren» (SELG 1971, S. 20).

Warum reagieren Menschen so leicht aggressiv auf Frustrationen?

Wie die Alltagserfahrung und zahlreiche Experimente zeigen, ist Aggression zwar keine notwendige, faktisch aber eine sehr häufige Reaktion auf Frustrationen. Fast könnte man von einer «bevorzugten» Reaktion sprechen. Dagegen fehlen vor allem konstruktive Bemühungen allzu häufig. Warum ist dies so? Vermutlich sind es vor allem folgende Gründe, die Aggression zu einer besonders häufigen Reaktion machen:

1. Frustrationen führen im allgemeinen zu einer Aktivierung des Organismus, durch die unser Verhalten intensiver wird (heftiger, lauter),

50   Erklärungen zur Entstehung von aggressivem Verhalten

eine Eigenschaft, die eben für Aggression typisch ist. Man muß dies als eine natürliche, zum Schutze des Organismus notwendige Alarmreaktion bei Hindernissen und Gefahren verstehen. Ihr ursprünglicher biologischer Sinn liegt darin, den Organismus in eine erhöhte Bereitschaft zu Kampf und Verteidigung (mit Ärger/Wut/Zorn, eventuell auch Angst) oder zur Flucht (mit Angst) zu versetzen.

2. Es ist wesentlich einfacher, aggressiv zu sein, z. B. zu schimpfen, als sich um eine konstruktive Lösung zu bemühen. Dies gilt besonders bei starker Erregung, die zwar physische Kräfte freisetzt, aber Denkprozesse beeinträchtigt. (Beim Menschen hat die Alarmreaktion daher ihren biologischen Wert teilweise eingebüßt.)

Zusammengenommen bedeuten die beiden Punkte, daß die durch die Frustration hervorgerufene Aktivierung sich nur in solchen Verhaltensweisen äußern wird, die das Individuum «kann», die es in seinem «Verhaltensrepertoire» hat. Es ist leicht einzusehen, daß kleine Kinder viele Verhaltensweisen noch nicht «können», mit denen sie alltägliche Frustrationen (eine verschlossene Tür, ein weggenommenes oder hinter ein Hindernis gefallenes Spielzeug) sachgerecht-konstruktiv bewältigen könnten. Aber sie «können» durchaus schon Verhaltensweisen, die aggressiv aussehen (schreien, zerren usw.). Das Wort «aussehen» soll andeuten, daß es fraglich ist, ob man solches Verhalten bei ganz kleinen Kindern schon aggressiv nennen soll, da vermutlich die Schädigungsabsicht fehlt.

3. Es ist aber wichtig, daß solche elementar-aggressiven Verhaltensweisen später zu eindeutigen Aggressionen werden können, wenn sie sich zu einer mehr oder weniger gewohnheitsmäßigen Form zwischenmenschlicher Auseinandersetzung entwickeln. Wie noch zu zeigen sein wird (Kapitel 6), geschieht dies sehr leicht, weil aggressives – oder besser: zunächst vor-aggressives Verhalten – sich häufig als nützlich für das betreffende Individuum erweist (was ja auch durchaus dem primären biologischen Sinn entspricht). Und da Aggressionen in diesem Sinne leicht gelernt werden können, führt das dazu, daß häufig auch Erwachsene noch kaum eine andere Reaktion auf Frustrationen «können».

3. Gibt es Aggressionen nur nach Frustrationen?

«Aggression ist immer die Folge einer Frustration.» Diese These der Yale-Gruppe ist nicht schon auf den ersten Blick so leicht anfechtbar wie die andere, daß Frustrationen immer zu Aggression führen. Das kritische Wort ist auch hier «immer». Auch wenn man zustimmt, daß die meisten Aggressionen offenbar eine Reaktion auf eine Frustration sind, so wäre doch zu fragen, ob es nicht auch andere Fälle gibt. So beobachtet man im Alltag zuweilen Aggressionen, die einem völlig grundlos erscheinen, bei denen man also keine Frustrationen entdecken kann. Nun ließe sich allerdings die Berechtigung dieses Einwandes bezweifeln. Denn für den betreffenden Menschen mag die Situation durchaus etwas Frustrierendes haben, auch wenn *wir* es nicht sehen. Außerdem könnte man argumentieren, daß er schon einige Zeit vorher eine Frustration erlebt hat, die Aggression aber erst jetzt zum Ausbruch kommen kann. Das Problem ist dabei, daß sich diese Möglichkeit alsbald jeglicher Überprüfung entzieht und damit wissenschaftlich unbrauchbar wird. Denn man kann immer nachträglich in einer Situation ein frustrierendes Element finden und vor allem kann man immer vergangene Frustrationen nachweisen. Ob diese Frustrationen jedoch in funktionalem Zusammenhang mit der beobachteten Aggression stehen, läßt sich häufig weder beweisen noch widerlegen. Man kommt dann ins Spekulieren.

Aus folgenden Gründen erscheint es nicht sinnvoll, die These in ihrer absoluten Form beizubehalten:

Zunächst gibt es Aggressionen, die völlig «kalt» geschehen, die nicht Ausdruck eines Ärgers und somit auch nicht Reaktion auf eine Frustration sind. Ein Bankräuber etwa setzt seine Aggression (Drohung, Geiselnahme) planmäßig *als Mittel* («instrumentell») zur Erlangung des Geldes ein. Oder: ein durchaus wohlhabender Mann vergiftet seinen Onkel, um vorzeitig die Erbschaft zu erhalten. Im Falle des Bankräubers ließe sich vielleicht einwenden, er habe eventuell aus einer (frustrierenden) finanziellen Notsituation gehandelt. Aber hier wäre die Reaktion auf die Frustration nicht die Aggression, sondern das Nachdenken und Planen des Raubes; dieser enthält dann notwendigerweise – sekundär – aggressive Elemente. Der Betreffende würde sich aber das Geld auch ohne Aggression beschaffen, wenn es ginge.

Zudem kann es nicht-frustrationsbedingte Aggressionen geben, wenn jemand das aggressive Verhalten eines anderen *nachahmt*. Wenngleich dies häufig in Frustrationssituationen geschieht, können gegebenenfalls durch aggressive «Modelle» Aggressionen auch ohne Frustration ausgelöst werden (WALTERS/THOMAS/ACKER 1962; MUSSEN/RUTHERFORD 1961).

Schließlich mag man an Fälle denken, wo jemand von sich aus die Gelegenheit zu Streitereien oder Kämpfen *sucht*, oder gar Befriedigung darin findet, anderen Schmerz zuzufügen (Sadismus). Die Frage liegt nahe, ob solch ein Verhalten nicht die langfristige Wirkung einer frustrationsreichen Geschichte sein kann. Das wäre allerdings keine «Reaktion» auf eine Frustration. Die Frage des Langzeiteffektes von Frustrationen ist jedoch in vieler Hinsicht von großer Bedeutung, so daß auf sie im nächsten Abschnitt ausführlich eingegangen wird.

4. Langzeiteffekte:
Lebensgeschichte und gesellschaftliche Bedingungen

In der bisherigen Diskussion ging es darum, wie ein Mensch in einer bestimmten Situation reagiert, wenn er frustriert wird. Es zeigte sich, daß Aggressionen eine häufige, keineswegs aber ausschließliche Verhaltenskonsequenz sind. So wichtig und interessant diese Frage ist, ihre weiterreichende pädagogische, klinische und gar politische Bedeutung bekam die Frustrations-Aggressions-Hypothese vor allem dadurch, daß sie Aggressionen einzelner Menschen oder Gruppen als Ergebnis der *Summe* von Unterdrückungen, Entbehrungen und Mißerfolgen im Kindes- und Jugendalter oder aus sozialen und wirtschaftlichen Notlagen deutete.

Die Yale-Gruppe (DOLLARD u. a. 1939) führt hierzu eine lange Reihe von Frustrationen an, die als Aggressionsursachen anzusehen seien, angefangen von Zwängen und Verboten im Erziehungsprozeß (Sauberkeitserziehung, Stillsitzen in der Schule, sexuelle Tabus) bis zu Frustrationen, die sich aus den politischen und wirtschaftlichen Systemen der amerikanischen Demokratie, des deutschen Faschismus oder des sowjetischen Kommunismus ergeben. Auch Marx' Revolutionstheorie wird verstanden als aggressive Reaktion der Proletarier auf ihre (frustrierende) soziale Lage.

Mit Recht weisen verschiedene Autoren (SELG 1971, LISCHKE 1972) darauf hin, daß mit dieser Ausweitung die Hauptbegriffe der ursprünglichen Frustrations-Aggressions-Hypothese unversehens einen Bedeutungswandel erfahren. Frustration wird nicht mehr nur im Sinne der Definition von DOLLARD und Mitarbeitern (Störung einer zielgerichteten Aktivität) aufgefaßt, sondern im weiten Sinne, vor allem auch im Sinne von Entbehrungen. Aggression wird nicht mehr nur als Verhalten, sondern auch als Aggressivität, also eine Aggressionsneigung im Sinne einer relativ überdauernden «Eigenschaft» verstanden. Die Einbeziehung von Entbehrungen (Armut, mangelnde mütterliche Liebe) mag man noch auf den Nenner der Hindernisfrustrationen bringen, wenn man annimmt, daß sie zu häufigen Versuchen der Bedürfnisbefriedigung (z. B. Zuwendung) führen, die dann «gestört» werden (Abwendung der Mutter, Verbote, Bestrafungen usw). Die Annahme einer langfristigen Wirkung bleibt davon unberührt. Aus den genannten Gründen kann man die Ergebnisse des Kurzzeitmodells nicht einfach auf das Langzeitmodell übertragen, sondern muß dieses gesondert überprüfen.

Frustrationen in der Lebensgeschichte

Wenn bei aufsehenerregenden Prozessen gegen Gewaltverbrecher auch über den Lebenslauf des Täters berichtet wird, so erfahren wir sehr häufig, daß er offenbar eine traurige Geschichte hinter sich hat: lieblose oder prügelnde Eltern, Verlust wichtiger Erziehungspersonen, Heimeinweisungen, Mißerfolge in Schule und Beruf, demütigende Erlebnisse mit Altersgenossen oder dem anderen Geschlecht. Spiegeln Einzelfälle dieser Art allgemeingültige Zusammenhänge wider?

Daß aggressive Menschen das Produkt schwerer Frustrationen in ihrem Entwicklungsgang sind, ist eine sehr verbreitete Auffassung. Vor allem wird dabei auf frustrierende Erfahrungen in der Familie verwiesen, auf mangelnde emotionale Zuwendung, Zurückweisung, scharfe Bestrafungen, starke Einschränkungen durch Befehle und Verbote. In der Tat fand man in verschiedenen Untersuchungen *mangelnde emotionale Wärme und Zuwendung* im familiären Hintergrund von aggressiven Kindern und Jugendlichen (SEARS/MACCOBY/LEVIN 1957, BANDURA/WALTERS 1959, McCORD/McCORD/HOWARD 1961, ERON/WALDER/TOIGO/LEFKOWITZ 1963); ebenso bei erwachsenen Kriegsfreiwilligen (MANTELL 1972) sowie Mördern (PALMER 1960). Häufige *Bestrafungen* und andere machtorientierte Erziehungspraktiken wurden dabei ebenfalls meist festgestellt.

Dennoch wird schon durch einige gegenläufige Befunde – geringere Aggression bei häufigen Frustrationen (SEARS 1961, COHEN 1971) – nahegelegt, die Zusammenhänge differenzierter zu betrachten und etwa die spezifischen Formen der erfaßten Frustration, die Art ihrer Ermittlung, Altersfaktoren und anderes mit zu berücksichtigen.

Gänzlich offenbar wird aber die Unzulänglichkeit eines einfachen Frustrations-Aggressions-Langzeiteffektes, wenn man bedenkt, daß bei nahezu allen Verhaltensstörungen, also beispielsweise auch für ängstliches Rückzugsverhalten oder Drogenabhängigkeit im Hintergrund frustrierende Erziehungsbedingungen zu finden sind. Folgt man der zusammenfassenden Auswertung zahlreicher Untersuchungen durch BECKER (1964), so führt «hostility», emotional negatives (kaltes, abweisendes, liebloses, körperlich strafendes) Elternverhalten vorwiegend dann zu hoher Aggressivität, *wenn* die Erziehung zugleich wenig restriktiv ist, das heißt, wenn sie wenig kontrollierend, sondern gewährenlassend («permissiv») ist. Das emotional abweisende Verhalten führt aber im Zusammenhang mit hoher Restriktion (viele einengende Ge- und Verbote und deren strenge Durchsetzung) weniger zu Aggressivität, sondern eher zu schüchternem, zurückgezogenem Verhalten. Es ist offenkundig, daß man diese Kombination kalt-restriktiv nicht als weniger frustrierend bezeichnen kann als die aggressionsfördernde Verbindung kalt-permissiv.

54 Erklärungen zur Entstehung von aggressivem Verhalten

Natürlich können auch diese Zusammenhänge nur relativ grob die Haupttendenzen wiedergeben und keineswegs alle aggressionsrelevanten Erziehungsbedingungen erfassen. Nicht berücksichtigt sind dabei z. B. aggressionsbegünstigende «Inkonsistenzen» wie wechselhafte Erziehung oder Unterschiede zwischen väterlichem und mütterlichem Verhalten (z. B. McCord u. a. 1961, Bandura/Walters 1959; zur Übersicht s. Becker 1964, Caesar 1972). Für unsere Frage aber macht die Beckersche Zusammenstellung folgendes ausreichend deutlich: Wenngleich die prinzipielle Bedeutung von Frustrationen nicht in Frage gestellt wird, ist für die Erklärung von Persönlichkeitsentwicklungen eine genaue Spezifizierung erforderlich, *was* in *welcher Form* frustriert wurde. Auch *zusätzliche Faktoren* sind zu berücksichtigen.

Eine solche Präzisierung wird durch lernpsychologische Aspekte ermöglicht, die im nächsten Kapitel ausführlicher besprochen werden. Hier sei nur kurz vorweggenommen, daß das elterliche Vorbild («Modell») sowie die Konsequenzen («Bekräftigungen») der kindlichen Aggression eine entscheidende Rolle spielen. In einem Vergleich von aggressiven und gehemmt/zurückgezogenen Jungen fand Bandura (1960, zit. n. Bandura/Walters 1963) einen etwa gleichen Mangel an emotionaler Zuwendung – die Eltern der aggressiven waren eher noch etwas liebevoller –, darüberhinaus aber bei den aggressiven gelegentliche Bekräftigungen (in Form von Ermutigungen und Anerkennung) für Aggressionen außerhalb der Familie sowie aggressive Eltern-Modelle. Hierbei ist zu bedenken, daß lieblos-feindseliges Verhalten von Eltern nicht nur eine Frustration ist, sondern zugleich verschiedene Formen aggressiven Modellverhaltens beinhaltet, die eventuell von den Kindern übernommen werden. Demgegenüber bietet z. B. eine überbehütende Erziehung sicher auch zahlreiche Frustrationen, aber kein aggressives Modell; sie ist vielmehr liebevoll-restriktiv, und in diesem Falle ist kaum aggressives, sondern unselbständiges und fügsames Verhalten der Kinder zu erwarten (vgl. Becker 1964).

Was die Konsequenzen aggressiven Verhaltens betrifft, so ist neben eventuellen Bestärkungen aggressiven Verhaltens außerhalb der Familie («Wehr dich nur kräftig») von Bedeutung, welche Reaktionen des Kindes auf die elterlichen Frustrationen unter den jeweiligen Erziehungsbedingungen noch eher gewisse Befriedigung (positive Bekräftigung) verschaffen: aggressives Verhalten (das immerhin Aufmerksamkeit erzwingt) oder «braves» Verhalten. Hier spielen sicherlich Unterschiede des Elternverhaltens in der Dimension «permissiv–restriktiv» eine Rolle.

Was bleibt nun von der Wirkung lebensgeschichtlicher Frustrationen übrig? Keinesfalls Vorstellungen, nach denen jede Aggression – wie Lischke (1972, S. 52) kritisch anmerkt – «als die Folge einer im Dunkeln der Lebensgeschichte erfolgten Frustration gelten (kann)». Abgesehen

Frustration und Aggression 55

davon, daß sich diese Annahme schnell der Überprüfbarkeit entzieht, entspricht es sicher nicht der Realität, daß in einer bestimmten Lebensphase Frustrationen geschehen und etwa Jahre später Aggressionen auftreten. Die besprochenen Frustrationsbedingungen, namentlich das elterliche Verhalten, dauern in der Regel über lange Erziehungsphasen an. Aber auch bei Dauerfrustrationen ist die Entstehung aggressiver Gewohnheiten ohne die Hinzunahme von Lernbedingungen (Modelle, Bekräftigungen) nicht befriedigend zu erklären.

Dennoch behalten verschiedene Frustrationen vermutlich folgende Bedeutungen für aggressive Entwicklungen:

1. Viele Formen von Frustrationsereignissen bieten zugleich aggressive Modelle.
2. Frustrationen können kompensierende Lernprozesse in Gang setzen, z. B. durch aggressives Verhalten einen Mangel an Beachtung oder Selbstdurchsetzung zu vermindern.
3. Abweisend-frustrierendes Erziehungsverhalten ist ungünstig für die Gewissenbildung, also auch für die Entwicklung stabiler Aggressionshemmungen (Näheres in Kapitel 14).
4. Häufige Frustrationen führen dazu, daß weitere Frustrationen erwartet werden. Daher werden viele Situationen als bedrohlich interpretiert.

Gesellschaftliche Bedingungen

Lebensgeschichtliche und gesellschaftliche Bedingungen sind nicht zwei gänzlich getrennte Bereiche. Auch Erziehungsziele und -methoden, die (neben ökonomischen und anderen Bedingungen) die Sozialisation eines Menschen prägen, sind in hohem Maße Bestandteil des allgemeinen gesellschaftlichen «Klimas». So kann eine aggressiv-gehorsamorientierte Erziehung Ausdruck und zugleich konservierender Faktor eines entsprechenden politisch-sozialen Systems sein. Selbst wenn sich in manchen Fällen die Familie als private Insel davon absetzen sollte, so ist doch das Klima der öffentlichen Erziehung in Schule, Kindergarten oder Jugendorganisationen meist ein gesellschaftliches Phänomen und zugleich für den einzelnen heranwachsenden Menschen ein Stück individueller Lebensgeschichte.

Im folgenden soll auf den Aspekt der Erziehung nicht mehr eingegangen werden. Vielmehr soll sich «gesellschaftliche Bedingungen» auf die *materiellen und sozialen Lebensumstände* beziehen und ihr Zusammenhang mit Häufungen von Aggression und besonders mit kollektiven Aggressionen in Form von Unruhen oder Aufständen angesprochen werden (vgl. GURR 1970, SENGHAAS 1971, NEIDHARDT 1973).

Vorweg eine Feststellung aus der ausführlichen Studie von GURR

56 Erklärungen zur Entstehung von aggressivem Verhalten

(1970) zur Frage, warum Menschen rebellieren: «Fast die gesamte Literatur über kollektive Gewalt nimmt einen ursächlichen Zusammenhang zwischen dem Bestehen einer relativen Deprivation oder einem vergleichbaren Konzept und dem Auftreten von Gewalt an» (GURR, S. 62, Übers. v. Verf.). Unter «relativer Deprivation» ist in der Formulierung von SENGHAAS (S. 53) «die wahrgenommene Diskrepanz zwischen den Lebenserwartungen von Menschen und ihren nicht realisierbaren Befriedigungschancen» zu verstehen. Obwohl die hier wirksamen Frustrationen nicht weit zurückliegen, sondern noch existent sind, handelt es sich doch nicht um einen zeitlich oder situativ unmittelbaren Zusammenhang, so daß auch hier eher von einem Langzeiteffekt zu sprechen wäre.

Schon bei DOLLARD und Mitarbeitern (1939) wird eine Untersuchung von HOVLAND und SEARS zitiert, nach der die Häufigkeit von Lynchungen in den Südstaaten in statistischem Zusammenhang mit der Baumwollernte stand (berechnet für die Jahre 1882 bis 1930): je geringer die Erträge in diesem wichtigen Wirtschaftsbereich waren, um so häufiger gab es aggressive Handlungen in Form von Lynchungen an Negern. Eine Reihe anderer Untersuchungen fand ähnliche Zusammenhänge zwischen wirtschaftlichen Indizes (Brotpreisen, Arbeitslosigkeit, Einkommenshöhe) und der Häufigkeit und dem Ausmaß gewaltsamer Unruhen (vgl. GURR 1970). Es ist sicherlich bemerkenswert, daß trotz einiger methodischer Probleme solcher Untersuchungen (Unsicherheit historischer Daten, Abhängigkeit von Registrierungsmethoden und der Wahl des Indexes für Frustration und Gewalt) solche Zusammenhänge immer wieder gefunden wurden.

Es sind jedoch noch einige Spezifizierungen nötig, die die «Ausnahmen» mitberücksichtigen. Denn zweifellos führt eine unbefriedigende soziale und wirtschaftliche Situation nicht immer zu gewaltsamer Rebellion. Auch ein passives Hinnehmen ist möglich und glücklicherweise auch eine aktive, friedliche Durchsetzung von Verbesserungen. Ob es zu aggressiven Ausbrüchen kommt, hängt unter anderem davon ab, wie «üblich» aggressives Verhalten in der betreffenden Gesellschaft ist, wie weit Aggression als gerechtfertigt erscheint, wer als verantwortlich angesehen wird (z. B. die Regierung oder das «Schicksal»), wie die Erfolgschancen eingeschätzt werden, welche Qualitäten die Führung und Organisation der Unzufriedenen hat. Es ist auch wichtig zu beachten, daß nicht die objektive Lage als solche entscheidend ist, sondern die «Erwartung» oder Beanspruchung einer besseren Lage (mithin eine Zieltendenz, die auf ein Hindernis trifft, vgl. S. 43).

GURR unterscheidet drei Typen von relativen Deprivationen, die die Aggressionsbereitschaft wecken können:

1. Deprivation durch Verschlechterung (decremental deprivation): z. B. bei verringerter wirtschaftlicher Produktion, Hungersnöten, Verlust an politischem Einfluß, höherer Besteuerung der eigenen Gruppe.

Aggression als erlerntes Verhalten 57

Hier liegt eine Abnahme der Befriedigungsmöglichkeiten (value capabilities) bei gleichbleibenden Befriedigungsansprüchen (value expectations) vor. GURR erwähnt als Beispiel, daß fast alle Analysen von faschistischen Bewegungen der Nachkriegszeit solche Verschlechterungen als das Hauptmotiv ihrer Anhänger ansehen.

2. Deprivation durch wachsende Ansprüche (aspirational deprivation): Höhere Ansprüche können entstehen durch die Kenntnis von besser lebenden Völkern oder Teilgruppen der Gesellschaft, ebenso durch neue Ideologien. Als Beispiele erwähnt GURR das Streben der früheren Kolonialvölker nach Unabhängigkeit und den Kampf der amerikanischen Neger um Gleichstellung.

3. Progressive Deprivation (progressive deprivation). In diesem Falle verändern sich die Erwartungen nach oben *und* die wahrgenommene Lage nach unten. Dieser Fall ist der Kern der Revolutionstheorie von DAVIES (1969). Danach treten Revolutionen am wahrscheinlichsten auf, wenn auf eine längere Periode objektiver ökonomischer und sozialer Entwicklung eine kurze Periode eines scharfen Rückgangs folgt. Hier liegt eine Erwartung auf weiteren Fortschritt vor, jedoch tritt plötzlich das Gegenteil ein. Von DAVIES werden z. B. das Ausbrechen der französischen und russischen Revolution, die Nazi-Machtergreifung und der amerikanische Bürgerkrieg im Sinne dieser Theorie interpretiert.

Auch wenn die Zuordnung bestimmter historischer Ereignisse zu einem der Typen oft schwierig sein mag, ist dies doch eine nützliche Spezifizierung des Begriffes der relativen Deprivation, deren Bedeutung als Impuls zu kollektiver Aggression wohl kaum zu bestreiten ist.

Kapitel 6
Aggression als erlerntes Verhalten

Die dritte grundlegende Auffassung – neben der Triebtheorie und der Frustrations-Aggressions-Hypothese – geht davon aus, daß aggressives Verhalten keiner Erklärung eigener Art bedarf, sondern – wie soziales Verhalten generell – im wesentlichen durch zwei Arten von Erfahrungen erworben wird:

1. dadurch, daß man aggressives Verhalten bei anderen sieht und hört (Lernen am Modell);

2. dadurch, daß Aggressionen häufig «erfolgreich» sind, indem man

58   Erklärungen zur Entstehung von aggressivem Verhalten

sich damit durchsetzt oder verteidigt (Lernen am Erfolg).

Für beide Möglichkeiten lassen sich leicht Beispiele aus dem eigenen Erfahrungsbereich finden. Nehmen wir etwa den Fall eines Vorgesetzten, der gegenüber seinen Untergebenen eine aggressive Tonart pflegt. Warum tut er dies? Nach der lerntheoretischen Auffassung zunächst einmal, weil er ein solches Verhalten bei anderen Vorgesetzten, wahrscheinlich auch seinen eigenen, als «normales» Verhalten gegenüber Untergebenen kennengelernt hat. Er übernimmt dieses Verhalten um so leichter, da es ranghöhere Personen sind, die sich zur Nachahmung anbieten. Zum andern erfährt er, daß er sich mit aggressivem Umgangsstil leicht «Respekt» verschaffen, das heißt sich mit seinen Wünschen und Anweisungen durchsetzen kann. Er mag dies erfahren, wenn er andere Vorgesetzte imitiert (deren Durchsetzung er auch beobachtete). Er kann auch unabhängig davon solche Erfahrungen machen oder schon früher (z. B. in der Familie) gemacht haben.

Nun ließe sich gegen diese Deutung einwenden, daß sie keineswegs zwingend sei. Als alternative Erklärung bietet sich auch die Frustrations-Aggressions-Hypothese an: Der Vorgesetzte wird durch das Verhalten seiner eigenen Vorgesetzten frustriert und gibt nun die dadurch entstandenen Aggressionstendenzen an seine Untergebenen weiter, ganz im Sinne einer von oben nach unten verlaufenden «Hackordnung». Es muß daher noch genauer untersucht werden, inwieweit die genannten Lernprozesse tatsächlich ursächliche Bedingungen aggressiven Verhaltens sind. Dies ist das Thema des vorliegenden Kapitels.

Die lerntheoretische Auffassung ist im Vergleich zu den anderen Theorien noch relativ jung. Ihr prominentester Vertreter ist Albert BANDURA (BANDURA/WALTERS 1959, 1963; BANDURA 1973). In Deutschland wurde ihr vor allem durch SELG (1971, 1974) sowie SCHMIDT-MUMMENDEY & SCHMIDT (1971) und LISCHKE (1972) größeres Gewicht verschafft.

1. Lernen am Modell (Lernen durch Beobachtung)

Ein, sagen wir, vierjähriges Kind wird in ein Zimmer geführt, in dem sich allerhand Spielzeug befindet, z. B. eine körpergroße clownähnliche Puppe, ein Holzhammer, ein Gewehr, Buntstifte und Papier, Autos, ein Ball usw. Wird das Kind hier eher aggressives Spiel zeigen, wenn es vorher einen aggressiven Erwachsenen gesehen hat, der einer großen Puppe mit einem Holzhammer auf den Kopf schlug und sie beschimpfte, als wenn es einen nichtaggressiven, Spielzeug einsammelnden Erwachsenen gesehen hat?

BANDURA, ROSS & ROSS (1961) untersuchten dies in einem Experiment: Eine Reihe von Kindergartenkindern bekamen dabei zunächst das

Aggression als erlerntes Verhalten 59

aggressive «Modell» zu sehen, wurden anschließend in leichter Form frustriert (indem man man ihnen attraktives Spielzeug wegnahm) und kamen dann in die beschriebene freie Spielsituation. Andere Kinder durchliefen dieselben Phasen, sahen aber zu Beginn anstelle des aggressiven ein nichtaggressives Modell. Es zeigte sich, daß bei den Kindern, die den aggressiven Erwachsenen beobachtet hatten, deutlich mehr aggressive Verhaltensweisen vorkamen als bei den Kindern mit dem nichtaggressiven Modell.

Wohl kaum jemand hätte ein anderes Ergebnis als einen aggressionsfördernden Einfluß des aggressiven Modells erwartet. Auf der anderen Seite ist es merkwürdig, daß trotz unserer täglichen Erfahrung mit imitierendem Verhalten – besonders bei Kindern – dieses «Lernen am Modell» (auch: Beobachtungslernen, Imitationslernen) bei der Erklärung von Aggression lange Zeit kaum beachtet wurde. Das gilt für die öffentliche Meinung, in der dieser Faktor allenfalls im Streit um die Wirkung von Film und Fernsehen eine wichtige Rolle gespielt hat, jedoch kaum Eltern oder Lehrer als Aggressionsmodelle einbezog; es gilt aber auch für die Wissenschaft, in der das Modellernen erst in den sechziger Jahren ein wichtiges Forschungsthema wurde.

Nach dem einführenden Experiment-Beispiel soll nun näher untersucht werden, welche Bedeutung dem Beobachtungslernen für die Aggressionsentstehung zukommt und unter welchen Bedingungen es auftritt.

Imitierte und nichtimitierte Aggression

Durch Beobachtung können sehr schnell und einfach Verhaltensweisen erworben beziehungsweise gelernt werden, die der betreffende Mensch zuvor nicht ausführen konnte. Das gilt für das Bedienen einer Maschine oder für das Sprechen ebenso wie für aggressives Verhalten. So schlugen in dem geschilderten Experiment die Kinder mit dem Hammer auf die Clownpuppe. Hier wie in vielen anderen Experimenten zu diesem Problem (z. B. BANDURA/HUSTON 1961; BANDURA/ROSS/ROSS 1963a, 1963b; HICKS 1965) ahmten die Kinder Verhaltensweisen nach, die sie sicher vorher nie gezeigt hatten und von sich aus vermutlich auch kaum je gezeigt hätten. Besonders deutlich wird dies in den Fällen, wo es sich um ausgesucht ungewöhnliche und bizarre Verhaltensweisen handelt. LISCHKE (1972) berichtet über ein Experiment mit einem «Theaterspiel» für Kindergartenkinder, in welchem «alpha», «beta», «gamma» als verbale Aggression benutzt wurden («Du bist ein böser Alpha, ich will mit dir nichts zu tun haben»). «Anscheinend mit großem Spaß benutzten die Kinder die neu erlernten, vorher nie gezeigten Aggressionsformen: Sie schrien sich mit alpha, beta und gamma an . . .» (S. 70).

60 Erklärungen zur Entstehung von aggressivem Verhalten

Im Bereich der Kriminalität lassen sich auch immer wieder Beispiele für die Imitation neuer Verhaltensweisen finden: Man denke nur an Entführungen und die Details ihrer Durchführung. Der Strafvollzug wurde in den letzten Jahren unter anderem auch als Schule für Kriminelle kritisiert, da hier durch verbale Modelle (Beschreibungen) kriminelle Techniken weitervermittelt werden können. Hinzu kommt, daß der aggressive Umgangsstil im Gefängnis eben aggressive und keine «guten» Verhaltensweisen fördert.

Außer diesem *Modelliereffekt* (Vermittlung neuer Verhaltensweisen) können Modelle auch bereits vorhandene Verhaltensweisen aktivieren. Somit können auch vermehrt Aggressionsformen auftreten, die nicht vorgemacht wurden. Hier handelt es sich um eine enthemmende Wirkung des Modells oder – soweit Hemmungen gar nicht vorlagen – um einen einfachen *Auslöseeffekt*, wie man ihn in zahlreichen Alltagssituationen beobachten kann, wenn eine Person das tut, was sie bei einer anderen sieht (vgl. BANDURA/WALTERS 1963, 1971).

Das Hervorrufen auch nichtimitierter Aggression wurde in vielen Untersuchungen beobachtet, in denen es primär um die Modellierung neuer Verhaltensweisen ging (wie in den genannten Experimenten von BANDURA), aber auch in anderen Fällen, in denen von vornherein ein gewisser «Sprung» von der dargestellten zur aktivierten Form der Aggression geplant war. So erhöhte etwa ein Film mit einem Messerduell die Neigung erwachsener Versuchspersonen, einer anderen Person mit Elektroschocks Schmerz zuzufügen (WALTERS/THOMAS/ACKER 1962, GEEN/BERKOWITZ 1967); oder ein solcher Film verstärkte die ablehnende Einstellung gegenüber dem Versuchsleiter, der die Versuchsperson vorher frustriert hatte (BERKOWITZ/RAWLINGS 1963, BERKOWITZ/CORINN/HIERONIMUS 1963). Bei Kindern führte ein aggressiver Zeichentrickfilm zur Bevorzugung eines Spielzeugs, bei dem sich durch eine Hebelbewegung zwei Puppen gleichzeitig auf den Kopf schlugen (LOVAAS 1961 a; ähnlich MUSSEN/RUTHERFORD 1961).

Der aktuell enthemmenden oder auslösenden Wirkung aggressiver Modelle kommt im täglichen Leben große Bedeutung zu. Hier ist vor allem an die ansteckende Wirkung von Aggressionen in einer zusammengehörigen Gruppe zu denken: Das aggressive Vorbild einer oder weniger Personen reißt die anderen mit. Auch provoziert die Aggression eines Gegners leicht eine eigene aggressive Antwort («ein Wort gibt das andere»), wobei die Kontrahenten dann oft ausgesprochen ähnliche Ausdrucksformen (ähnliche Schimpfworte usw.) gebrauchen. In diesem Fall kommt wahrscheinlich zweierlei zusammen: die Frustration durch den Angriff und die Modellwirkung.

Die Ergebnisse zeigen insgesamt, daß durch Modelle aggressive Verhaltensweisen nicht nur gelernt, sondern auch aktiviert werden können. Es ist also nicht so, daß Modelle lediglich bestimmte Formen, in denen

Aggression als erlerntes Verhalten 61

sich Aggressionen ausdrücken, vermitteln, sondern sie bestimmen auch mit, ob überhaupt beziehungsweise in welchem Ausmaß Aggressionen auftreten. Mit anderen Worten: Jede Aggression erhöht die Wahrscheinlichkeit weiterer Aggressionen (BERKOWITZ 1970a).

Fördernde und hemmende Bedingungen

Die Bedingungen, die mitbestimmen, ob und in welchem Ausmaß ein Modell tatsächlich imitierte oder nichtimitierte Aggressionen hervorruft, sind außerordentlich zahlreich. Die wichtigsten seien kurz genannt.

Zunächst ist festzuhalten, daß es offenbar keinen prinzipiellen Unterschied ausmacht, ob das Modell real (wie z. B. bei BANDURA/HUSTON 1961 oder LISCHKE 1972) oder ob es symbolisch – etwa als Film, wie in den meisten der genannten Experimente – dargeboten wird. Es muß nicht einmal direkt beobachtbar sein; auch vorgetragene Geschichten können aggressionssteigernd wirken (LARDER 1962). Es ist nicht einmal notwendig, daß es menschliche Modelle sind. Auch Zeichentrickfilme mit nichtmenschlichen Figuren können Kinder zu nachfolgenden Aggressionen anregen (MUSSEN/RUTHERFORD 1961, LOVAAS 1961a, BANDURA/ROSS/ROSS 1963a).

Angemerkt sei hier, daß all diese Befunde zunächst nur für kurzfristige Effekte in experimentellen Situationen gelten. Wie weit sie mit der Wirkung von Massenmedien im normalen Leben zu vergleichen sind, wird noch zu erörtern sein (S. 66).

Beeinflußt werden können sowohl Kinder (wie in den BANDURA-Experimenten) als auch Erwachsene (wie in den Untersuchungen von BERKOWITZ). Bei Kindern scheint dies insgesamt leichter zu sein. Ein direkter Vergleich ist jedoch insofern schwierig, als es zwischen Kindern und Erwachsenen natürlich darin Unterschiede gibt, welches Modell und welche Form der Aggression Wirkungen zeigen.

Weitere Fragen nach bedeutsamen Merkmalen des Beobachters wären z. B.: Haben Modelle bei stark aggressiven Personen eine größere Wirkung als bei wenig aggressiven? Ahmen Jungen aggressive Vorbilder leichter nach als Mädchen? Obwohl verschiedene Befunde bei beiden Fragen ein «ja» unterstützen, sind die Ergebnisse bisher noch uneinheitlich, so daß eine eindeutige Aussage nicht möglich ist (vgl. die ausführliche Zusammenstellung bei KUNCIK 1975, S. 591 ff).

Auf eine erhöhte Ansprechbarkeit des Betrachters trifft das Modellverhalten, wenn dieser verärgert ist, wie Versuche zeigten, in denen die Personen vor dem Film frustriert wurden (GEEN/BERKOWITZ 1967, HANRATTY/O'NEAL/SULZER 1972). Anscheinend fördert ganz allgemein emotionale Erregung die Nachahmungsbereitschaft, wie unter anderem am Verhalten von Massen zu beobachten ist (BANDURA/WALTERS 1963).

62 Erklärungen zur Entstehung von aggressivem Verhalten

Auf Seiten des Modells haben sich vor allem Macht und Prestige als nachahmungsfördernd erwiesen (BANDURA/ROSS/ROSS 1963c, MISCHEL/GRUSEC 1966, LEFKOWITZ/BLAKE/MOUTON 1955).

Was die aggressive Handlung selbst anbelangt, so sind vornehmlich die moralische Rechtfertigung und die Konsequenzen von Bedeutung. Wird die Handlung als gerechtfertigt dargestellt – z. B. als gerechte Strafe für einen Schurken – so weckt sie stärkere Aggressionen, als wenn sie als böse Tat erscheint (BERKOWITZ/RAWLINGS 1963, BERKOWITZ/CORVIN/HIERONIMUS 1963).

Besonders wichtig sind die Konsequenzen der Aggression: Wenn das Modell erfolgreich ist (und auch noch, wenn die Folgen neutral sind), wird es leicht nachgeahmt, kaum hingegen, wenn das Verhalten unangenehme Folgen hat (BANDURA/ROSS/ROSS 1963 b, BANDURA 1965, HICKS 1968, u. a.). Dieser Gesichtspunkt beinhaltet eine Verbindung mit dem zweiten wichtigen Lernprinzip, das noch zu besprechen ist: dem Lernen am Erfolg/Mißerfolg. Ist das Modell erfolgreich, so werden auch beim Beobachter Erfolgserwartungen geweckt, das Verhalten daher leichter nachgeahmt; und zwar gegebenenfalls auch dann, wenn das Verhalten an sich abgelehnt wird. Die Kinder in dem Experiment von BANDURA, ROSS & ROSS (1963b) machten viele mißbilligende Bemerkungen über das Modell («Rocky ist gemein»), dennoch gaben sie in der Mehrzahl an, sie würden lieber den Angreifer nachahmen als den unterlegenen Gegner – was sie ja auch taten.

Die fördernde Wirkung von hohem Ansehen oder großer Macht ist übrigens auch nach diesem Prinzip zu erklären: Sie sind das Kennzeichen «erfolgreicher» Personen, deren Verhalten von daher dem Nachahmer auch Erfolg verspricht.

Situationen, in denen sich das Modellernen auswirkt

Wenn das Modell nicht erfolgreich ist, sondern für sein Verhalten bestraft wird, so wird es – wie gesagt – anschließend kaum nachgeahmt. Heißt dies nun, daß bestraftes Modellverhalten nicht gelernt wird? Wie BANDURA (1965) zeigte, bedeutet dies nur, daß es nicht ausgeführt wird. Denn fast alle Kinder – Jungen und Mädchen – konnten die gesehenen Aggressionen nachahmen, wenn sie dies für eine Belohnung tun sollten.

Was hier für den Fall der Bestrafung gezeigt wurde, gilt ganz allgemein: Modellverhalten kann erworben (im Gedächtnis gespeichert) sein, ohne daß es auch gezeigt wird. HICKS (1965) fand, daß Kinder auch nach einem halben Jahr noch einen guten Teil der im Film gesehenen Aggressionsformen wiedergeben konnten, wenngleich sie es dann von sich aus in der experimentellen Spielsituation viel seltener taten als unmittelbar nach dem Film.

Aggression als erlerntes Verhalten 63

Aus der Unterscheidung von Lernen (Aneignung) und Ausführung ergibt sich, daß wir viele Aggressionsformen kennen und «an sich» auch ausführen könnten, ohne dies aber jemals zu tun. «Ohne Zweifel also kennt und beherrscht jeder von uns weit mehr aggressive Verhaltensweisen und Problemlösungstechniken als er jemals praktiziert» (FÜRNTRATT 1974, S. 375).

Die Unterscheidung läßt aber auch die Möglichkeit zu, daß ein einmal beobachtetes Verhalten viel später in einer geeigneten Situation zur Geltung kommen kann. «Geeignet» wäre die Situation vor allem dann, wenn in ihr das Verhalten – hier: Aggression – irgendwie vorteilhaft zu sein scheint und auch nicht gehemmt wird durch Strafandrohung oder moralische Bedenken.

Des weiteren sind Frustrationen eine wichtige mögliche Aktivierungsbedingung. Wenn auch Modelleffekte ohne Frustration gefunden wurden (WALTERS/THOMAS/ACKER 1962), wurden die Versuchspersonen doch in den meisten der erwähnten Experimente frustriert, nachdem sie das Modell gesehen hatten (falls sie nicht schon vorher verärgert worden waren). Es ist anzunehmen, daß auch zu späteren Zeitpunkten durch Frustrationen Modelle wirksam gemacht werden können, sei es in strenger Nachahmung einer bestimmten Verhaltensweise oder in der generalisierten Form, sich eben aggressiv zu verhalten, wenn man ärgerlich ist.

Zu ergänzen sind auch hier wieder die schon im Kapitel über die Frustration erwähnten aggressiven Hinweisreize (s. S. 45). In diesem Zusammenhang hat BERKOWITZ einen verblüffenden Effekt nachgewiesen: Gegen eine Person, von der die Versuchspersonen vorher geärgert worden waren, traten Aggressionen leichter auf, wenn sie den gleichen Namen hatte wie der unterlegene Held des vorher gesehenen aggressiven Films (BERKOWITZ/GEEN 1966, 1967; GEEN/BERKOWITZ 1966). Dies zeigt, auf welch subtile, unmerkliche Weise mit Aggression assoziierte Reize Einfluß ausüben können.

Schließlich ist auch das aggressive Verhalten anderer (enthemmender oder auslösender Modelleffekt) zu nennen, das zum Mitmachen anregt und dabei früher einmal gesehene Aggressionsformen wachrufen kann.

Aggressive Modelle im Alltag

Es ist eine triviale Feststellung, daß uns das Problem aggressiver Modelle im normalen Alltag auf Schritt und Tritt begegnet, etwa in der Familie, im Betrieb, auf dem Sportplatz, in den Massenmedien, in der politischen Auseinandersetzung. Man sollte erwarten, daß Menschen, die in ihrem Leben häufig aggressiven Modellen ausgesetzt sind, sich auch eher aggressiv entwickeln als Menschen mit vorwiegend nichtaggressiven Vorbildern. Dies ist offensichtlich auch der Fall.

64 Erklärungen zur Entstehung von aggressivem Verhalten

Kulturelle Verhaltensnormen

Innerhalb von Kulturen oder Gesellschaften werden aggressive Verhaltensnormen (kriegerische Tugenden, «Härte» mit Untergebenen usw.) beziehungsweise nichtaggressive Verhaltensnormen durch Modelleffekte von einer Generation an die nächste weitergegeben. Dies wurde unter anderem in verschiedenen Studien an primitiven Völkerstämmen genauer untersucht (vgl. S. 38). Bei den Dani z. B., einem Volksstamm im Hochland von Neuguinea, dessen Leben sich um Krieg dreht, durchlaufen schon die Kinder ein abgestuftes Training in Kampftechniken. Dabei dient auch das Vorbild der Erwachsenen als Anleitung (GARDNER/HEIDER, zit. n. BANDURA 1973). Natürlich sind solche Beobachtungen nicht auf primitive Völker zu beschränken. Zahlreiche moderne Staaten unterziehen auf ähnliche Weise schon Kinder und Jugendliche einer militärischen oder vormilitärischen Ausbildung.

Die Bedeutung von Modellen gilt gleichermaßen für die Ausbreitung aggressiver Normen innerhalb einer Generation. Wenn in der deutschen Vergangenheit die Judenverfolgung und spezielle Aggressionsformen, in denen sie geschah, sehr rasch zu einer gesellschaftlichen Norm werden konnten, so ist dies ohne Imitation kaum zu erklären (vgl. SELG 1971, S. 28), obwohl sicher auch andere Faktoren (latenter Antisemitismus, Verbreitung moralischer Rechtfertigungen) eine Rolle spielten.

Des weiteren werden auch innerhalb bestimmter Subkulturen oder Gruppen (kriminelle Milieus, Banden) die Neigung zu aggressiven Handlungen wie auch ganz spezielle Techniken (z. B. die Benutzung bestimmter Schlagwerkzeuge) in hohem Maße per Modell vermittelt.

In allen genannten Fällen muß allerdings eine anerkennende Bewertung des aggressiven Verhaltens durch die betreffende Umwelt hinzukommen (siehe den zweiten Abschnitt dieses Kapitels über Bekräftigungen).

Erzieher

Daß dem elterlichen Modell bei der Entwicklung der Kinder große Bedeutung zukommt, wird durch verschiedene Untersuchungen nahegelegt.

McCORD & McCORD (1958) fanden, daß kriminelle Väter vermehrt kriminelle Kinder hatten, wenn auch die Mutter sozial auffälliges Verhalten zeigte, die Erziehung wechselhaft war oder die Eltern die Kinder ablehnten. Dabei ist zu bedenken, daß die durch unstetes Erziehungsverhalten und Ablehnung bedingten Frustrationen vielfach auch aggressive Merkmale tragen, was die relative Bedeutung aggressiver Modelle bei der Entstehung von Kriminalität noch erhöhen würde (BANDURA/WALTERS 1971).

Verschiedene Untersuchungen fanden einen Zusammenhang zwischen körperlicher Bestrafung durch die Eltern und aggressivem Verhalten der Kinder (SEARS u. a. 1957, BANDURA/WALTERS 1959, BECKER u. a.

Aggression als erlerntes Verhalten   65

1962) sowie Kriminalität bei Jugendlichen (z. B. GLUECK/GLUECK 1950).

Man wäre vielleicht geneigt, solche Ergebnisse als einen Frustrationseffekt anzusehen, wenn nicht bekannt wäre, daß Frustrationen auch zu ganz anderen Entwicklungen führen können und daß – wie schon ausführlich dargelegt wurde (vgl. S. 53f) – bei der Richtung der Entwicklung dem aggressiven Modellverhalten der Eltern eine entscheidende Bedeutung zukommt. Dies bezieht sich sowohl auf das Verhalten der Eltern untereinander als auch auf ihr Verhalten gegenüber den Kindern.

Der Zusammenhang wird pädagogisch geradezu beklemmend angesichts der Tatsache, daß aggressive Bestrafung von Eltern oft angewandt wird, um ihren Kindern Aggressionen «auszutreiben» (etwa, wenn Eltern ein Kind schlagen, weil es sein Geschwister geschlagen hat). BELSCHNER (1971, S. 81) spricht in diesem Zusammenhang treffend von einem «Bumerang-Effekt» der Bestrafung.

Leider sind sich Eltern im allgemeinen nicht bewußt, daß Bestrafungen in Form von Prügel oder Anschreien ihrem Kind als aggressives Modell dienen. Hier ist nun wieder die Unterscheidung von Lernen und Ausführung (vgl. S. 62f) im Imitationsvorgang von Bedeutung. Denn die Nachahmung findet meist außerhalb der Familie statt, wo keine Bestrafung zu erwarten ist, also (wie bei den Eltern) vornehmlich gegenüber Schwächeren. So fanden BANDURA & WALTERS (1959) bei Kindern von aggressiven Vätern zwar nicht ihnen gegenüber, dafür aber gegenüber Mitschülern erhöhte Aggressivität. Wie sehr Kinder gerade aggressives Verhalten von Eltern und auch Lehrern aufnehmen, zeigt sich auch dann, wenn sie ihre Puppen «erziehen» oder «Schule» spielen. Sie treten dann sehr häufig als Erzieher auf, die unentwegt schimpfen oder schlagen. Es handelt sich dabei offenbar um ein ihnen bekanntes und relativ leicht nachahmbares Verhalten, das sie leider allzuoft auch später gegenüber ihren eigenen Kindern anwenden, soweit sie sich auf Grund der eigenen trüben Erfahrungen nicht bewußt dagegenstellen.

Nicht nur die Art, in der die Eltern mit ihren Kindern umgehen, kann als aggressives Modell fungieren, sondern auch das Verhalten der Eltern untereinander. Es stellt, «isoliert betrachtet, einen der Einflußfaktoren auf offene Aggressivität des Kindes» dar, wie CEASAR (1972, S. 107) aus verschiedenen Untersuchungen schlußfolgert.

Eltern und Lehrer sind besonders wirksame Modelle, da sie nicht nur häufig für die Kinder zu sehen sind, sondern auch, weil sie Personen mit Macht und hohem Status sind. Selbst da, wo Kinder ihren Eltern ablehnend gegenüberstehen, kann noch der «Erfolg» der elterlichen Aggression (Durchsetzung) eine imitationsfördernde Rolle spielen.

66   Erklärungen zur Entstehung von aggressivem Verhalten

Massenmedien

Am häufigsten wird im Zusammenhang mit der Frage aggressiver Modelle das Problem von Film und Fernsehen genannt.

Vor einiger Zeit brachten zwei Mädchen, 13 und 14 Jahre, einen siebenjährigen Jungen um: Sie lockten ihn auf den Dachboden und erstickten ihn mit einem Bademantel. Wie sie bei der Vernehmung sagten, hatten sie den Entschluß zu diesem Mord gefaßt, als sie im Fernsehen in dem Film «Die Lustpartie» miterlebten, wie ein Mann seine Frau zu Tode trampelte. Der Entschluß kam allerdings nicht plötzlich. Vielmehr waren sie schon seit längerer Zeit neugierig, einmal auszuprobieren, was sie so oft in Krimis und Western gesehen hatten (DER SPIEGEL Nr. 38, 1975).

Dieser Vorfall (soweit alle Angaben stimmen), scheint auf der Linie der Experimente von BANDURA, BERKOWITZ u. a. zu liegen, die die Gefahr aggressiver Darstellungen hervorheben. Dennoch ist die Frage «Fördert das Fernsehen aggressives Verhalten?» keineswegs einfach zu bejahen. Wollte man dies, so dürften die (sehr zahlreichen) Forschungsergebnisse nicht so uneinheitlich und aus methodischen Gründen häufig so anzweifelbar sein, wie sie es sind (vgl. KUNCZIK 1975, SOMMER/GROBE 1974, SINGER 1972, KELLNER/HORN 1972). Es handelt sich hier anscheinend um ein wissenschaftlich außerordentlich schwieriges Problem.

Die recht klaren Ergebnisse der experimentellen Studien lassen sich offenbar nicht ohne weiteres auf die Situation des Fernsehalltags übertragen. Man vergegenwärtige sich dazu, daß in den Experimenten die Versuchsperson innerhalb kurzer Zeit mehrere Phasen durchläuft; etwa: Film – Frustration – Gelegenheit zu Aggression in einer Spielsituation. Im Fernsehalltag hingegen

o   sieht die Person nicht ausschließlich aggressive Modelle, nicht einmal in den Fernsehsendungen selbst, schon gar nicht in der realen Umwelt,

o   besteht kaum anschließend Gelegenheit zu Aggression, wie dies etwa in einer filmähnlichen Spielsituation oder einer Bestrafungsaufgabe der Fall ist. Vielmehr wird der Betrachter von anderen Aktivitäten in Anspruch genommen (Gespräche mit anderen, häusliche Pflichten, Hobbies) und hat in der Regel allen Grund, eventuelle Aggressionsneigungen gegenüber seinen Mitmenschen zu hemmen.

Unter «günstigen» (experimentähnlichen) Bedingungen (z. B. nach einem Western freies Spiel mit teilweise aggressionsgeeignetem Material; oder: unmittelbar folgende oder vorangehende Verärgerung) können vermutlich kurzfristige Effekte auftreten. Aber der so wichtige Schluß auf *langfristige* Effekte, derart, daß Kinder oder Erwachsene durch das Fernsehen aggressive Gewohnheiten entwickeln, ist nicht zulässig. Diese Annahme bedarf eines gesonderten Nachweises, der offenbar jedoch schwer zu erbringen ist.

Zunächst einmal wäre dann zu erwarten, daß aggressiver ist, wer viel

Aggression als erlerntes Verhalten 67

gewalttätige Filme sieht. Nach der sehr ausführlichen Zusammenstellung von KUNCZIK (S. 593 ff) ergeben zwar die Mehrzahl der Untersuchungen (nicht alle) tatsächlich einen Zusammenhang zwischen der Vorliebe für aggressive Filme einerseits und aggressivem Verhalten andererseits. Es bleibt jedoch unklar, was Ursache und was Wirkung ist; «ob der Geschmack an der im Fernsehen gezeigten Gewalt eine Reflexion vorhandener aggressiver Interessen sei, oder ob die schwere Unterhaltungskost die Jungen tatsächlich zu aggressivem Verhalten anreize» (SINGER 1972, S. 44). Vielleicht ist die Beziehung wechselseitig. Dann würden ohnehin Aggressionsgeneigte nicht nur aggressive Inhalte bevorzugen, sie würden auch wiederum durch die Filme in ihrer Neigung stärker beeinflußt. Aber als wissenschaftlich gesichert kann dies noch nicht gelten.

Dies alles heißt nun natürlich nicht, daß aggressive Darstellungen ohne Wirkung und generell ungefährlich sind. Es ist nicht in Frage gestellt, daß kurzfristige Aktivierungen (zumindest emotional) möglich sind, und vor allem nicht, daß neue aggressive Formen gelernt werden können, die evtl. unter besonderen Umständen sogar ausgeführt werden. Nach den vorliegenden Erkenntnissen ist jedoch eine negative *Breiten*wirkung fraglich. Es gibt jedenfalls noch keinen schlüssigen Nachweis, daß das Fernsehen «im Schnitt» das Aggressionsniveau in unserer Gesellschaft hebt.

Grundsätzlich aber muß man gewisse Effekte schon deshalb für möglich halten, weil eben durch Beobachtung viele Verhaltensweisen erworben oder angeregt werden und es ausgesprochen merkwürdig wäre, wenn dies nicht auch für das Fernsehen im allgemeinen und für aggressive Inhalte im speziellen gelten würde. Es ist also anzunehmen, daß bei bestimmten Menschen mit bestimmten Neigungen in einer bestimmten Lebenslage *auch* aggressive Filmmodelle – genauso wie andere Erfahrungen – wirksam werden können. Dies ist vielleicht in dem eingangs geschilderten Mordfall geschehen und mag ebenso für die Nachahmung von trickreichen Verbrechen gelten, wie sie in Spielfilmen oder auch in den Nachrichten geschildert werden. Aber mit solchen Fällen – so wichtig sie selbst schon sind – wird das Fernsehen noch nicht allgemein zum durchschlagenden Faktor gegenüber den vielen anderen Einflüssen der realen Umwelt sowie den Eigenschaften des Zuschauers. Und so bleibt im Regelfall der brave Bürger auch nach vielen Krimis so wie er ist.

Für die Frage der Aggressionsbewältigung muß man daher wahrscheinlich den Modellen im familiären, schulischen, beruflichen und politischen Alltag weiterhin vorrangige Bedeutung zumessen.

68   Erklärungen zur Entstehung von aggressivem Verhalten

2. Lernen am Erfolg (Lernen durch Bekräftigung)

Die Tatsache, daß durch Beobachtung von Modellen aggressives Verhalten gelernt werden kann, läßt noch eine Frage offen: Warum verhalten sich die Modelle aggressiv? Mit anderen Worten: Das Modellernen kann die Weitergabe und Ausbreitung aggressiven Verhaltens erklären, nicht aber die Tatsache, daß es überhaupt auftritt.

Nehmen wir einmal den hypothetischen Fall an, daß ein kleines Kind noch keine Gelegenheit hatte, Aggressionen bei anderen Menschen zu beobachten. Dieses Kind spielt im Sandkasten mit einem anderen Kind, und in einem bestimmten Moment möchten beide Kinder die Schaufel ergreifen. Beide ziehen an der Schaufel, es kommt zu heftigen Bewegungen, bei denen schließlich das eine Kind das andere zurückstößt, so daß es hinfällt und weint. Das Kind, das gestoßen hat, nimmt die Schaufel; es hat «gewonnen». Das andere Kind mag sich nach einer Weile erheben und erneut die Schaufel zu ergreifen versuchen, wird jedoch nun durch einen Schlag mit der Schaufel zurückgehalten. Wir können sagen, daß das eine Kind sich mit Hilfe von Aggression durchgesetzt hat. Es ist wahrscheinlich, daß es sich nun in einer ähnlichen Situation häufiger so verhalten wird. Es hat eine aggressive Verhaltensweise gelernt. Die Parallele zu dem Ausgangsbeispiel des aggressiven Vorgesetzten ist offenkundig: Aggression ist ein Mittel der Selbstdurchsetzung.

Es handelt sich hier um ein Beispiel für ein allgemeines – und für die Lebenserhaltung sehr wichtiges – Grundgesetz menschlichen und tierischen Verhaltens: Das Verhalten wird maßgeblich bestimmt durch seine *Konsequenzen*. Dieses Prinzip wurde zuerst von THORNDIKE (1913) als «Gesetz des Effektes» formuliert und in den Lerntheorien von SKINNER (1938) und HULL (1943) weiterentwickelt. Für diese Lernart haben sich heute in der Psychologie mehrere Bezeichnungen eingebürgert: Lernen am Erfolg, Lernen durch Bekräftigung (oder: Verstärkung), operante oder instrumentelle Konditionierung.

Einige Beispiele mögen die universelle Bedeutung dieses Prinzips veranschaulichen: Man lernt, Schreibmaschine zu schreiben, weil das Auftauchen des richtigen Buchstabens die entsprechende Fingerbewegung «bekräftigt»; ein Hund lernt vor der Tür zu bellen, weil er dann reingelassen wird; ein Kind lernt, in der Schule Antworten zu geben, für die es gelobt wird; jemand lernt, Witze zu machen, weil die anderen dann lachen. Oder man lernt, seinen Mund zu halten, weil man dann Unannehmlichkeiten vermeidet.

Da die lerntheoretische Auffassung behauptet, daß aggressives Verhalten keine Sonderstellung einnimmt, sondern nach denselben Gesetzen gelernt wird wie anderes Verhalten auch, muß das bezeichnete Prinzip auch hier Geltung besitzen. Das Lernen am Erfolg erklärt, genau besehen, allerdings nicht, warum einem Menschen aggressives Verhalten

Aggression als erlerntes Verhalten 69

möglich ist, sondern warum er davon Gebrauch macht. Das Verhalten kann *möglich* (überhaupt verfügbar) sein,

o weil die Aggressionsform zur natürlichen Ausstattung beziehungsweise zu den normalen Fähigkeiten des Individuums gehört (wie das Schlagen und Stoßen in dem eben erwähnten «Sandkastenbeispiel»);

o weil die Aggressionsform anderen abgeguckt worden ist (Lernen am Modell);

o weil die Aggressionsform durch problemlösendes Denken entwickelt wurde (z. B. raffinierte Verbrechen, militärische Taktik).

In allen Fällen aber bestimmt die Erfolgserwartung entscheidend mit, ob der betreffende Mensch dazu *neigt*, sich tatsächlich aggressiv zu verhalten. Durch die Bekräftigungen wird das Verhalten aufrechterhalten, stabilisiert und weiterentwickelt; die «Gewohnheitsstärke» des Verhaltens nimmt zu.

Die Erfolge von Aggression

Das Lernen am Erfolg ist mittlerweile an Tausenden von psychologischen Untersuchungen erforscht worden; und eine größere Zahl davon bezieht sich auf aggressives Verhalten.

In verschiedenen Experimenten wurde gezeigt, daß sich körperliche wie verbale Aggressionen von Kindern steigern, wenn sie dafür gelobt oder belohnt werden (DAVITZ 1952, COWAN/WALTERS 1963, LOVAAS 1961 b). Das gleiche gilt für Erwachsene, die Bestrafungen (Elektroschocks) erteilen (GEEN/STONNER 1971). Ebenso nehmen feindselige Äußerungen von Erwachsenen zu, wenn sie auf zustimmende Resonanz stoßen (BUSS/DURKEE 1958, BANDURA/LIPSHER/MILLER 1960). In diesen Beispielen besteht die Bekräftigung sozusagen in einer positiven Bewertung durch andere. Sie kann aber auch in handlungsimmanenten Effekten liegen. So lernen etwa Versuchspersonen schnell, ihren Versuchspartner stärker oder häufiger mit elektrischen Schlägen der «Aggressionsmaschine» (vgl. S. 17) zu «bestrafen», wenn dies den angestrebten Zweck erfüllt; wenn dadurch beispielsweise der Versuchspartner, der Wörter lernen soll, weniger Fehler macht (BUSS 1972).

Wenngleich solche Experimente manchmal etwas künstlich wirken, machen sie doch zweifellos Vorgänge deutlich, die sich im realen Leben abspielen. Aggressionen sind allzuoft durchaus vorteilhaft. Wie die einleitenden Beispiele und zahllose ähnliche Alltagserfahrungen zeigen, bewegt aggressives Verhalten andere häufig zum Nachgeben und ermöglicht die eigene Durchsetzung. Aggression macht stark.

Daß dies so ist, erfahren schon kleine Kinder (wie im beschriebenen Sandkastenbeispiel). PATTERSON, LITTMANN & BRICKER, zit. n. EULER 1971) beobachteten neun Monate lang bei Kindergartenkindern aggres-

70   Erklärungen zur Entstehung von aggressivem Verhalten

sives Verhalten (körperlicher Angriff, verbaler Angriff, Drohung, dem anderen etwas wegnehmen), sowie die Reaktionen des Opfers darauf. 80 % dieser Konsequenzen wurden von den Autoren als Bekräftigung für den Angreifer eingestuft: alle Reaktionen wie Sich-zurückziehen, Nachgeben, Weinen. (Als negative Konsequenzen galten: der Kindergärtnerin berichten oder Gegenangriff). Es verwundert nun nicht mehr, daß viele Kinder, die beim Eintritt in den Kindergarten wenig aggressiv waren, im Laufe der Zeit deutlich aggressiver wurden. Das galt besonders für solche Kinder, die zunächst passiv waren, aber häufig angegriffen wurden und mit ihren Gegenangriffen viel Erfolg hatten. Passive Kinder, die wenig angegriffen wurden oder mit Gegenangriffen Mißerfolg hatten, zeigten keine oder nur eine geringe Zunahme.

In einer anderen Untersuchung fanden BANDURA & WALTERS (1959), daß aggressive Jugendliche im Vergleich zu einer nichtaggressiven Gruppe von ihren Eltern (besonders den Vätern) viel stärker zu aggressivem Verhalten (außerhalb der Familie) ermuntert wurden. Ermunterungen und Anerkennungen lassen sich auch in Kulturen oder bestimmten Gruppen finden, die sich durch besondere Aggressivität auszeichnen.

Wenn wir im Alltag auf aggressives Verhalten stoßen, empfiehlt es sich also, nach den (bekräftigenden) Konsequenzen zu fragen, um dies Verhalten erklären zu können. Diese sollen nun nach Typen geordnet und näher beschrieben werden.

Am offenkundigsten ist der Erfolg bei der *Durchsetzung* eigener Wünsche oder Interessen: So bei dem kleinen Kind, das brüllt und zetert, weil die Eltern ihm dann schließlich seinen Wunsch erfüllen, um ihre Ruhe (= eigene Bekräftigung) zu haben; bei dem Vater, der ein «Machtwort» spricht; oder bei dem Bankräuber, der für seine Drohung Geld bekommt. Auch für die ganz «großen» Aggressionen – die Kriege – gilt dies: Kaum ein Krieg wird aus purem «aggressivem Übermut» geführt; fast immer stehen dahinter handfeste Interessen (z. B. wirtschaftliche Vorteile), die mit Hilfe der Aggression durchgesetzt werden sollen (auch wenn dies offiziell geleugnet wird). Und ganz allgemein ist schließlich zu sagen, daß Aggression ein Mittel ist, um Rangordnungen herzustellen.

Die Aggression sieht in vielen Fällen ziemlich irrational aus, bei denen die Bekräftigung in der *Beachtung* (Aufmerksamkeitszuwendung) besteht. Dies gilt z. B. für manche Terroranschläge, die der Welt bestimmte Probleme ins Bewußtsein rücken sollen. Der Terrorist erregt allerdings nicht nur bloße Aufmerksamkeit, er bekommt auch die *Anerkennung* seiner Gruppe, also eine Beachtung positiver Art. Das Verhalten vieler schwerstaggressiver und von der Bevölkerung total abgelehnter Personen ist kaum zu erklären ohne die wechselseitige Bestätigung, die sie innerhalb ihrer eigenen Gruppe erfahren; und auf die ist ihr Kontakt ja fast ausschließlich beschränkt. Aber auch die bloße Beachtung allein (nichtanerkennend oder gar mißbilligend) kann aggressives Verhalten

Aggression als erlerntes Verhalten 71

fördern. So neigen manche Kinder in der Schule zu «störendem» Verhalten, weil sie auf diese Weise (und vielleicht nur auf diese Weise) Aufmerksamkeit erregen. Der psychologische Zusammenhang ist meist weder den Außenstehenden noch dem Kind selbst klar.

Die Konsequenzen für Aggressionen bestehen aber nicht nur in der Erlangung von Vorteilen (im weitesten Sinne), nämlich Durchsetzung oder Beachtung. Eine weitere sehr wichtige Konsequenz ist die Abwendung von Nachteilen oder Schädigungen durch *Abwehr* (Verteidigung). Sie reicht von der warnenden Drohung im Alltag («Wehe, du gehst an meine Sachen») über Notwehr bei einem Überfall bis zur Verteidigungsschlacht im Krieg.

An dieser Stelle sei eine kurze Bemerkung darüber eingefügt, welche Affekte mit der aggressiven Handlung verbunden sein können. Soweit es überhaupt zu einer akuten affektiven Aktivierung kommt, wäre dies im Falle von Durchsetzung und Beachtung meist so etwas wie Ärger/Wut (beim schreienden, stampfenden Kind ebenso wie beim brüllenden Vorgesetzten), bei der Abwehr eher Angst. Die Übergänge sind manchmal fließend. Im Fall der Abwehr hat die Aggression eine ähnliche Funktion wie die Flucht: nämlich Selbstschutz. Nach FÜRNTRATT (1974) ist Flucht oder Ausweichen im Prinzip die vorrangige Reaktion. Dies ist ja auch sinnvoll, weil es ungefährlicher ist. Jedoch kommt es zu Aggression, wenn Flucht nicht möglich ist. Kampferfolge führen dann allerdings zu einer Stärkung der zukünftigen aggressiven Reaktionsbereitschaft. Das Ziel solcher Aggressionen ist meist die Schwächung des Gegners, der Angst hervorruft. Das heißt, sie «zielt letztlich auf Angstreduktion» (FÜRNTRATT, S. 359), und diese stellt die eigentliche Bekräftigung dar.

Die genannten Bekräftigungstypen, also äußere Effekte wie Durchsetzung, Anerkennung und Abwehr, machen schon einen Großteil der Motivation zu aggressivem Verhalten aus. Es gibt jedoch noch weitere Effekte, die zwar keine «Erfolge» im üblichen Sinne sind, die aber psychologisch ebenfalls als Bekräftigungen gelten müssen. So nennt LISCHKE (1972, S. 159) den «Stimulus des leidenden Opfers, der oft als ‹Belohnung› erlebt wird», sowie die «Reduktion emotionaler Spannungen, z. B. eines Gefühls der Wut». Neben der Reduktion kann zuweilen auch das Erzeugen von Spannung, also eine Stimulierung, als positiver Effekt erlebt werden. Sehr wichtig sind schließlich noch Selbstbekräftigungen im Sinne positiver Selbstbewertungen (BANDURA 1973). Diese vier Aggressions-«Erfolge» seien im folgenden kurz erläutert.

Sehr schwerwiegend ist die Tatsache, daß das *Leiden des Opfers* als befriedigend empfunden werden kann. Dies gilt für Vergeltung ebenso wie für Sadismus und andere Formen «spontaner» Aggression. Darüber wird gleich ausführlicher gesprochen. Hier sei zunächst nur festgehalten, daß es um mehr geht als die Existenz einer Schädigungsabsicht, die ohnehin zur Definition jeglicher Aggression gehört. Gemeint ist viel-

72 Erklärungen zur Entstehung von aggressivem Verhalten

mehr, daß schon die Schädigung und Zeichen des Leids befriedigend sind und nicht erst die dadurch erreichte Durchsetzung, Beachtung oder Abwehr. Was daran befriedigend ist, mag zum Teil mit den weiteren Aggressionseffekten Spannungsreduktion, Stimulierung und Selbstbekräftigung zusammenhängen, die als innere emotionale Reaktionen mit dem Zufügen von Schmerz verbunden sein können.

Zu einer *Spannungsreduktion* kann es durch die Aggression kommen, allerdings keineswegs automatisch. Sie tritt natürlich leicht ein, wenn die Aggression einen langen Zustand gespannter Unentschiedenheit beendet oder wenn sie mit Durchsetzung oder einer anderen Bekräftigung einhergeht (all dies kann im Falle des «reinigenden Gewitters» zutreffen). Eine affektive Erleichterung ist jedoch nicht zu erwarten, wenn die Aggression zur Eskalation führt, wenn man sich über sein Verhalten ärgert oder Schuldgefühle bekommt. Kapitel 11 über das «Ausleben» von Aggressionen befaßt sich ausführlicher mit diesen Fragen.

Stimulierung meint das Erzeugen von Spannung bzw. Erregung. Wir suchen z. B. den «Nervenkitzel» von «spannenden» Filmen oder Fußballspielen oder lassen uns auf «prickelnde» Wettkämpfe ein. Spannungssuche bedeutet quasi Erlebnishunger und steht nicht im Widerspruch zur Spannungsreduktion. Menschen tendieren im ganzen zu einem mittleren Maß an Stimulation: Zu starke Erregung wird ebenso gemieden wie Spannungslosigkeit, die als «langweilig» empfunden wird. Allerdings ist das angestrebte Quantum individuell verschieden (ZUK-KERMAN 1978). Die Formen der Stimulierung haben zum Teil mit Neugier und Forscherdrang zu tun (BERLYNE 1974). Es gehören dazu aber auch Genußmittel, Sexualität und eben das Beobachten und Ausüben von Aggression.

Äußerst wichtige, aber unauffällige Effekte sind positive Selbstbewertungen oder *Selbstbekräftigungen*. Sie treten ein, wenn die Handlung den eigenen Wertmaßstäben entspricht und daher zur Quelle von Gefühlen wie Stolz und Zufriedenheit wird. Solche Bestätigungen von Selbstwahrnehmung und Selbstwert können sich auf die eigene Stärke, Leistung, Loyalität, Weltanschauung usw. beziehen. Häufig sind sie mit äußeren Erfolgen wie Durchsetzung oder Anerkennung verbunden; doch prinzipiell können sie davon weitgehend unabhängig sein. So mag der in einer Schlägerei unterlegene Mann sich innerlich dafür loben, daß er «tapfer gekämpft» hat und «nicht feige» war, da dies seinem Männlichkeitsideal entspricht. Ebenso kann ein Terrorist, der mit seinen Untaten für eine gerechtere Welt zu kämpfen glaubt, auch in der Niederlage noch Befriedigung aus Märtyrergefühlen schöpfen. Andere mögen Stolz und Ehrgefühl empfinden, weil sie «gute Arbeit geleistet» oder ihre «Pflicht erfüllt» haben. Zahlreiche Menschenvernichter der Nazis – z. B. Eichmann und Auschwitz-Leiter Höß (vgl. ARENDT 1964,

Aggression als erlerntes Verhalten   73

> Aggressives Verhalten ≙ Aggressives Gefühl/Bedürfnis
> Eine solche einfache Entsprechung ist falsch!
>
> In aggressivem Verhalten können sich verschiedene Motive ausdrücken, nicht nur aggressive Gefühle:
>
> Motiv A
> Motiv B ——— Aggressives
> Motiv C ——— Verhalten
> usw.
>
> Aggressive Gefühle können sich in verschiedenen Verhaltensweisen ausdrücken, nicht nur in aggressiven:
>
> Verhalten A
> Aggressive ——— Verhalten B
> Gefühle ——— Verhalten C
> usw.
>
> *Effekte bzw. Motive aggressiven Verhaltens:*
> ○ Durchsetzung, Gewinn
> ○ Beachtung, Anerkennung
> ○ Abwehr, Verteidigung, Schutz
> ○ Schädigung, Leid, Schmerz
> ○ Spannungsreduktion, Erleichterung
> ○ Stimulierung, Spannung, Nervenkitzel
> ○ Selbstbekräftigung, positives Selbstwertgefühl

Broszat 1963) – gingen nicht aus Haß oder Sadismus zu Werke, sondern aus bürokratischem Pflichteifer, wenn nicht gar mit dem Gefühl, in großer Hingabe Deutschland und die ganze zivilisierte Welt von Ungeziefer zu befreien. So wurde die Untat zur Wohltat – eine moralische Perversion, zu der vor allem ausgeprägte Ideologen immer wieder fähig sind (Szczesny 1971). Während die Selbstbestätigung manchmal eng an den Schmerz des Opfers geknüpft ist, wie bei Vergeltung oder Sadismus, geht es in anderen Fällen anscheinend primär nur um das Gefühl, daß es wertvoll sei, so zu handeln. – Positive Selbstbewertungen haben ihr Gegenstück in der Selbstverurteilung bei Abweichungen von der eigenen Wertnorm. In beiden Fällen ist die Selbstbewertung ein Problem der Einstellung zur aggressiven Handlung. Darauf soll später unter dem Aspekt der Aggressionshemmungen noch näher eingegangen werden (Kapitel 8 und 14).

Ein wesentliches Fazit der vorangehenden Erörterungen ist, daß aggressives Verhalten auf recht verschiedene Effekte abzielen kann. Zum einen sind es äußere Vorteile wie Durchsetzung, Anerkennung oder Schutz. Zum anderen ist die Schädigung selbst das äußere Ziel, verbunden mit verschiedenen inneren emotionalen Effekten. Häufig gibt es Verquickungen mehrerer Effekte. Da das Streben nach einem bestimmten Effekt einem Motiv entspricht, kann man auch sagen: *Nach lerntheoretischer Auffassung kommen viele Motive für aggressives Ver-*

74 Erklärungen zur Entstehung von aggressivem Verhalten

halten in Frage, nicht nur aggressive Gefühle. (Umgekehrt können sich aggressive Gefühle auch nicht nur in aggressivem Verhalten ausdrükken; hierzu s. Kapitel 11 und 15.) Es ist eine sehr naive (von Trieb- und enger Frustrationstheorie geförderte) Ansicht, daß man von aggressivem Verhalten auf aggressive Gefühle / Bedürfnisse schließen könne. Dies gilt immer nur so weit, wie Verletzung und Leid als solche angestrebt werden. Ist dies das primäre Ziel, nennt FROMM (1974) die Aggression «bösartig»; auf Vorteile gerichtet nennt er «gutartig». Eine solche Unterscheidung ist sinnvoll; die Bezeichnungen sind jedoch wenig glücklich, da sie eine Wertung im Sinne von gut und böse, gerechtfertigt und ungerechtfertigt nahelegen, die der Realität keineswegs angemessen ist. Zur «gutartigen» Aggression gehören z. B. auch Kriege oder tyrannische (nicht sadistische) Machtausübung. Geeigneter für die auf Nutzeffekt gerichteten Formen ist der neutrale Sammelbegriff «instrumentelle» Aggression.

Erfolglose und bestrafte Aggression

Es ließe sich gegen die vorgetragene Auffassung einwenden, daß Aggressionen sehr häufig keinerlei Erfolg haben. Nicht nur das; sie haben oftmals sogar ausgesprochen unangenehme Konsequenzen wie physische oder materielle Bestrafung und Mißbilligung. Hier ist es nun wichtig, einige weitere Erkenntnisse über das Lernen am Erfolg zu berücksichtigen.

Zunächst einmal ist es nicht erforderlich, daß ein Verhalten jedesmal Erfolg hat. Im Gegenteil: Zahlreiche Untersuchungen haben gezeigt, daß *intermittierende* (gelegentliche) *Bekräftigungen* eine dauerhaftere Wirkung haben als regelmäßige. Daß dies auch für Aggressionen gilt, geht aus Experimenten hervor, in denen Kinder entweder regelmäßig oder nur jedes dritte oder gar sechste Mal für aggressive Handlungen an einer großen Gruppe mit einer Murmel belohnt wurden (COWAN/WALTERS 1963, WALTERS/BROWN 1963). Als keine Bekräftigungen mehr gegeben wurden (Löschungsphase) dauerte es bei den gelegentlich, vor allem den 1:6 bekräftigten Kindern, deutlich länger, bis sie mit den Aggressionen wieder aufhörten.

Die dauerhaftere Wirkung unregelmäßiger Bekräftigungen hängt vermutlich damit zusammen, «daß Mißerfolge in die Erfolgserwartung miteingeplant werden» (BELSCHNER 1971, S. 63). Es reicht also völlig aus, daß sich ein Kind mit Wutausbrüchen hin und wieder durchsetzt (etwa dann, wenn die Eltern besonders ruhebedürftig sind), oder daß ein Straßenräuber nur ab und zu Beute macht, in den übrigen Fällen lediglich nicht erwischt wird. Gerade unter diesen Lernbedingungen ist es besonders schwer, das Verhalten wieder zu ändern. Und leider ist es vielfach

Aggression als erlerntes Verhalten 75

kaum vermeidbar, daß aggressives Verhalten gelegentlich bekräftigt wird.

Das Beispiel des Kriminellen legt die Frage nahe, ob nicht eine *Bestrafung* – also ausgesprochen negative Konsequenzen statt vorübergehender Erfolglosigkeit – das aggressive Verhalten beseitigen kann. Dies scheint zwar möglich, wenn z. B. ein Kind in einer Familie aufwächst, in der aggressives Verhalten stets mißbilligt wird. Ansonsten hat sich aber gezeigt, daß Bestrafungen im allgemeinen eine zeitlich und situativ begrenzte Wirkung haben, das heißt, daß aggressives Verhalten durch sie gehemmt, aber nicht beseitigt wird. Es wird unterdrückt oder getarnt, kann aber leicht wieder auftreten, wenn kein Strafrisiko mehr besteht. (In Kapitel 8 über die Aggressionshemmungen wird diese Frage ausführlicher besprochen.)

Ein weiterer Punkt, der für die Wirkung negativer Konsequenzen von Bedeutung ist, ist der zeitliche Abstand, mit dem sie auf das aggressive Verhalten folgen. Unter sonst gleichen Bedingungen ist eine Konsequenz um so wirksamer, je unmittelbarer sie auf das Verhalten folgt. Viele schädliche Folgen – sei es für Zigarettenrauchen oder für aggressives Verhalten – haben deshalb eine so geringe Rückwirkung auf das Verhalten, weil sie erst mit großer Verzögerung eintreten, während die angenehmen Folgen sehr schnell verspürt werden. So mag zwar räuberische Erpressung mit Gefängnis bestraft werden, jedoch meist erst mit einer Verspätung von Tagen, Monaten oder gar Jahren, während die Tat zunächst einmal erfolgreich ist. Allenfalls von Bestrafungen auf frischer Tat könnte man sich also eine Wirkung versprechen.

Aus den genannten psychologischen Zusammenhängen ist zu folgern, daß eine dauerhafte *Beseitigung aggressiven Verhaltens* ein konsequentes Ausbleiben von Bekräftigungen (auch und gerade der gelegentlichen und kurzfristigen), das heißt eine durchgehende Erfolglosigkeit erfordern würde. Dies ist in vielen Fällen natürlich außerordentlich schwer zu erreichen. Hinzu kommt, daß die Bedürfnisse, die mit aggressivem Verhalten durchgesetzt werden, häufig durchaus berechtigt sind. Aus diesen Gründen wird vom lernpsychologischen Standpunkt noch eine andere Möglichkeit nahegelegt: dafür zu sorgen, daß die Erfolge durch nichtaggressives Verhalten erreicht werden (Näheres in Kapitel 15).

Leid als Aggressionsziel: Vergeltung und «spontane» Aggression

Aggression, die direkten «Gewinn» bringt (Durchsetzung, Beachtung) oder den Gegner schwächt (Abwehr), ist mehr oder minder gut erklärlich. Können wir jedoch solche Vorteile (und seien es auch nur kurzfristige) nicht entdecken, erscheinen uns aggressive Handlungen zumeist gänzlich unverständlich und irrational; etwa da, wo sie den Eindruck

76 Erklärung zur Entstehung von aggressivem Verhalten

einer «sinnlosen Zerstörungssucht» oder einer «Lust am Quälen» erwecken.

Solche Interpretationen sind zwar häufig voreilig, weil Vorteile durchaus vorhanden, aber auf den ersten Blick nicht zu erkennen sind. Dennoch gibt es Fälle, in denen die Verursachung von Schmerz und Schaden tatsächlich das eigentliche Ziel der Aggression ist. Müssen wir hier nun doch einen Aggressionstrieb vermuten? Nein, denn auch diese Erscheinung ist lernpsychologisch solider zu erklären.

Zunächst einmal ist es prinzipiell etwas ganz Normales, daß der Schmerz eines anderen als angenehm empfunden werden kann. Dann nämlich, wenn das Leid einen «Übeltäter» trifft, der uns angegriffen, behindert oder sonstwie provoziert beziehungsweise frustriert hat («Rache ist süß»). Das angenehme Gefühl bezeichnen wir im allgemeinen als Schadenfreude, die aggressive Handlung als *Vergeltung*. Dabei ist es nicht notwendig, daß der Geschädigte sich selbst an dem Provokateur «rächen» kann. Hauptsache, er leidet. Die «gerechte» Bestrafung des Kriminellen ist ein Beispiel dafür. Eine Reihe experimenteller Untersuchungen bestätigen das angenehme Gefühl (BRAMEL/TAUB/BLUM 1968; BERKOWITZ/GREEN/McCAULEY 1962) ebenso wie die Tatsache, daß das Leid des anderen einen Bekräftigungswert wie ein «gut» oder «richtig» bekommen kann (FESHBACH/STILES/BITTER 1967).

Wie ist dies nun zu erklären?

Eine erste Erklärung wäre ein Streben nach Gerechtigkeit oder Gegenseitigkeit. Wie Hilfsbereitschaft sich im allgemeinen auf Gegenseitigkeit gründet, so scheint dies auch für Aggression zu gelten (STAUB 1972). Damit würde die Vergeltung die Einhaltung eines Ausgleichsprinzips bedeuten, das den Menschen von früh auf vermittelt wird (FESHBACH 1964). Verstöße gegen eine Norm werden als beunruhigend empfunden, vielleicht weil damit diejenigen, die sich an die Norm halten, über deren Sinn in Zweifel geraten, wenn andere sie ungeschoren übertreten dürfen. Mithin ginge es um die Erhaltung «sozialer Gewißheit» (HOFSTÄTTER 1971). Die feste Orientierung beziehungsweise die Gültigkeit der Norm würde dann wiedererlangt, wenn der Normbrecher seine Strafe erhält (bildlich: die Waage der Gerechtigkeit wieder ausgeglichen ist).

Für den Fall, daß man selbst das Opfer des Normverstoßes beziehungsweise der Provokation war, könnte die Vergeltung auch den Sinn haben, die Selbstachtung (man denke z. B. an die «verletzte Ehre»!) wiederherzustellen (vgl. STAUB 1972). Dies scheint auch bei einer ganzen Reihe von Gewalttätern das vorherrschende Motiv zu sein (vgl. TOCH 1969). Ein solcher Täter reagiert überempfindlich auf alles, was seine Männlichkeit und sein (offenbar brüchiges) Selbstwertgefühl antastet. Dies sind Herausforderungen, die er «nicht auf sich sitzen läßt». Manch einer reagiert sofort, mancher fordert zum Duell, mancher wartet auf den geeigneten Moment, um zurückzuschlagen.

Aggression als erlerntes Verhalten 77

Aggression aus Selbstachtung ist vermutlich in Zusammenhang mit einer dritten Erklärung zu sehen, die besonders bedeutsam ist, weil sie sich nicht nur für die Vergeltung, sondern auch für spontane Aggression anbietet. Es kann sich hier nämlich um einen speziellen Fall des Lernphänomens der *sekundären Bekräftigung* handeln (vgl. SEARS u. a. 1957). Zunächst ein «nichtaggressives» Beispiel: Wenn ein Kind kein Interesse am Rechnen hat, nun aber eine Belohnung bekommt, sobald es eine Aufgabe gelöst hat, so wird nach einiger Zeit schon das Lösen der Rechenaufgabe angenehme Gefühle wecken, während die äußere Belohnung nach und nach entzogen werden kann. Der Leistungserfolg hat seinen «sekundären» Bekräftigungswert aus der Kopplung mit der «primären» Belohnung abgeleitet. Aus ähnlichen Gründen kann die Heimat zu einem sekundären Bekräftiger werden und mithin angenehme Gefühle wecken, weil sie etwa mit fröhlichen Jugendjahren assoziiert ist.

Mit welchen positiven Erfahrungen aber kann das Leid des anderen verbunden sein? Mit den eigentlichen Erfolgen von aggressiven Handlungen, wie der Durchsetzung eines Wunsches oder der Schwächung des Gegners. Diese Erfolge sind häufig mit negativen Reaktionen auf seiten des unterlegenen Opfers gekoppelt: mit Zeichen von Ängstlichkeit, Unterwürfigkeit und Schmerz, mit Ausdrucksmomenten wie Jammern, Weinen. Auf diese Weise können diese Unterlegenheitsreaktionen für den siegreich Aggressiven den Charakter einer (sekundären) positiven Bekräftigung erlangen. Mit anderen Worten: *Der Schmerz des anderen wird zum Signal des eigenen Erfolges!*

So wie generell jede Bekräftigung nur eine Bekräftigung sein kann, wenn sie einem Bedürfnis beziehungsweise einer Ansprechbereitschaft auf seiten des Individuums entspricht, so gilt dies auch für das Leid des anderen. Es wirkt dann angenehm, wenn es auf aggressive Gefühle trifft; typischerweise also dann, wenn der Aggressor *ärgerlich* ist (BRAMEL u. a. 1968, FESHBACH u. a. 1967). Die emotionale Grundlage kann aber auch mehr in Richtung Angst gehen, worauf FÜRNTRATT (1974) das Hauptgewicht legt. Auch im Haß, für den ja Leid das typische Aggressionsziel ist, sieht FÜRNTRATT eine Art von Angst und nicht eine Art von Ärger/Zorn/ Wut. Nach ihm ist also die Schwächung des (angstauslösenden) Gegners und damit die Angstreduktion die primäre Bekräftigung, von der die Leidreaktionen ihren Bekräftigungswert ableiten.

Auch wenn man offen läßt, ob Ärger oder Angst in diesem Zusammenhang der wichtigere Affekt sei, so ist doch zu betonen, daß normalerweise Leid als Aggressionsziel von solchen Emotionen abhängig ist. Dies ist jedoch nicht mehr der Fall, wenn jemand ohne bestimmten Anlaß anderen Schmerz und Schaden zufügt. Dort also, wo jemand die Gelegenheit zu Aggressionen «sucht» («Streit suchen») oder sie gar – wie beim Sadismus – möglichst grausam gestaltet. Hier ist das Aggressionsinteresse nicht mehr reaktiv, sondern «spontan» im Sinne eines wiederkeh-

78 Erklärung zur Entstehung von aggressivem Verhalten

renden Bedürfnisses (jedoch nicht eines angeborenen Triebes). Der oben beschriebene Lernvorgang, der der Leidreaktion seinen Bekräftigungswert vermittelte, ist noch einen Schritt weitergegangen: Das Bedürfnis nach dieser Bekräftigung hat sich *verselbständigt*, also von bestimmten auslösenden Situationen weitgehend abgelöst. Es ist zu einem eigenständigen Motiv geworden. Dieser Vorgang wird seit ALLPORT (1937; deutsch 1949) als *funktionelle Autonomie der Motive* bezeichnet.

Etwa jeder vierte der von TOCH (1969) untersuchten Gewalttäter schien aggressive Auseinandersetzungen zu suchen, um seinen Status und seine Stärke unter Beweis zu stellen. Ein solcher «self-image-promoter» (TOCH) setzt Männlichkeit gleich mit der Entschlossenheit zu kämpfen. Er gerät leicht in Situationen, in denen sein Selbstwertgefühl angegriffen wird und er sich nun verteidigen «muß». Doch er selbst hat diese Situationen heraufbeschworen; denn sie bieten ihm Gelegenheit, wieder einmal zu demonstrieren, was für ein harter, furchtloser Kerl er ist. Das Leid des Besiegten ist hier untrennbar mit der positiven Selbstbewertung verknüpft.

Beim Sadismus liegt der Akzent stärker auf der Schmerzzufügung als solcher. Der Sadist gestaltet seine Handlungen grausamer und schmerzvoller als für die Bestätigung von Stärke und Männlichkeit erforderlich wäre, und er findet Vergnügen daran. Offenbar ist sein Verhalten darauf gerichtet, das Erlebnis der totalen Herrschaft über ein anderes Wesen zu haben (FROMM 1974). Als besonders markantes Beispiel führt FROMM Jossif Stalin an. Er habe nicht nur die Folterung politischer Gefangener eingeführt, sondern besonders auch Formen des seelischen Sadismus bevorzugt. So habe er Personen, die er verhaften lassen wollte, noch kurz zuvor beruhigt und seiner Gunst versichert: «Kurz bevor man den Bürgerkriegshelden D. F. Serdich verhaftete, brachte Stalin bei einem Empfang einen Trinkspruch auf ihn aus und trug ihm die Brüderschaft an. Wenige Tage vor der Liquidierung Blüchers sprach Stalin auf einer Versammlung noch in den herzlichsten Tönen von ihm» (MEDWEDEW, zit. n. FROMM 1974, S. 259). «Gibt es eine größere Überlegenheit und eine vollkommenere Herrschaft über einen anderen Menschen?» fragt FROMM. Dies gilt auch für Stalins Methode, «die Frauen – und manchmal auch die Kinder – höchster Sowjet- oder Parteifunktionäre zu verhaften und sie in Arbeitslager zu stecken, während die Männer weiter ihrer Arbeit nachgehen und vor Stalin zu Kreuz kriechen mußten, ohne auch nur wagen zu können, um ihre Entlassung zu bitten» (S. 259).

Für Menschen mit derartigen «spontanen» Neigungen, wie sie in den vorangehenden Beispielen beschrieben wurden, ist die Aggression eine wesentliche Quelle der persönlichen Befriedigung geworden. Wie die vorgetragene lerntheoretische Interpretation nahelegt, aber ähnlich auch FROMM aus psychoanalytischer Sicht annimmt, sind diese Aggressionen also Versuche, sich selbst die eigene Stärke, Durchsetzungskraft

Aggression als erlerntes Verhalten 79

(Macht) oder schlichte Fähigkeit, «etwas zu bewirken» (FROMM), zu bestätigen.

Zu erwägen ist auch die Hypothese, daß manche Täter, die immer neue Gewalttaten begehen, dies aus einem Leistungsmotiv (Ehrgeiz) heraus tun. Da fast alles – Beruf, Sport, Kunst, bei manchen Menschen sogar die Sexualität – unter Leistungsaspekten gesehen werden kann, mag dies auch für aggressive Handlungen gelten. Zu denken ist an solche Fälle, bei denen es eine Frage der Intelligenz und des Geschicks ist, immer wieder zu entkommen und sich immer neue und noch raffiniertere Verbrechensformen auszudenken.

Eine weitere emotionale Grundlage könnte sein, daß sich der betreffende Mensch das Leben aufregender machen möchte – Aggression als Abenteuer. Was bei Kriegsfreiwilligen zutreffen kann (vgl. MANTELL 1972), mag auch bei anderen Menschen mitspielen, die von sich aus zu aggressiven Handlungen neigen beziehungsweise aggressionsträchtige Situationen aufsuchen. Dabei kann auch Langeweile im Hintergrund stehen (vgl. auch FROMM 1974).

In allen genannten Fällen – Gefühl von Stärke, Leistungsbedürfnis, Erlebnishunger – wäre die aggressive Handlung *intrinsisch* motiviert, das heißt, daß sie durch sich selbst Befriedigung verschafft (ohne materielle oder andere Vorteile) und in diesem Sinne Selbstzweck ist. In den ersten beiden Fällen ist dabei das Leid des anderen mit einer positiven Selbstbewertung verbunden. Wenn es bei einem Menschen zu einer solchen Verselbständigung der Aggression kommt, hat er vermutlich Aggression häufig als in dem jeweiligen Sinne erfolgreiches und befriedigendes Verhalten erlebt und wenig Alternativen kennengelernt. Oder ihm sind – nachdem der Teufelskreis einmal geschlossen war – auf Grund der gesellschaftlichen Ächtung alternative Möglichkeiten versperrt geblieben.

Generalisiertes und situationsspezifisches Verhalten

Das Lernen am Erfolg und die damit verbundene Möglichkeit der Ausbildung neuer autonomer Motive werfen die Frage auf, wie spezifisch oder wie allgemein die Lerneffekte sind. Wird ein auf bestimmte Situationen beschränktes Verhalten erworben oder gar eine «Eigenschaft» Aggressivität? Wie sich zeigt, sind unterschiedlich breite Effekte möglich.

Grundsätzlich hätte Lernen wenig Sinn, wenn sein Effekt auf die Situation beschränkt bliebe, in der gelernt wurde. Wenn ein Kind von einem bestimmten Auto an einem bestimmten Platz angefahren wurde, wird es nun zum Glück auch bei anderen Autotypen anderer Farbe und an anderen Plätzen vorsichtiger sein. Man spricht hier von *Lernübertra-*

80 Erklärung zur Entstehung von aggressivem Verhalten

gung, Transfer oder auch Reizgeneralisierung, da viele ähnliche Situationen das gelernte Verhalten hervorrufen. Lernen bringt zunächst die Tendenz zur Generalisierung mit sich, solange nicht verschiedenartige Erfahrungen zum Differenzieren zwingen (s. u.). Wenn also ein Kind einem anderen durch Schlagen ein Spielzeug wegnehmen kann, so wächst damit die Tendenz, sich in einer ähnlichen Situation wieder so zu verhalten. Eine noch weitergehende Generalisierung liegt vor, wenn z. B. aggressives Spiel mit Gegenständen belohnt wird und sich das Verhalten auf den Umgang mit den anderen Kindern überträgt (WALTERS / BROWN 1963).

Außer der Übertragung auf eine andere Situation (Reizgeneralisierung) gibt es auch eine Reaktions- oder Verhaltensgeneralisierung, das heißt, daß sich die Form der Aggression auf andere Formen ausweitet. So zeigte LOVAAS (1961), daß Kinder, die in einer Spielsituation für sprachlich-aggressives Verhalten bekräftigt worden waren (negative Äußerungen über eine Puppe) in einer anderen Spielsituation zu höherer körperlicher Aggression neigten (Bevorzugung von zwei Puppen, die sich durch eine Hebelbewegung auf den Kopf schlugen). Einen ähnlichen Effekt erzielte LOEW (1967) mit Erwachsenen: Hier förderten Bekräftigungen für das Aussprechen aggressiver Eigenschaftswörter die Tendenz, eine andere Person in einem anschließenden «Lernexperiment» mit Elektroschocks für Fehler zu bestrafen. Die umgekehrte Generalisierung (von Schocks zu Wortassoziationen) ist auch möglich (GEEN / PIGG 1970).

Neben der Generalisierung gibt es auch das gegenläufige Phänomen: die *Diskrimination* (Unterscheidung); das heißt, man lernt durch die unterschiedlichen Konsequenzen, das Verhalten nicht beliebig zu generalisieren, sondern auf bestimmte Arten von Situationen zu beschränken. Das Kind lernt, daß es auf dem Schulhof aggressiv sein kann, zu Hause aber nicht (weil es bestraft wird), daß es gegenüber der Großmutter mit Schimpfen und Schreien seinen Willen durchsetzen kann, nicht aber gegenüber der Mutter, daß es körperlich Schwächere, nicht aber Stärkere schlagen kann.

Ist das Spektrum der Situationen, in denen jemand aggressiv ist, sehr groß, so schreibt man ihm gern einen hohen Grad der «Eigenschaft» Aggressivität zu. Doch mit der Zuschreibung einer solchen «Eigenschaft» («Neigung», «Charakter» usw.) sollte man vorsichtig sein. Erstens ist dies eine ungenaue Pauschalbeurteilung ohne Erklärungswert. Denn die Aggressionsbereitschaft kann unterschiedlich bedingt sein, z. B. primär dadurch, daß der Betreffende in vielen Situationen mit Aggression erfolgreich ist, daß er kaum Alternativen kennt, daß er viele Personen und Ereignisse als «frustrierend» wahrnimmt u. a. m. Dies wäre ebenso näher zu bestimmen wie die vorherrschende Motivation: Ist die Neigung z. B. vor allem Jähzorn in Frustrationssituationen, ein

Aggression als erlerntes Verhalten   81

aufmerksamkeitssammelndes Provozieren, gewalttätige Durchsetzung zu kriminellen Zwecken, sadistisches Vergnügen an Grausamkeiten?

Zweitens wird die Bedeutung personaler Neigungen meist überschätzt und die Rolle der spezifischen Situation mit ihren Anreizen (Bekräftigungen), Modellen, Hinweisreizen usw. unterschätzt. Dies gilt für naivpsychologische Erklärungen im Alltag (s. HEIDER 1958 / 1977), aber auch für Auffassungen einiger Autoren, vor allem mit psychoanalytischer Orientierung. Wer einen anderen Menschen oder sich selbst als «aggressiv» bezeichnet, wird bei genauem Hinsehen meist einräumen müssen, daß dies für einige Situationen und gegenüber einigen Personen gilt, jedoch nicht generell. Dieser simple Tatbestand kann sich sogar in erschütternden Extremen widerspiegeln. Wenn wir über einen neuen, uns noch unbekannten Nachbarn erfahren würden, daß er vor einigen Tagen einen Menschen fast zu Tode gefoltert habe, so würden wir vermutlich erwarten, einer bedrohlichen Bestie zu begegnen, kaum aber einem liebenswürdigen, «ganz normalen» Mitmenschen. MILGRAM (1974) konnte jedoch in aufsehenerregenden Experimenten (s. Kapitel 8) zeigen, wie leicht es ist, beliebige Menschen zu Folterungen oder ähnlichen Handlungen zu veranlassen, sofern es eine «verantwortliche» Autorität und eine halbwegs plausibel klingende Begründung gibt. ZIMBARDO und Mitarbeiter (1973) führten ein Experiment mit ähnlichem Ausgang durch. Für ein Honorar von 15 Dollar pro Tag hatten «normale», psychisch stabile Männer in einem «Gefängnis» die Rolle eines Gefangenen oder eines Wärters zu spielen. Diese Rollen, zusammen mit einem lebensecht gestalteten äußeren Rahmen, hatten auf die Personen eine starke – wenn auch individuell variierende – Wirkung. Die «Gefangenen» verhielten sich meist unterwürfig und wurden teilweise emotional so tief beeinträchtigt, daß das auf zwei Wochen geplante Experiment nach sechs Tagen abgebrochen werden mußte. Die «Wärter» hingegen fanden offenbar Gefallen an ihrer Aufgabe, «Ordnung zu halten», und einige waren nicht nur streng, sondern ausgesprochen brutal.

Die Konsequenz dieser Befunde müßte sein, daß Menschen auf solche Situationen vorbereitet werden und lernen, wie sie Widerstand leisten können. Denn was die Experimentatoren erreichten, denen gegenüber man «an sich» leicht hätte Schluß machen können, ist in existentiellen Ernstsituationen genauso möglich. Zahlreiche Unmenschlichkeiten der Geschichte bestätigen dies. Menschen töten oder quälen in bestimmten Situationen, in denen sie dies als ihre Rolle ansehen: als Soldat, als Polizist, als loyaler Beamter, als Diener Gottes usw. Daß so etwas während der Nazi-Zeit allenthalben zu beobachten war, wurde bereits erwähnt. Wenn hier eine persönliche Neigung oder «Eigenschaft» von Bedeutung ist, dann nicht die «Aggressivität» – wenngleich es dies in verschiedenen Formen auch gibt –, sondern die Gehorsamsbereitschaft oder Autoritätsgläubigkeit. Das Prinzip bleibt das gleiche, auch

82   Erklärung zur Entstehung von aggressivem Verhalten

wenn die Autoritäten wechseln: In den Experimenten ist es die «Wissenschaft», woanders ist es das «Vaterland», die «Revolution», der «Wille Gottes», in deren Namen es geschieht. Die Anreize bestehen uier mithin nicht oder nicht primär in der Befriedigung aggressiver Gefühle, sondern in Anerkennung, Strafvermeidung, dem Wohlwollen Gottes oder persönlicher Ehre. Darüber hinaus dürfte in vielen Fällen die Bereitschaft zum Gehorsam und Mitmachen Ausdruck blanken Opportunismus sein, der mit Beförderungen, materiellem Gewinn usw. belohnt wird.

3. Signallernen und seine Bedeutung für affektive Reaktionen

Wenn jemand Groll verspürt, sobald er nur das Gesicht einer bestimmten Person sieht, handelt es sich um eine aggressiv-emotionale Reaktion. Es fällt jedoch schwer, dieses Phänomen durch die Prinzipien des Lernens am Erfolg und am Modell zu erklären. Sie eignen sich gut, um den Erwerb aggressiver Handlungsweisen zu erklären. Für die affektiven Erregungen, die sich in dem äußerlich sichtbaren Verhalten ausdrücken (gegebenenfalls auch nicht), muß jedoch eine weitere wichtige Lernart herangezogen werden: die *klassische Konditionierung*, auch *bedingter Reflex* (ursprünglicher Name) oder *Signallernen* genannt.

Dieses zuerst von dem russischen Physiologen PAWLOW entdeckte Prinzip besteht darin, daß ein zunächst neutraler Reiz (z. B. eine enge Straße) zu einem spezifischen Auslöser (z. B. von Angst) wird, weil er raumzeitlich mit einem entsprechenden «natürlichen» Auslöser (z. B. einem Überfall) gekoppelt war. Der ursprünglich neutrale Reiz (die enge Straße) ist zum «Signal» für das unangenehme Ereignis geworden; der betreffende Mensch hat damit gelernt, auf diesen Reiz mit Angstaffekten zu reagieren.

Da das Signallernen generell für vegetative und emotionale Reaktionen von großer Bedeutung ist, gilt dies sicherlich auch für aggressive Emotionen. Das Prinzip wäre hier die Koppelung (meist mehrmalig) einer Frustration beziehungsweise eines Auslösers von Ärger (Ärger stellvertretend für alle aggressiven Gefühle) mit einem bisher neutralen Reiz. Dieser wird dann für sich selbst zum Ärgerauslöser* (siehe Schema).

Bei der klassischen Konditionierung wird also eine affektive Reaktion von den vorangehenden Reizen hervorgerufen, während bei der instrumentellen Konditionierung (Lernen am Erfolg) ein äußeres Verhalten von den nachfolgenden Konsequenzen bestimmt wird.

* Entsprechend können Reize, die mit positiven Erfahrungen gekoppelt sind, Auslöser für positive Gefühle werden und damit als sekundäre Bekräftiger wirken (vgl. S. 74 ff über das Leid als Aggressionsziel).

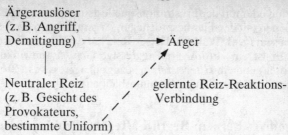

Leider gibt es bisher kaum Untersuchungen, die sich speziell mit der Konditionierung von aggressiven Gefühlen beschäftigen (im Gegensatz zur Angst). BERKOWITZ & KNUREK (1969) führten ein Experiment auf der sprachlichen Ebene durch, in dem Vornamen als neutrale Reize fungierten. Diesen Vornamen (z. B. «George») wurde für die Versuchspersonen ein negativer Charakter vermittelt, indem sie (in einem scheinbaren Gedächtnisexperiment mit Wortpaaren) mit negativ wertenden Adjektiven gekoppelt wurden. In einer späteren Diskussion waren die Versuchspersonen unfreundlicher gegenüber einem Diskussionspartner mit dem kritischen Vornamen als gegenüber einem anderen mit einem neutralen Vornamen. Es ist also zu vermuten, daß der kritische Vorname durch die Kopplung mit den emotional-negativen Adjektiven selbst schließlich auch negativ gefärbt und damit zu einem Auslöser ärgerähnlicher Gefühle wurde. Diese Gefühle drückten sich dann in unfreundlicherem Verhalten aus. (Natürlich waren dies keine groben, aber immerhin registrierbare und statistisch bedeutsame Unterschiede.)

Es handelt sich hier allerdings um eine sogenannte Konditionierung höherer Ordnung, da die Adjektive selbst («böse») ihre emotionale Tönung auch nicht natürlicherweise besitzen. Als ursprünglich neutrale Lautgebilde bekommen sie vielmehr ihrerseits ihren Charakter dadurch, daß sie häufig in einem aggressiven Handlungszusammenhang (aggressive Aktion, Stimmlage) auftreten.

Nicht nur sprachliche Reize («Kommunist», «Kapitalist», «Nigger») können durch solche Konditionierungsprozesse zum aggressiven Reiz werden (vgl. BERKOWITZ 1973), sondern auch bestimmte Gesichter, Kleidungen (z. B. Uniformen), mimische, gestische oder sprachliche Angewohnheiten eines anderen, auch bestimmte Örtlichkeiten oder andere äußere Situationsmerkmale. Dabei kann es sich um unmittelbar persönlich erlebte ärger- oder zornerregende Erfahrungen handeln, mit denen diese Reize verbunden waren, oder um indirekt sprachlich und vorstellungsmäßig vermittelte.

Die Beispiele erinnern daran, daß früher mehrfach von aggressiven Hinweisreizen die Rede war (vgl. S. 45 u. 63). Dies sind Reize, die mit

84 Erklärung zur Entstehung von aggressivem Verhalten

Aggression oder mit der Frustrationsquelle assoziiert sind. Die Hinweisreize können mit den hier besprochenen Ärgerauslösern im Gegenstand
identisch sein (z. B. Waffen). Dieser Reiz hat damit nur mehrere Funktionen: Er ist ein *Auslöser* für aggressive *Gefühle* (unwillkürlich und
automatisch) und ein *Hinweisreiz* in bezug auf aggressives *Verhalten* (das
Verhalten ist möglich, kann aber unterbleiben).

4. Kognitives Lernen: Begriffe, Regeln, Problemlösen

Worte lösen in uns nicht nur negative oder positive emotionale Anklän-
ge aus; wir assoziieren damit auch Vorstellungen und Bilder («Fa-
schist», «Held»). Damit kommen wir in den Bereich des kognitiven
Lernens, also des Erkennens, Vorstellens, Denkens und ähnlicher Be-
wußtseinsprozesse – einen Bereich, der erst seit einiger Zeit in der Aggressionsforschung gewisse Beachtung findet (z. B. BANDURA 1973, MI-
CHAELIS 1976). Ihre Bedeutung für Motivation und Verhalten zeigt sich
unter anderem in den Situationsbewertungen, die zugleich kognitiv und
emotional sind; auch sind Zielsetzungen, Zielobjekte und Mittel aggressiver Handlungen in starkem Maße durch kognitive Prozesse bestimmt. Die folgenden Erläuterungen gliedern sich wie bisher nach Arten des Lernens, wobei Begriffe, Regeln und Problemlösungsprozesse
unterschieden werden (GAGNE 1969).

Begriffe haben eine wichtige Funktion in der Interpretation und Bewertung von Situationen. Begriffe ordnen die Welt, indem sie die Vielfalt der Ereignisse und Objekte nach gemeinsamen Merkmalen zusammenfassen. Nehmen wir als Beispiel, daß ein Mitglied der eigenen
Gruppe Kontakt zum Gegner aufnimmt, um mit ihm zu verhandeln.
Die Handlung kann man nun unter den Begriff «Friedenspolitik» fassen, aber auch unter «Verrat». Wer einen Verratsbegriff hat, der auch
solche Handlungen mit einschließt, wird wahrscheinlich mit aggressiven
Sanktionen reagieren. Ähnlich ist es mit Begriffen wie «Notwehr»,
«Ehrverletzung», «Feind» u. a. m.; je nachdem, wie sie gefaßt sind,
werden Ereignisse oder Personen leichter oder schwerer eine aggressionsfördernde Bewertung erfahren. Die Begriffe sind – wie alle Begriffe – nicht objektiv festgelegt, sondern entwickeln sich in der Sozialisation kulturell und individuell unterschiedlich.

Die Beispiele machen deutlich, daß Begriffe außer der interpretati-
ven zugleich eine verhaltenssteuernde Funktion haben: «Verrat» muß
man bestrafen, «Notwehr» ist erlaubt, «Ehrverletzung» ist zu vergelten
usw. Auch die Wahl von Zielobjekten wird von Begriffen mitbestimmt.
So ist ja die kognitive Komponente eines Vorurteils ein – übergenerali-
sierender – Begriff (z. B. «des» Juden). Und es ist nur ein kleiner
Schritt weiter, wenn viele Begriffe, die bestimmten Personen oder

Aggression als erlerntes Verhalten 85

Gruppen zugeschrieben werden, diese für Sündenbock-Rollen geradezu prädestinieren (s. Kapitel 9).

Auch das Lernen von *Regeln* – einer Verbindung mehrerer Begriffe – hat ähnliche Funktionen. Es kann sich dabei um Interpretationsregeln oder um Verhaltensregeln handeln. Eine Interpretationsregel gibt vor, wie bestimmte Situationen zu bewerten sind: «Wer nicht für uns ist, ist gegen uns», «Trau keinem über dreißig» usw. Verhaltensregel bedeutet in unserem Zusammenhang, daß sie aggressives Verhalten gewissermaßen vorschreibt: «Strafe muß sein», «Auf einen groben Klotz gehört ein grober Keil» usw. Neben solchen übergeneralisierenden Volksweisheiten gibt es Regeln in vielen weiteren Formen, etwa als gruppenspezifisches Ritual («Nach einer Ehrverletzung fordere zum Duell») oder als persönliche Lebensphilosophie («In unserer Gesellschaft muß man aggressiv sein, um was zu erreichen»). Aus den Beispielen ist zu ersehen, daß solche Regeln vielfach in Zusammenhang mit Modellen oder Bekräftigungen gelernt werden. Zuweilen sind sie lediglich kognitive Repräsentationen solcher Lernvorgänge. Man lernt z. B., daß man sich gegen bestimmte Menschen mit Nörgeln durchsetzen kann; soweit dies bewußt verstanden wird, wäre dies eine Regel: «Wenn . . ., dann . . .» Dabei ist es möglich, daß anfangs das Verhalten unbewußt am Effekt gelernt wurde. Umgekehrt können solche Regeln auch zunächst rein kognitiv gelernt werden und daraufhin möglicherweise das Verhalten mitsteuern. Insbesondere gilt dies für Bewertungen und Verhaltenstechniken, die aus eigener praktischer Erfahrung nur recht selten erworben werden könnten. Man denke z. B. an manche kriminelle Techniken oder an Propagandatricks, die – oft verbunden mit echten oder verbalen Modellen – von anderen übernommen werden («Unschlüssige gewinnt man, indem . . .»).

Das Finden neuer Regeln wird in der Psychologie als *Problemlösen* bezeichnet. Diese höchste Form menschlichen Lernens und Denkens zeichnet sich durch Einsicht in bzw. die Entdeckung von Zusammenhängen aus, welche für den betreffenden Menschen neu sind. Leider hat diese Fähigkeit des Menschen nicht nur Wohltaten, sondern auch eine Unzahl aggressiver Handlungsformen und eine Vervielfachung destruktiver Wirkungen ermöglicht. Die Reihe beginnt mit relativ harmlosen Formen wie dem Ausdenken von Streichen gegen unbeliebte Zeitgenossen; sie endet mit der Konstruktion technisch brillanter Waffensysteme, die die Welt vernichten können. Dazwischen liegt eine grenzenlose Vielfalt von kriminellen Methoden, militärischen Taktiken oder auch psychologischen Techniken zur Unterdrückung oder Folterung von Menschen (KELLER 1978). Vermutlich ermöglicht das problemlösende Denken nicht nur neue Formen und Wirkungsgrade von Aggression. Es mag zuweilen auch die Motivation dafür schaffen. Problemlösungsaufgaben sind für viele Menschen intrinsisch motivierend, soweit

86 Erklärung zur Entstehung von aggressivem Verhalten

sie innerhalb der eigenen Interessengebiete und Leistungsgrenzen liegen. Wer nun seinen Erfindergeist auf dem Sachgebiet «Destruktion»
betätigt, wird nicht selten seine Produkte ausprobieren wollen, einfach
zur Bestätigung seiner Leistung bzw. zur positiven Selbstbewertung.

Abschließend sei betont, daß der lerntheoretische Ansatz zur Ag-
gressionserklärung der differenzierteste und umfassendste ist. Es geht
hier nicht – wie oft mißverstanden – um ein, zwei Lernmechanismen,
mit denen man überdies nur äußere Verhaltensformen erklärt. Wie gezeigt wurde, schließt die lernpsychologische Analyse viele Komponenten ein: nämlich verhaltensmäßige, emotionale, kognitive und situative.

5. Rückblick: Was wird gelernt? Was ist angeboren?

Gegen die lerntheoretische Erklärung der Aggression wird zuweilen der
Einwand erhoben, daß sie die angeborenen Verhaltensweisen übersehe
und so tue, als ob der Mensch völlig aggressionslos auf die Welt käme.
Zum Beispiel sei aggressives Schreien oder Aufstampfen auch bei Säug-
lingen und kleinen Kindern zu beobachten; es sei offenkundig, daß sie
dies nicht zu lernen brauchten. Dies ist sicher richtig; doch auch die
Lerntheorie behauptet nicht, daß alle Verhaltensweisen von Grund auf
gelernt werden müßten.

Gelernt werden kann zweierlei:

1. Es werden bestimmte Verhaltensweisen (hier: Aggressionsformen)
gelernt.
2. Es wird gelernt, bestimmte Verhaltensweisen in bestimmten Situationen auszuführen (vgl. S. 62f).

Der zweite Punkt bedeutet nun auch, daß bestimmte Verhaltensweisen angeboren sein können, also «von Natur aus» möglich sind, daß es
aber von Lernprozessen abhängt, wann sie eingesetzt werden. Das Kind
kann von Natur aus schreien, aber ob es dies selten oder häufig tut, ob es
dies mit dem Älterwerden allmählich abbaut, beibehält oder gar verstärkt, ob es dies beim Zubettgehen tut oder wenn die Mutter einmal
Nein sagt, dies alles hängt weitgehend von Lernprozessen ab. Das Lernen bestimmt also in solchen Fällen nicht darüber, ob ein Mensch aggressiv sein *kann*, sondern ob er es bei Gelegenheit *ist*.

Mit der Art des Einsatzes bestimmter Verhaltensweisen ändert sich
aber auch deren Charakter. Das Schreien oder Sich-steif-Machen des
Säuglings ist schwerlich als echte Aggression anzusehen, da kaum eine
Schädigungsabsicht anzunehmen ist. Aus diesen elementaren Verhaltensweisen *werden* aber Aggressionen, wenn das Kind sie in Konflikten
mit seinen Mitmenschen einsetzt, und zwar auch dann noch, wenn ihm
nach seinem intellektuellen und motorischen Entwicklungsstand auch
ein anderes Verhalten möglich, das heißt zumindest lernbar wäre. Wenn

Aggression als erlerntes Verhalten   87

beispielsweise ein Achtjähriger schreit und aufstampft, damit er ein
Spielzeug bekommt, hat das Verhalten den Zweck, die Umwelt unter
Druck zu setzen (anstelle von Bitten); es ist keine unmittelbare und
unvermeidliche Affektäußerung (rein expressiv) wie beim Säugling, der
sich nicht anders mitteilen kann. Sicherlich gibt es keine scharfe Grenze,
von der an ein Verhalten aggressiv im üblichen Sinne ist. Wichtig ist
jedoch der Entwicklungsgang: Die elementaren Verhaltensweisen können sich von ihrem affektiven Ursprung allmählich lösen und zu einem
«frei manipulierbaren Instrument zur Erlangung aller Wünsche» werden
(MICHAELIS 1976, S. 62).

Dies geht natürlich Hand in Hand mit einer Weiterentwicklung der
Aggressions*formen*. Es ist offenkundig, daß die angeborenen Verhaltensweisen die Grundlage für viele neue aggressive Verhaltensweisen
bilden, wobei der jeweilige Entwicklungsstand bestimmt, welche Aggressionsformen möglich sind. So kann z. B. mit der Entwicklung der
Sprache aus dem Schreien ein Anschreien und Beschimpfen werden.
Und mit der Entwicklung des problemlösenden Denkens können «raffinierte» Aggressionsformen ausgedacht werden.

Die Rolle des Lernens darf also nicht so gesehen werden, «daß sich
aggressives Verhalten zunächst einmal überall entwickelt und erst sekundär sozialisiert wird», wie EIBL-EIBESFELDT (1973, S. 98) zugunsten der
Triebtheorie argumentiert. Sicherlich lernt das Kind im Sozialisationsprozeß, urtümliches affektiv-ungestümes Verhalten (soll man es schon
aggressiv nennen?) allmählich zu kontrollieren (sowie später auch, echte
aggressive Tendenzen zu hemmen). Aber das Lernen geht viel weiter, als
lediglich angeborene Verhaltensmuster im Zaume zu halten. Sie werden
durch Lernen auch fortentwickelt.

In diesem Zusammenhang sei noch einmal darauf hingewiesen, daß
zwischen der Frustrations-Aggressions-Theorie und der Lerntheorie Beziehungen bestehen. Frustrationen sind ein wichtiger Auslöser von Aggression. Aber ob jemand auf eine Frustration tatsächlich aggressiv
reagiert oder aber konstruktiv oder resigniert, ist weitgehend vom Lernen abhängig. Allerdings muß konstruktives Verhalten in der Sozialisation stärker «von Grund auf» und mit mehr «Anstrengung» und Aufwand gelernt werden, während Aggression von sehr elementaren Reaktionen ausgeht und sich durch Lernprozesse leicht stabilisieren und in
seinen Formen weiterentwickeln läßt.

Noch deutlicher wird die aggressionsschaffende Rolle des Lernens bei
den zahlreichen Aggressionsformen, die auf Imitation, Denkleistungen
und teilweise regelrechtem Training beruhen (man denke an Wehr-
dienst, Polizeiausbildung, kriminelle «Schulung», Sport, politische Rhe-
torik).

Zusammengefaßt läßt sich über die Bedeutung des Lernens sagen:
«Der Mensch ist mit neurophysiologischen Mechanismen ausgestattet,

die es ihm ermöglichen, sich aggressiv zu verhalten, aber die Aktivierung dieser Mechanismen ist von Reizungen abhängig und unterliegt kortikaler Kontrolle*. Daher werden die Häufigkeit, mit der aggressives Verhalten gezeigt wird, die besonderen Formen, die es annimmt, die Situationen, in denen es sich ausdrückt, und die Ziele, die für den Angriff gewählt werden, maßgeblich von sozialen Erfahrungen bestimmt» (BANDURA 1969, S. 378; Übers. d. Verf.).

Kapitel 7
Aggressionstheorien und Arten der Aggression

Aggression gibt es in ungemein vielfältigen körperlichen und sprachlichen Erscheinungsformen. Vom Schimpfen bis zum Verhöhnen, vom Schlagen bis zum Pistolenschuß, vom Beinstellen bis zum Bombenwerfen, von gereizter Patzigkeit bis zum «Links-liegen-Lassen». In den zahlreichen Varianten von Gewalt ist sie meist besonders auffällig und schwerwiegend. Doch selbst Verhaltensweisen wie absichtliches Mißverstehen des anderen durch das Allzuwörtlichnehmen seiner Aussage, ja sogar übermäßige Bescheidenheit, die Rücksicht fordern oder dem anderen ein schlechtes Gewissen verursachen will, können Formen von Aggression sein (vgl. MANDEL/MANDEL u. a. 1971, S. 153). In vielen Fällen ist es auch zweifelhaft, ob man ein Verhalten aggressiv nennen soll oder nicht; die Grenze ist nicht scharf (vgl. Kapitel 3).

Die *verschiedenen Theorien* versuchen zu erklären, wie aggressives Verhalten zustande kommt; wir nennen sie kurz Aggressionstheorien. Aber bei der Beschäftigung mit diesen Theorien kann man sich zuweilen die Frage stellen, ob sie eigentlich alle «dieselbe» Aggression meinen. Wir sprechen zwar von «der» Aggression, und die verschiedenen Verhaltensformen haben ja auch ihr gemeinsames Merkmal in der beabsichtigten Schädigung. Dennoch: Täuscht nicht der gemeinsame Name ein einheitlicheres Phänomen vor, als der Realität gerecht wird? Ist die Wut über den verlorenen Groschen «dieselbe» Aggression wie die Rivalenkämpfe der Hirsche? Ist das Vergiften des reichen Erbonkels dasselbe wie die Rache für den Tod eines Stammesgenossen? Ist der in Notwehr abgegebene Schuß dem Spottgedicht eines Kritikers vergleichbar? Ist

---

* der Kontrolle der Großhirnrinde

das Quälen von wehrlosen Menschen oder Tieren dieselbe Aggression wie das Ausklinken der Bombe durch den Piloten?

Daß hier Unterschiede bestehen, drängt sich geradezu auf. Dabei kommt es weniger auf die äußere Erscheinungsform an als vielmehr auf die *Motivation* zur Aggression. Darauf vor allem beziehen sich auch die verschiedenen, in Kapitel 4–6 dargestellten Aggressionstheorien. Die Frage liegt nahe, ob die Theorien nicht jeweils vornehmlich bestimmte Arten von Aggression erklären.

Das Konzept einer spontanen Aggressionsquelle im Organismus wie es die *Triebtheorie* vertritt, bietet sich für eine Reihe von Verhaltensformen an, die man als *instinktive Aggression* zusammenfassen könnte (vgl. auch FÜRNTRATT 1972). Dazu könnte man Beute-Aggression auf der einen Seite, innerartliche Aggressionen wie Rivalenkämpfe, Revierverteidigung auf der anderen Seite zählen, soweit eine von Zeit zu Zeit auftretende «innere Stimmung» dazu drängt und – auf bestimmte Schlüsselreize hin – sich in angeborenen, festgelegten Verhaltensabläufen äußert. Phänomene dieser Art sind bei verschiedenen Tierarten nachzuweisen (vgl. z. B. LORENZ 1963). Beim Menschen scheint diese Art von Aggression hingegen keine Rolle zu spielen.

Die *Frustrations-Aggressions-Hypothese* läßt sich zwanglos zur Erklärung von Aggressionen heranziehen, die Ausdruck von Ärger/Wut/Zorn, eventuell Angst sind (zusätzlich können über das *Signallernen* weitere Reize – Worte, Personen, Gesten, Gegenstände – zu Auslösern aggressiver Gefühle werden). Die Frustrations-Aggressions-Hypothese eignet sich hingegen nicht zur Erklärung von «kalter», berechnender Aggression, die nur als Mittel zum Zweck eingesetzt wird. Für diese wiederum bietet sich das Prinzip des *Lernens am Erfolg* (instrumentelle Konditionierung, Bekräftigungslernen) an. Das *Lernen am Modell* (Beobachtungslernen, Imitationslernen) scheint demgegenüber in beiden Fällen von Bedeutung zu sein: Man kann dadurch sowohl lernen, in bestimmten Situationen Ärgeraffekte zu entwickeln und wütend zu werden, als auch, Aggression etwa als Mittel zur Durchsetzung anzusehen. Diese beiden Fälle entsprechen einer Unterscheidung, die – wenn auch mit wechselnden Bezeichnungen – von verschiedenen Autoren gemacht wird (z. B. BUSS 1961, 1972; BERKOWITZ 1962; FESHBACH 1964; MICHAELIS 1976): Aggression aus Ärger (in weitem Sinne) gegenüber instrumenteller Aggression.

Die *Ärger-Aggression* ist expressiv, das heißt, sie drückt den aggressiven Affekt aus, wobei dies im wesentlichen in zwei grob unterscheidbaren Unterformen geschehen kann. Es kann einmal eine mehr oder minder ungerichtete Unmutsäußerung sein (laut werden, Schimpfworte ausstoßen, mit der Faust auf den Tisch schlagen). Unmutsäußerungen dieser Art können zwar, müssen aber nicht unbedingt auf die Schädigung (Herabsetzung, Einschüchterung) eines anderen gerichtet sein; sie können sogar in Alleinsituationen auftreten, bei denen eine andere Person nicht einmal mitgedacht wird (z. B. wenn man eine Tür nicht aufbekommt). Aus diesem Grunde spricht FÜRNTRATT (1974, S. 290) in solchen Fällen bloßer affektiver Überaktivierung auch von «Pseudo-Aggression». Ohne eine scharfe Grenze läßt sich als zweiter Typ der Ärger-Aggression die Vergeltung danebenstellen. Zu dieser äußerst wichtigen und problematischen Aggressionshandlung gehört das «Heimzahlen» und Sich-Rächen, also die gezielte Gegenaggression gegen den Provokateur als Ausdruck der feindseligen Gefühle. Schädigung und Leidzufügung sind insofern Selbstzweck, als sie keinen anderen Nutzen haben, als die Verletzung «auszugleichen» und damit das Gefühl der eigenen Stärke wiederherzustellen.

Ärger-Aggression ist reaktiv, das heißt, sie ist eine Reaktion auf einen auslösenden Reiz beziehungsweise auf ein vorangehendes Ereignis:

Demgegenüber wird *instrumentelle Aggression* von den nachfolgenden Ereignissen, das heißt von den Effekten (Konsequenzen) bestimmt; sie ist nicht reaktiv, sondern geht vom Handelnden aus, ist «operant» (SKINNER). Dabei ist die Schädigung nur ein Mittel für «außeraggressive» Ziele (Effekte): für Durchsetzung (wie Erlangung von Besitz, Gehorsam), für Beachtung (Aufmerksamkeitszuwendung, Anerkennung) und für Abwehr (Verteidigung gegen Angriffe oder Zwang).

Auf der Seite der Ärger-Aggression hätten wir z. B. die Beschimpfung eines Schiedsrichters nach einer «ungerechten» Entscheidung oder den Totschlag im Eifersuchtsaffekt. Auf der instrumentellen Seite stände z. B. die eigennützige Erpressung oder der Mord auf Bestellung. Diese idealtypischen Beispiele dürfen jedoch nicht die Tatsache verdecken, daß in sehr vielen Fällen eine aggressive Handlung nicht eindeutig dem einen oder anderen Typ zuzuordnen ist, vielmehr eine *Mischform* ist.

Nehmen wir den häufigen Fall, daß jemand eine bestimmte Absicht verwirklichen möchte und dabei auf Widerstand stößt: Er ist ärgerlich auf Grund des Widerstandes (Frustration) *und* er setzt sich durch (beseitigt die Frustration), wenn er aggressiv wird (instrumentelle Aggression). Beide Aspekte – der frustrationsbedingte Ärger und der instrumentelle Erfolgswert der Aggression – sind also enthalten. Es ist zweifellos ein besonderes Verdienst der Lerntheorie, entdeckt zu haben, daß weit mehr Aggressionen instrumentelle Aspekte haben, als man bei der Auffällig-

Aggressionstheorien und Arten der Aggression 91

keit des Ärgeraffektes auf den ersten Blick erkennen kann.

Ein weiteres Beispiel für diese Verquickung: Militärische Aggression ist meist instrumentell (Erlangung von Macht, Territorien, Schutz des Landes). Es fällt jedoch auf, wie gerne die vorbereitende oder begleitende Propaganda Zorn und Haß auf den Gegner zu erzeugen versucht. Der Affekt soll hier eine «an sich», das heißt politisch gesehen, instrumentelle Aggression aktivieren. Soweit der Soldat «gute» Ziele in seinem Kampf sieht, kann dabei neben Zorn- und Haßaffekten auch so etwas wie Begeisterung mitspielen. Für die kriegführenden Politiker kann die Aggression eventuell auf den rein instrumentellen, «berechnenden» Charakter beschränkt sein.

Das Ordnungsschema (S. 92) versucht, typische Fälle der genannten Aggressionsarten zusammenzufassen und auch die Überschneidungen mit zu berücksichtigen. Alle Aggressionen, die ein Ziel haben, das über die Schädigung des anderen hinausgeht, sind als instrumentell eingeordnet, ganz gleich, ob eine starke emotionale Aktivierung vorliegt oder ob die Verteidigung oder Gewinnerlangung kühl geplant und durchgeführt werden. Danach wäre auch eine Vergeltungsaktion instrumentell, wenn sie als Abschreckung dienen soll und keine «reine» Rache ist. «Kühl» bedeutet übrigens nicht, daß die Aggression keine emotionale Grundlage hat (Gefühl der Bedrohung, Überlegenheitswunsch), sondern daß die akute Erregung fehlt. Hier gibt es natürlich fließende Übergänge.

Hinzuweisen ist noch einmal darauf, daß der Ausdruck «Ärger»-Aggression sehr weit gefaßt ist. Hier soll das Wort als Oberbegriff für alle ärgernahen Affekte verwendet werden (Zorn, Groll, Wut, Haß, Ressentiment und auch Angst). In dem Schema sind unter dem Stichwort «affektive Aktivierung» einige Differenzierungen vorgenommen worden. Zur Vergeltung ist anzumerken, daß sie nicht unbedingt aus dem akuten Affekt erfolgen muß, sondern auch eine aufgeschobene, von langgehegtem Haß («eingefrorenem» Ärger) getragene Reaktion sein kann. (Für eine eingehende Analyse von instrumenteller und Ärger-Aggression siehe MICHAELIS 1976.)

Nicht einzuordnen in die zwei Grundtypen ist die *verselbständigte Aggression.* Sie hat, wie die Ärger-Aggression, kein instrumentelles Ziel im Sinne von Vorteilen oder Schutz, sondern ist Selbstzweck. Anders als diese tritt sie jedoch nicht reaktiv als Folge von Frustrationen, sondern mehr oder minder spontan auf, ist «gesuchte» Aggression. Wenn man annimmt, daß Personen, die aggressive Auseinandersetzungen suchen oder gar sadistisch quälende Handlungen begehen, auf ein Gefühl von Stärke (Macht), möglicherweise auf Leistungsbestätigung oder auf Nervenkitzel aus sind, so kann man darin zwar auch einen instrumentellen Wert der Aggression sehen; dennoch handelt es sich hier deutlich um etwas anderes als bei der üblichen instrumentellen Aggression. Der Sadist etwa sucht den Schmerz des Opfers; ohne ihn bekommt er nicht

92 Erklärung zur Entstehung von aggressivem Verhalten

Arten und Unterformen der Aggression (Ordnungsschema)

		Affektive Aktivierung	Äußeres Ziel
Ärger-Aggression	Unmuts-äußerung	Ärger	Ungerichtet oder Schädigung im weiteren Sinne
	Vergeltung	Ärger, Groll, Haß; Bedürfnis nach «Ausgleich», Überlegenheit (Selbstbestätigung)	Schädigung
Instrumentelle Aggression	Bemühen um Durchsetzung, Beachtung (Mischform)	Bedürfnis nach solchen Vorteilen + Ärger	Gewinn, Vorteile
	Abwehr (Mischform)	Schutzbedürfnis + Ärger, Angst, «Kampfstimmung»	Schutz
	Bemühen um Durchsetzung, Beachtung	Bedürfnis nach solchen Vorteilen («kühl»)	Gewinn, Vorteile
	Abwehr	Schutzbedürfnis («kühl»)	Schutz
Verselbständigte Aggression	«Streitsuchen» im weiteren Sinne	Möglich: Bedürfnis nach Stärke/Macht, Leistung (Selbstbestätigung)	Schädigung
	Sadistische Handlungen	Erlebnishunger	

die gesuchte Befriedigung (hierin ähnlich der Vergeltung). Verselbständigte Aggression braucht also die Aggression selbst, während der echt instrumentell Aggressive auf die Schädigung des anderen verzichten würde, wenn er sein Ziel auch anders erreichen könnte.

Für das Problem der *Aggressionsverminderung* mag es nützlich sein, über die Bedeutsamkeit der verschiedenen Aggressionsarten nachzudenken. Vermutlich ist FÜRNTRATT (1972) recht zu geben, der die instrumentelle Aggression als das «eigentliche Problem» bezeichnet; nach Häufigkeit und Schweregrad ist sie das im ganzen gesehen wohl. Daneben verdient aber auch die Vergeltung als Form der Ärger-Aggression besondere Beachtung. Es gibt unzählige aggressive Handlungen – von einer relativ harmlosen «Retourkutsche» bis zu verheerenden Racheakten –, die keinen anderen Sinn haben, als es dem anderen «heimzuzahlen».

Kapitel 8
Aggressionshemmungen

Jedermann hat wohl schon erfahren, daß er einem anderen gerne «mal kräftig die Meinung gesagt» hätte und – daß er es dann doch nicht tat. In solchen Fällen, in denen eine Aggressionstendenz vorliegt, die Handlung jedoch nicht ausgeführt wird, sprechen wir von einer Aggressionshemmung. Um der begrifflichen Klarheit willen sollte der Ausdruck «Hemmung» nicht gebraucht werden, wenn jemand sich friedlich verhält, weil er gar kein Aggressionsbedürfnis hat.

Während einerseits schon recht harmlose Aggressionen wie Schimpfen gehemmt werden können, gibt es andererseits unzählige Belege dafür, daß auch schwerste Aggressionen ohne Hemmungen ausgeführt werden können. Als Beispiel die Aussage eines amerikanischen Soldaten (aus MANTELL 1972, S. 295): «Ich hatte nicht geplant, irgend jemanden zu töten oder irgend so was. Ich hab keine Bedenken oder nichts. Das ist 'ne unpersönliche Sache. Da gibt's nichts dabei. Nichts Persönliches dabei (. . .). Man hat kein Gefühl für diese Leute. Ich hab kein Gefühl für sie oder irgendwas. Äh – man muß keinen Haß für den Mann empfinden oder irgend so was. Und man tut nur einfach das, wofür man trainiert wurde, was von einem erwartet wird.»

Wodurch kommen Aggressionshemmungen zustande? Und wodurch

94 Erklärung zur Entstehung von aggressivem Verhalten

ihr Versagen? Im wesentlichen lassen sich drei Arten der Hemmung unterscheiden:

o leid-induzierte Hemmung,
o Angst vor Bestrafung,
o Einstellung gegen Aggression (moralische Hemmung).

Zwischen den Typen gibt es Übergänge.

Die Hemmungen sollen jetzt im einzelnen besprochen werden, da sie für die Frage der Aggressionsbewältigung von unmittelbarer Bedeutung sind.

1. Leid-induzierte Hemmung

Bei verschiedenen Tierarten läßt sich beobachten, daß sie Kämpfe untereinander (das heißt mit Artgenossen) beenden, wenn sie für das unterlegene Tier gefährlich werden. Lorenz (1963) spricht hier von «moralanalogen Verhaltensweisen». Ein bekanntes Beispiel sind die Demutsgebärden von Wölfen und Hunden, durch die der Stärkere veranlaßt wird, gegenüber dem Besiegten «Gnade» walten zu lassen: Der Artgenosse, der sich in der «hoffnungslosen Situation» befindet, legt sich auf den Rücken und bietet dem Sieger seine Kehle dar – also seine empfindlichste Stelle –, worauf der Sieger den Angriff beendet. Die Demutsgebärde des besiegten Tieres löst beim Überlegenen eine Tötungshemmung aus.

Lorenz meint, daß auch der Mensch eine Reihe natürlicher Hemmungen besäße, die jedoch durch die heutigen Waffen – insbesondere die Fernwaffen – außer Kraft gesetzt würden. So wirke es aggressionshemmend, wenn man Schmerz und Qual des Opfers mit ansehe: «Kein Mensch würde auch nur auf die Hasenjagd gehen, müßte er das Wild mit Zähnen und Fingernägeln töten» (Lorenz, S. 362). Im direkten Kampf zwischen Menschen könnten also die instinktiven Hemmungen wirksam werden, nicht aber, wenn die Entfernung zwischen Aggressor und Opfer so groß sei, wie das z. B. für einen Bomber-Piloten der Fall ist.

In Übereinstimmung mit dieser Annahme fand man in einer Reihe von Experimenten, daß durch Schmerzäußerungen des Opfers (Schreien, Wimmern, Stöhnen) aggressives Verhalten vermindert werden kann (Buss 1966a, b; Baron 1971a); je geringer die räumliche Nähe zum Opfer, um so stärker scheint die Hemmung zu sein (Milgram 1966, 1974). Allerdings handelt es sich hier keineswegs um eine «sicher funktionierende» Hemmung und es ist nicht geklärt, wie weit es eine angeboren-instinktive Erscheinung ist.

Die inzwischen berühmt gewordenen Milgram-Experimente seien kurz skizziert, da sie nicht nur für die Frage der leid-induzierten Hemmung von Bedeutung sind, sondern generell für die Frage, unter welchen

Aggressionshemmungen 95

Bedingungen Menschen ihre Aggressionshemmungen überwinden und einer Aufforderung zu einer schweren Aggression Folge leisten. Die zahlreichen Variationen des Experiments sind bei MILGRAM (1974) dargestellt. In Deutschland führte MANTELL (1971) Versuche dieser Art durch.

In diesen Experimenten ging es angeblich um die wissenschaftliche Erforschung der Wirkung von Strafe auf das Lernen. Es nahmen jeweils zwei Personen teil, von denen eine zum «Lehrer», die andere zum «Schüler» bestimmt wurde. Der «Schüler» war in Wirklichkeit ein Helfer des Versuchsleiters und machte beim Auswendiglernen (programmgemäß) Fehler. Der «Lehrer» war eine echte, ahnungslose Versuchsperson und hatte die Aufgabe, den «Schüler» für Fehler mit Elektroschocks zu bestrafen. Dazu stand ihm ein eindrucksvoller Schockgenerator mit 30 verschiedenen Voltstärken von 15 Volt (Aufschrift: «Leichter Schock») bis 450 Volt («Bedrohlicher Schock») zur Verfügung. Mit zunehmenden Fehlern sollte der «Lehrer» die Schockstärke erhöhen, wobei der Versuchsleiter ihn mehr oder minder nachdrücklich aufforderte, bis zum Ende der Voltskala weiterzumachen. (Natürlich waren die Schocks und ihre Wirkungen nur simuliert, was die Versuchsperson jedoch nicht merken konnte.)

Die Ergebnisse (MILGRAM 1974, S. 39, S. 48ff):

o Wenn der «Schüler», in einem Nebenraum sitzend, nicht zu sehen und zu hören war, machten fast alle Versuchspersonen bis zur höchsten Stufe weiter (trotz der bedrohlichen Aufschrift).

o Wenn bei 300 Volt das Opfer vom Nebenraum aus protestierend gegen die Laborwände hämmerte und ab 315 Volt keinen Ton mehr von sich gab, gingen 65 % bis zur Höchststärke.

o Wenn die Proteste genau zu hören waren, taten es 62,5 %.

o Wenn das Opfer ein paar Meter entfernt im gleichen Raum saß und also in seinem Schmerz zu hören und zu sehen war, erteilten 40 % alle Schocks.

o 30 % taten es, wenn sie das Opfer sogar berühren (die Hand auf die Schockplatte drücken) mußten.

Je unmittelbarer und eindringlicher die Schmerzäußerungen waren, um so weniger Versuchspersonen gingen also bis ans Ende der Voltskala. Die Nähe verstärkte mithin die Hemmungen. Grundsätzlich waren sie aber fast immer vorhanden. Auch bei den Versuchspersonen, die ihren «Schüler» bis zum äußersten quälten, war an ihrem Verhalten deutlich zu sehen, daß sie ihrem Auftrag nur mit großem Widerstreben nachkamen. Jedoch: Selbst bei Berührungsnähe gingen noch alle Versuchspersonen in den Bereich schmerzvoller Schocks (durchschnittlich 270 Volt). Und daß überhaupt so wenige sich weigerten, ihre irrsinnige Aufgabe zu erfüllen, zeigt, daß die Hemmungen nur eine ziemlich begrenzte Wirkung hatten.

96 Erklärung zur Entstehung von aggressivem Verhalten

Abgesehen von der Wirkungsstärke sind auch einige grundsätzliche Einschränkungen der leid-induzierten Hemmung zu beachten. In den Experimenten handelte es sich um eine instruktionsgemäße, instrumentelle Aggression. Hemmungen durch Schmerzäußerungen sind dagegen kaum zu erwarten, wenn der Aggressor sich z. B. in einem ernsthaften Kampf befindet, in dem er für seine eigene Rettung das Opfer besiegen muß. Auch im Falle eines weniger dramatischen Ärgers liegen die Dinge anders. Wenngleich auch hier hemmende Effekte vorkommen können (BARON 1971 a), wird doch häufig das Leiden des Provokateurs geradezu gegenteilig, nämlich als befriedigend beziehungsweise bekräftigend empfunden (vgl. BUSS 1972; FESHBACH u. a. 1967). Dasselbe gilt auch für sadistische und andere spontane Aggressionen (vgl. S. 74 ff).

Insgesamt werfen die genannten Einschränkungen die Frage auf, wieweit Hemmungen durch Schmerzäußerungen beim Menschen wirklich instinktiver Natur sind, also zu seiner angeborenen Ausstattung gehören. Zumindest teilweise dürften sie sich deshalb entwickeln, weil man gelernt hat, daß «man anderen nicht weh tun darf», also durch Bestrafungen und moralische Belehrungen. Auch direkte Bestrafungen durch das «Zurückschlagen» des angegriffenen Opfers könnten eine Rolle spielen (auch für die Bedeutung der räumlichen Nähe). Lernanteile werden auch durch die individuellen und interkulturellen Unterschiede nahegelegt, sowie durch die Abhängigkeit von der Person des Opfers, wenn z. B. die Hemmungen gegenüber Frauen größer sind als gegenüber Männern (BUSS 1966 a).

2. Angst vor Bestrafung

In vielen Situationen verhalten wir uns nicht aggressiv, weil wir unangenehme Konsequenzen fürchten: gegenüber Vorgesetzten, gegenüber Stärkeren oder in sittsamer Gesellschaft. Die erwartete Bestrafung – Tadel, Entlassung, Schläge oder böse Blicke – hemmt aggressives Verhalten. Dies gilt sowohl für Kinder wie für Erwachsene. Man denke auch an das «Gleichgewicht des Schreckens» im militärischen Bereich.

Empirische Untersuchungen zu dieser Frage erfaßten z. B. die Wirkung von Tadel (CHASDI/LAWRENCE 1951, BARON 1972), von materiellen Strafen (z. B. TYLER/BROWN 1967), von Gegenschlägen (BARON 1971 b) oder einem höheren Sozialstatus des anderen (z. B. COHEN, zit. n. BERKOWITZ 1962).

Soweit hier die Dauerhaftigkeit mit untersucht wurde, zeigte sich durchweg, was für Bestrafung allgemein (nicht nur hinsichtlich Aggression) immer wieder gefunden wurde: Aggressionshemmung aus Furcht vor Strafe ist situationsspezifisch. Sie löscht aggressives Verhalten nicht generell, sondern unterdrückt es nur dort, wo Bestrafung erwartet wird.

Aggressionshemmungen 97

So zeigte sich in der Untersuchung von CHASDI & LAWRENCE (1951), in der es um Aggressionen von Kindern im Puppenspiel ging, daß zwar Tadel des Erwachsenen für aggressives Spiel zu einer Abnahme der Aggression führte, daß jedoch später, als die Kinder nicht mehr getadelt wurden, Aggressionen wieder deutlich zunahmen. Auf derselben Linie liegt die Erscheinung, daß manche Kinder zu Hause aggressives Verhalten meiden (weil es bestraft wird), während sie außerhalb der Familie sehr aggressiv sind (BANDURA/WALTERS 1959; ERON/WALDER/TOIGO/LEFKOWITZ 1963). Ebenso kann die Hemmung aus Angst vor Bestrafung vermindert werden, wenn die Aggression in einem Kollektiv begangen wird, das ein Gefühl von Anonymität vermittelt.

Unter bestimmten Umständen mag jedoch insofern ein generalisierter Effekt der Bestrafung möglich sein, als sehr «massive» Einwirkungen zu einer allgemeinen «Gehemmtheit» führen können, die dann aber nicht auf aggressives Verhalten beschränkt ist (vgl. auch die Wirkung von Frustrationen, S. 53 f).

Insgesamt gesehen ist jedoch von einer Bestrafung aggressiver Handlungen kein breiter und dauerhafter Hemmungseffekt zu erwarten, genauer gesagt: «von Bestrafung und nichts weiter» (FÜRNTRATT 1974, S. 388). Denn in Zusammenhang mit anderen Maßnahmen (Nichtbekräftigung im Sinne von Erfolglosigkeit, Bekräftigung erwünschten Verhaltens usw.) können Bestrafungen – vorzugsweise in nichtaggressiver Form (wegen des Modelleffektes) – durchaus ihren Stellenwert haben. Die Verhaltenstherapie macht Gebrauch davon (genauer in Kapitel 15).

Des weiteren haben Bestrafungen eher eine dauerhafte Wirkung, wenn sie nicht bereits erworbene aggressive Gewohnheiten abbauen, sondern sie von vornherein verhindern sollen, wenn also die Bestrafungen «von Anfang an» erteilt werden (FÜRNTRATT 1974, S. 387). So zeigen unter anderem die Längsschnittuntersuchungen von KAGAN & MOSS (1962), daß eine restriktive Erziehung in den ersten 3 Lebensjahren von nachhaltigerem Einfluß ist als in späteren Entwicklungsabschnitten. Man sollte dennoch die Rolle der Frühzeitigkeit allein nicht überbewerten. Denn, wie erwähnt, zeigen andererseits viele Untersuchungen höhere Aggression von Kindern und Jugendlichen aus einem strafenden Milieu (vgl. S. 64). Entscheidend ist offenbar, in welcher Gesamtkonstellation von aggressionsfördernden und -erschwerenden Einflüssen (z. B. aggressive Bestrafungsform als Modell, Ermunterungen, oder positive Modelle, Erfolglosigkeit) die Bestrafung steht.

3. Einstellung gegen Aggression (moralische Hemmung)

Fast alle Menschen in unserer Gesellschaft sind, wenn man sie fragt, für Frieden. Allerdings gibt es weit weniger Menschen, die streng jede Form

98 Erklärung zur Entstehung von aggressivem Verhalten

von Gewalt ablehnen – auch für sich selbst. Ein Beispiel dafür sind etwa die Quäker.

Es handelt sich hier um die Frage moralischer Bewertungen, der Einstellung gegenüber aggressiven Handlungen. Während man gegenüber stärkeren Personen aus Angst vor Bestrafung Aggressionen unterlassen mag, ist dies gegenüber Schwächeren das Ergebnis einer moralischen oder sozialen Bewertung. Nicht die Reaktion des anderen ist der Hemmungsfaktor, sondern die eigene Reaktion, die *Selbstbewertung* (vgl. S. 72f): Die Verletzung eigener Wertmaßstäbe führt zu Schuldgefühlen, zum «schlechten Gewissen».

Solche Hemmungen werden im Verlaufe des Sozialisierungsprozesses gelernt. Dabei spielen sicherlich auch Bestrafungen (und zwar «von Anfang an») eine Rolle. Da jedoch die Maßstäbe der Umwelt *internalisiert** (verinnerlicht) werden, wirken sie auch dann fort, wenn keine bestrafende Person gegenwärtig ist. Dies kann geschehen, wenn außer Bestrafung – vornehmlich in wenig aggressiven Formen wie Mißbilligung oder Enttäuschung-zeigen – auch positive Vorbilder, Bekräftigung friedlichen Verhaltens und rationale Argumentation zu den gewissensbildenden Einflüssen gehören (vgl. z. B. SEARS u. a. 1957, BANDURA/WALTERS 1959, MANTELL 1972).

Wenn moralische Hemmungen nicht situationsspezifisch sind in dem Sinne, daß eine Bestrafung erwartet werden muß, so sind solche Einstellungen doch in der Regel inhaltsspezifisch, das heißt an bestimmte Situationsmerkmale gebunden. Einige Beispiele: Man schlägt keinen schutzlosen Menschen, man verhält sich weniger aggressiv gegenüber weiblichen als gegenüber männlichen Personen, man ist leichter aggressiv gegen Bösewichte als gegen Wohltäter, man greift nicht als erster an, darf sich aber verteidigen.

Dies bedeutet nun, daß die moralischen Hemmungen nur wachgerufen werden, wenn der Betreffende erkennt, daß entsprechende Situationen vorliegen. So zeigte sich, daß aggressives Verhalten eines Menschen milder beurteilt wird, wenn man erfährt, daß der Aggressive seelisch gestört sei (JONES u. a., zit. n. BERKOWITZ 1962). Oder: ein Gesprächsteilnehmer, der durch seine Fragen und Beiträge die Diskussion erheblich behindert, wird in offener wie geheimer Beurteilung als Gruppenmitglied weniger zurückgewiesen, wenn sein Verhalten auf Schwerhörigkeit zu beruhen scheint (BURNSTEIN/WORCHEL 1962). Fehlen solche Informationen, bleiben die entsprechenden Hemmungen aus.

Daß die Situation als relevant für die moralischen Hemmungen aufgefaßt werden muß, klingt zwar äußerst trivial, ist aber der entscheidende

---

* Der Begriff ist nur eine Beschreibung, keine Erklärung. Die Frage, wie die Internalisierung vor sich geht, soll hier jedoch nicht diskutiert werden (s. dazu z. B. HARTIG 1973).

Angelpunkt, durch den die Hemmungen leicht wirksam gemacht und vor allem auch *außer Kraft gesetzt* werden können. Letzteres geschieht, indem man einem Menschen klarmacht – oder er sich selbst klarmacht –, daß in der betreffenden Situation Hemmungen nicht angebracht sind: Der Krieg sei ein gerechter Krieg, die harte Bestrafung sei eine wohlmeinende Erziehungsmaßnahme (und nicht ein Ausdruck von Ärger), der andere Mensch sei ein übler Schurke (und nicht ein armer, gestörter Tropf), die eigene Aggression sei nur Gegengewalt. HACKER (1971) hat sich mit den «Rechtfertigungen am laufenden Band» ausgiebig auseinandergesetzt. So sagt er etwa über Gewalt in der Politik: «Sie fühlen sich legitimiert, die Tyrannen und Herrscher, die Partisanen und Revolutionäre, sie alle dienen einem höheren Zweck, nur einem jeweils anderen: der legitimen Durchsetzung des Herrschaftsanspruches eines Herrenvolkes, der Befreiung des Vaterlandes, der Verhinderung weiterer unsinniger Greueltaten, der Demokratisierung und endgültigen Herstellung des Friedens und der Bekräftigung, daß derartiges in Hinkunft nicht mehr möglich sein solle.» (S. 37). Und so lassen sich auch für die allerübelsten Massaker, ob in Lidice, in My Lai oder anderswo, irgendwelche Entschuldigungen vorbringen.

In den genannten Beispielen wird die anti-aggressive Einstellung durch Gegenargumente inhaltlich entwertet beziehungsweise die Handlung beschönigt, bagatellisiert oder gar gepriesen:

○ Man stellt die Aggression in den Dienst höhere Ziele («heiliger Krieg», «Erziehung zu einem anständigen Menschen»).
○ Man beschuldigt das Opfer («Gegengewalt», «gerechte Strafe»).
  Diese Rechtfertigungen sind wohl am häufigsten; weitere sind:
○ Man bestreitet dem Opfer seinen menschlichen Wert («dehumanization», BANDURA 1973) («Untermenschen», «Ungeziefer»).
○ Man bagatellisiert die Konsequenzen («Eine Tracht Prügel hat noch niemandem geschadet»).
○ Bei großer Verlegenheit kann man auch die Methode des vorteilhaften Vergleichs wählen, indem man auf noch größere und schlimmere Untaten anderer verweist.

In anderen Fällen wird nicht die Tat als solche verteidigt, sondern die Verantwortung dafür bestritten und die Selbstverurteilung auf diese Weise vermieden:

○ Die Verantwortung wird anderen Personen zugewiesen.
○ Die Verantwortung wird so breit verteilt, daß keiner wirklich welche trägt, sondern nur «die Gruppe» oder ein «Apparat».

Daß anti-aggressive Bewertungen ihre Wirkung verlieren können, wenn andere Personen als übergeordnete Bewertungsinstanz gesehen werden, zeigen Alltagserfahrungen sowie einige eingehendere psychologische Studien. In einer Untersuchung von SIEGEL & KOHN (1959) zeigten Kinder zunehmend mehr Aggressionen im Spiel, wenn ein Er-

100   Erklärung zur Entstehung von aggressivem Verhalten

wachsener gewährenlassend daneben stand, während beim Spiel ohne
Erwachsene sogar eine Abnahme eintrat. Die Autoren nehmen an, daß
der permissive Erwachsene bei den Kindern den Eindruck erweckt, hier
dürfte man *doch* – das heißt entgegen sonst gültigen Normen – aggressiv
sein, beziehungsweise daß sich das Kind am Erwachsenen statt am eigenen «Gewissen» orientiert. Entsprechendes kann auch bei Erwachsenen vorkommen, wenn «Orientierungspersonen» wie persöhnliche Vorbilder, Gruppenleiter, politische Führer aggressive Handlungen kom-
mentarlos dulden.

Ein besonders schwieriges Problem ist es natürlich, wenn von solchen
Personen die Aggression sogar gewünscht oder gefordert wird. Auch
hier können Hemmungen entkräftet werden. Entweder weil man jetzt
die Situation anders sieht; denn der «Verantwortliche» muß es ja «wissen» (daß es sich in diesem Fall um erlaubte Aggression handelt). Oder
weil man sich ihm gegenüber zum Gehorsam verpflichtet fühlt. Aggression auf Anordnung oder Befehl, etwa im Krieg, ist hierfür ein klassi-
sches Beispiel.

MILGRAM (1974) hat in seinen Experimenten eine solche Situation
nachzustellen versucht (vgl. S. 94). Anders als im Krieg lag hier aber
weder ein Befehlsnotstand vor noch eine Bedrohung durch einen Feind.
Es gab nur die Autorität des Wissenschaftlers. In einer Umfrage vor dem
Experiment hatten Psychologen genauso wie andere Personen vorausge-
sagt, daß die Versuchspersonen zu 100 % den Gehorsam (Ausführung
bis zur Höchststufe 30) verweigern würden und durchschnittlich nur
Stufe 9 (135 Volt) erreicht würde. Wie berichtet, waren die Ergebnisse
ganz anders: Schalterbeamte, Lehrer, Ingenieure, Arbeiter, «ganz ge-
wöhnliche Menschen, die nur schlicht ihre Aufgabe erfüllen und keinerlei persönliche Feindseligkeit empfinden, können zu Handlungen in
einem grausigen Vernichtungsprozeß veranlaßt werden». Und auch
wenn sie ihr zerstörerisches Tun vor Augen sehen, «verfügen doch nur
vereinzelte Menschen über genügend Standfestigkeit, um der Autorität
wirksam Widerstand entgegenzusetzen» (MILGRAM 1974, S. 22). Um zu
verstehen, wieso das «Gewissen» so machtlos bleiben kann, ist das
Gefühl, nicht selbst verantwortlich zu sein, als ganz wesentlicher Punkt
hervorzuheben. Hinzu kommt das Gefühl, dem Verantwortlichen durch
die eigene Dienststellung oder durch eine Zusage verpflichtet zu sein
(MILGRAM 1974, HOFSTÄTTER 1971). Jedenfalls ist nicht etwa ein Aggressionsbedürfnis als Erklärung heranzuziehen. In den Experimenten gaben
fast alle Versuchspersonen nur sehr schwache Schocks, wenn sie frei
wählen konnten.

Wo die beschriebenen Formen der Selbstentschuldigung – inhaltlich
oder bezüglich der Verantwortung – die Hemmungen nicht auslöschen
können, zumindest nicht das innere Widerstreben, lassen sich diese
Hemmungen nach dem Prinzip der allmählichen Gewöhnung abbauen

Aggressionshemmungen 101

(vgl. BANDURA 1973). BANDURA erwähnt hier, daß im militärischen Training oder bei Erschießungskommandos zuweilen in Form systematischer Steigerung davon Gebrauch gemacht wird (z. B. Umgang mit Waffen, Schießen auf menschliche Figuren, Einüben von Nahkampftechniken).

STAUB (1972) nennt als weiteren Typ von Hemmungen das *Einfühlungsvermögen*. Er belegt durch eine Reihe von Untersuchungen, daß Einfühlung in die Situation eines anderen aggressionsmindernd wirken kann. Fraglich ist jedoch, ob wir es dabei mit einem besonderen Typ von Hemmung zu tun haben. Vielmehr scheint Einfühlungsvermögen eine *Voraussetzung* zu sein für die Wirksamkeit einstellungsbedingter Hemmungen (weil man durch die Einfühlung erkennt, daß Aggression hier ungerechtfertigt ist) oder für leid-induzierte Hemmungen (weil man den Schmerz des anderen mitfühlen kann).

An dieser Stelle wird auch eine mögliche Verquickung leid-induzierter und moralischer Hemmungen deutlich: da, wo der mitgefühlte Schmerz die moralischen Hemmungen auslösen mag. Bei der Diskussion über die Natur der leid-induzierten Hemmung wurde diese Verbindung auch schon angesprochen. Es bleibt jedoch vermutlich sinnvoll, die beiden Typen zu trennen. Denn es ist möglich, daß jemand eine aggressive Handlung für legitim hält und daher keine moralischen Hemmungen hat, aber die Reaktion des Opfers einfach nicht ertragen kann.

Abschließend sei noch kurz erwähnt, daß Hemmungen unter besonderen Umständen auch aggressive Handlungen indirekt begünstigen können. Nach neueren Untersuchungen von MEGARGEE und anderen Autoren (berichtet bei MEGARGEE 1972) haben Gewalttäter zwar, wie zu erwarten, im allgemeinen nur geringe Aggressionshemmungen; doch gibt es daneben auch einen Typ extremer Gewalttäter mit übermäßigen Hemmungen. Solche Menschen vermeiden auch schwächere Formen der Aggression, die sie unter Umständen für ihre Selbstdurchsetzung und Verteidigung benötigen, und können schließlich etwa in so extrem demütigende Situationen geraten, daß sie nun von ihrem Aggressionsdruck (Wut) völlig überwältigt werden.

Kapitel 9
Die Opfer aggressiver Handlungen

Gegen wen werden Aggressionen gerichtet? Nachdem im vorangehenden Kapitel bereits auf Hemmungen gegenüber bestimmten Personen hingewiesen wurde, soll jetzt ausführlicher auf die Frage nach dem Objekt oder Opfer aggressiver Handlungen eingegangen werden.

Bis zu einem gewissen Grade ist es natürlich zufällig, wer das Opfer einer Aggression wird. Man kann zufällig in eine Schlägerei verwickelt oder beraubt werden, und wen die aus dem Flugzeug abgeworfene Bombe trifft, ist nicht kalkulierbar. Allerdings gibt es – genau betrachtet – auch hier schon gewisse Einschränkungen des Zufalls: Bestimmte Orte oder Gebäude werden eher als Bombenziel ausgewählt, und wer in eine Kneipe geht, kann eher in eine Schlägerei verwickelt werden als jemand, der ein Museum besucht. Doch bleibt, daß solche Angriffe in vielen Fällen an sich nicht ganz bestimmten Personen gelten. Verbale Aggressionen wie Beleidigungen, Vorwürfe, Beschimpfungen sind wohl häufiger von vornherein personenbezogen. Aber auch hier haben wir manchmal das Gefühl, daß mehr oder weniger willkürlich der eine oder andere zur Zielscheibe wird. Beispielsweise ahnen Schüler zuweilen, daß der Zorn ihres Lehrers genausogut einen anderen hätte treffen können.

Im folgenden sollen einige nichtzufällige Bedingungen kurz angesprochen werden, die mitbestimmen, wer Aggressionsobjekt wird. Darüber hinaus soll am Problem des Sündenbocks die Frage untersucht werden, ob es zahlreiche Aggressionsopfer nur deshalb gibt – und geben muß –, weil die Menschen ihre aggressiven Impulse irgendwo «ableiten» müssen und eben dafür Sündenböcke brauchen.

1. Art der Aggression und typische Opfer

Das Problem des Aggressionsobjektes ist relativ eindeutig bei *instrumenteller Aggression*. Es wird gegen denjenigen vorgegangen, der die Pläne stört (der Einbrecher schlägt den Pförtner nieder) oder gegen den, den man benötigt, um bestimmte Ziele zu erreichen (bei Erpressung, Geiselnahme, Raub). Selbstverständlich hängt es auch von Zufallsfaktoren ab, welche Personen betroffen sind. Aber manche Personen sind als Opfer «geeigneter» oder anfälliger als andere. So sind z. B. Geldbriefträger, Taxifahrer, Prostituierte, Anhalterinnen einer höheren Gefahr ausgesetzt, beraubt, mißhandelt oder getötet zu werden; und prominente Personen werden eher Opfer eines Attentats oder einer Erpressung. Bei

Die Opfer aggressiver Handlungen   103

rein instrumenteller Aggression muß das Opfer also vor allem nützlich sein, daneben nach Möglichkeit auch ohne großes Risiko angreifbar. – Im einzelnen wird das Problem, wer eher Opfer bestimmter Arten von Verbrechen wird, von der Viktimologie, einem Teilgebiet der Kriminologie, erforscht (s. z. B. SCHNEIDER 1975).

Für *verselbständigte Aggression*, zumindest für Sadismus, ist das wichtigste Kennzeichen vermutlich, daß die Opfer schwach und wehrlos sind. Natürlich gilt dies häufig auch für instrumentelle Aggression, doch muß dort das Opfer vor allem andere «Vorteile» aufweisen. Über den Sadisten sagt FROMM (1974, S. 264), daß er «nur von den Hilflosen und nicht von den Starken stimuliert wird», da er nur so das Gefühl der vollkommenen Beherrschung des anderen gewinnen könne. Daher werden Kinder, Frauen oder auch Tiere leichter gequält und mißhandelt. Auch Gefangene sind wehrlos und häufig spontanen Aggressionen ausgeliefert. Folterungen haben im allgemeinen zwar primär instrumentellen Charakter (das Opfer «zum Reden zu bringen»), können aber auch für sadistische Bedürfnisse ausgenutzt werden. Bei den spontanen «Streitsuchern» (vgl. S. 76f) gilt unter Umständen nicht so ausgeprägt, daß nur schwache Opfer gewählt werden. Unter ihnen sind auch solche, die sich immer wieder in schwierige Situationen begeben und die «falschen» Gegner provozieren (manche «self-image-promoter» bei TOCH 1969).

Im Falle von *Ärger-Aggression* liegt es nahe, daß die stärkste Aggressionstendenz gegen denjenigen besteht, durch den man frustriert wurde (häufig selbst ein Aggressor), das heißt gegen die «Frustrationsquelle» (DOLLARD u. a. 1939). Diese Annahme entspricht vielen Alltagserfahrungen und wird auch durch empirische Untersuchungen gestützt (vgl. hierzu BERKOWITZ 1962). Es ist hier allerdings nicht von der aggressiven Handlung, sondern von der Tendenz die Rede. Denn es ist offenkundig, daß häufig andere als die Frustrationsquelle – also Unschuldige – angegriffen werden. Wer ist nicht schon Opfer einer Aggression geworden, bei der er den Verdacht hatte, der «Angreifer» müsse wohl woanders (im Betrieb, mit dem Ehepartner) «Ärger gehabt» haben, der nun bei uns «abgeladen» werde?

Können also aggressive Neigungen vom «eigentlichen» Ziel auf andere umgeleitet werden? Muß dies gar geschehen? Da damit noch einmal grundsätzliche Fragen über die Natur der menschlichen Aggression und die Möglichkeiten ihrer Einschränkung angesprochen sind, soll auf dieses Problem ausführlicher eingegangen werden. In der Psychologie wird es meist unter dem Stichwort der «Aggressionsverschiebung» behandelt, welche sich auf «Sündenböcke» richtet.

104   Erklärung zur Entstehung von aggressivem Verhalten

2. Sündenböcke

Wenn bei instrumenteller Aggression das nützliche Opfer, bei sadistischem Beherrschungsdrang der Schwache und bei Frustrationen der Provokateur (der Schuldige) angegriffen wird, ist dies relativ gut zu verstehen. Doch scheint all dies noch keine Erklärung für Aggression gegen Sündenböcke mitzuliefern.

Wie kommt es zu Sündenbockphänomenen?

«Gäbe es keine Verbrecher und Verrückten (es gibt sie), man müßte sie als legitime Aggressionsobjekte zur kollektiven Triebabfuhr erfinden. Als Sündenböcke und Prügelknaben der Gesellschaft erfüllen sie die wichtige soziale Funktion, aggressive Strebungen abzuführen, die unterdrückt und verdrängt werden müßten, wenn sie sich nicht im Aggressionsventil der Strafe und des Zwanges entladen könnten» (HACKER 1971, S. 74). Vorstellungen wie diese sind sehr verbreitet und haben wissenschaftliche Tradition. Schon FREUD nahm an, daß aggressive *Trieb*energien von einem Objekt auf ein anderes verschoben werden können, z. B. von Mitgliedern der eigenen Gruppe auf äußere «Feinde» (FREUD 1930). Eine ähnliche Auffassung vertraten DOLLARD und Mitarbeiter (1939) für durch *Frustration* entstandene aggressive Spannung, also für Ärger-Aggression: Wird die Aggression gegen den Provokateur gehemmt, so wird sie auf andere (eventuell auch gegen sich selbst) verschoben.

In jedem Falle wird angenommen, daß es Sündenböcke geben muß, weil einmal entstandene aggressive Impulse (ob durch Trieb oder durch Frustration) ihr Entladungsobjekt brauchen. Hauptsächlich in der Version der Frustrations-Aggressions-Theorie hat die Vorstellung von der Aggressionsverschiebung ihre wissenschaftliche Bedeutung gewonnen – vor allem bei der Erklärung von Vorurteilen gegen Minderheiten – und auch zu zahlreichen Untersuchungen angeregt.

In diesen Untersuchungen wurde z. B. gefunden, daß Kriegsveteranen, die sozial abgestiegen waren, mehr Vorurteile gegen Neger und Juden hatten als Kriegsveteranen, die aufgestiegen waren (BETTELHEIM/JANOWITZ 1950). Oder in einem Experiment wurden Jugendliche verärgert und es zeigte sich, daß sie anschließend eine negativere Einstellung zu Japanern und Mexikanern hatten als vorher (MILLER/BUGELSKI 1948). In anderen Experimenten führte die Frustration zu einer heftigeren Bestrafung (Elektroschocks) eines unschuldigen Versuchspartners (BERKOWITZ/HOLMES 1960, BERKOWITZ/GREEN 1962).

Die zahlreichen Experimente und Felduntersuchungen zeigen allerdings nur, daß es nach Frustrationen häufig zu aggressiven Einstellungen

Die Opfer aggressiver Handlungen 105

oder Handlungen gegen Unschuldige kommt. Sie weisen aber nicht nach, daß dies mit einer untergründigen Verschiebung aggressiver Impulse zu erklären ist.

Überdies werden in den Untersuchungen – wie bei diversen Alltagsbeobachtungen – unterschiedliche Sachverhalte gleichermaßen als Sündenbock-Phänomene bezeichnet. Bei genauerem Hinsehen sind nämlich verschiedene Tatbestände auseinanderzuhalten und auch unterschiedlich zu erklären, statt einheitlich mit einer Aggressionsverschiebung (zur theoretischen Erörterung s. NOLTING 1978). Im folgenden sollen die unterschiedlichen Situationstypen skizziert werden:

1. Allgemeine Reizbarkeit im akuten Ärger-Affekt.
2. Gewohnheitsmäßige aggressive Behandlung bestimmter Personen.
3. Aggression mit Schuldzuschreibung in akuten Frustrationssituationen.
4. Gewohnheitsmäßige Aggression gegen Personen mit einem «Schuldigen-Image».

Zwischen den Typen kann es Übergänge geben.

Zu 1: Ein Beispiel für den ersten Fall wäre der (im Beruf oder sonstwie) verärgerte Vater, der aus nichtigem Anlaß Frau und Kinder anraunzt. Wenn man frustriert worden ist und sich nun im akuten Ärger aggressiv gegen Unbeteiligte verhält, so beruht dies wahrscheinlich auf einer affektbedingten unspezifischen Senkung der Aggressionsschwelle (BUSS 1961). Wie schon DEMBO (1931) in ihrem Ärger-Experiment (vgl. S. 39) feststellte, führt die Erregung dazu, daß die Umwelt undifferenziert als störend und feindlich erlebt wird. Es kommt zu einer allgemein gesteigerten Reizbarkeit, und vieles, was einem in den Weg kommt, mag nun die Aggressionstendenz über die Schwelle heben. Das Aggressionsbedürfnis wird also nicht auf bestimmte Personen «verschoben», sondern es kann sich potentiell gegen beliebige Personen richten, wenngleich die offene Äußerung nur gegenüber den zufällig Anwesenden möglich ist (soweit diese keine starken Hemmungen wecken). Die Experimente zur Sündenbocktheorie entsprechen dieser Situation: Die Versuchspersonen sind aggressiv, weil sie kurz zuvor frustriert worden sind. Tatsächlich spricht auch die Mehrzahl der Experimente für eine allgemeine statt eine spezifische Aggressionserhöhung (vgl. MEES 1974, NOLTING 1978). Bedenkt man außerdem, daß es in solchen Situationen dem Aggressiven häufig hinterher leid tut und er sich vielleicht für seine Reizbarkeit entschuldigt, so wird deutlich, daß es sich hier um etwas ganz anderes handelt, als wenn bestimmten Personen die Schuld an der Frustration zugeschoben wird. Aus diesem Grunde ist die Verwendung des Ausdrucks Sündenbock hier eigentlich unangemessen.

Zu 2: Dasselbe gilt auch in einem anderen Fall, in dem des öfteren von Sündenbockverhalten gesprochen wird: z. B. wenn ein Kind, das sich zu Hause «nicht mucksen darf», gegenüber anderen Kindern sehr aggressiv

106   Erklärung zur Entstehung von aggressivem Verhalten

ist. Sieht man genau hin, so ist es auch nur gegenüber solchen Kindern aggressiv, die schwächer oder jedenfalls nicht stärker sind. Hier handelt es sich also einfach um eine erlernte Unterscheidung (Diskrimination; vgl. S. 80) auf Grund der Tatsache, daß die Aggression bei den Kindern andere Konsequenzen hat (Erfolg) als bei den Eltern (Strafe). Es bleibt fraglich, ob hier aggressive Impulse, die durch die elterlichen Frustrationen geweckt wurden, untergründig verschoben wurden. Eher fördern die Eltern die kindliche Aggression durch ihr schlechtes Modell.

Zu 3: Anders als bei den vorhergehenden Situationen, handelt es sich im folgenden Fall um ein echtes Sündenbockphänomen: Eine bestimmte Person oder Gruppe wird angeschuldigt, für eine aktuelle unangenehme Lage, ein Unglück oder eine andere Frustration verantwortlich zu sein. Bei dieser Sündenbock-Aggression wird also das Opfer als *schuldig* angesehen («Die Juden sind unser Unglück»). Es handelt sich damit um ein Problem der *Kausalattribuierung*, das heißt der subjektiven Ursachenerklärung (HEIDER 1958; deutsch 1977); hier besteht sie in einer Verschiebung der wahrgenommenen Frustrationsquelle.

Auch in diesem Fall ist nicht sicher, daß der Sündenbock die Konsequenz eines Aggressionsbedürfnisses ist, das durch die Frustration entstand und auf diese Weise Befriedigung sucht.

Das Hauptmotiv kann einmal sein, das eigene Selbstwertgefühl zu schützen beziehungsweise sich von einem Schuldgefühl zu entlasten, indem man die Schuld von sich auf andere schiebt. Dies ist eine geläufige Erscheinung. Bei manchen Menschen ist sie allerdings extrem ausgeprägt. ALLPORT (1954; deutsch 1971, S. 385) erwähnt, daß Hitler die Schuld für seine Mißerfolge ausschließlich bei anderen Personen oder widrigen Schicksalsumständen suchte. Auch innerhalb einer Familie kann dergleichen geschehen und z. B. ein bestimmtes Kind in die Rolle eines Sündenbocks für persönliche und eheliche Probleme geraten («ohne Christoph mit seiner Faulheit wären wir eine glückliche Familie») (vgl. hierzu etwa RICHTER 1963, 1970, VOGEL/BELL 1969).

Wo es nicht um eine persönliche Schuldentlastung geht, ist folgende Erklärung möglich: Die «frustrierende» Situation wird zunächst einmal als «schwierig», «drängend» empfunden. Damit bestände zwar keineswegs ein Aggressionsdruck, wohl aber ein Bedürfnis, die Situation zu verändern, also ein Handlungsdruck. Woran aber soll sich das Handeln orientieren? Man muß hier bedenken, daß in solchen sündenbockträchtigen Situationen die Frustrationsquelle (die «Ursachen») häufig schwer zu identifizieren oder nicht verfügbar ist (z. B. komplizierte Zusammenhänge einer wirtschaftlichen Krise, unkontrollierbare Naturvorgänge). Die Orientierungslosigkeit, die drückende Ungewißheit, die Lähmung der Handlungsfähigkeit wird aufgehoben, wenn eine Ursache benannt wird, gegen die man vorgehen kann. Dies ist im allgemeinen am einfachsten zu leisten, wenn die Frustrationsquelle personifiziert wird, wenn es

Die Opfer aggressiver Handlungen 107

«Schuldige» gibt (z. B. die Regierung, bestimmte Minderheiten).

Aus dieser Lage entstehen jetzt – sekundär – leicht Aggressionen. Erstens kann die Vorstellung, daß da Menschen sind, die meine unerfreuliche Lage verursacht haben (die mir das «angetan» haben), aggressive Gefühle wecken. Zweitens verringert die Tatsache, daß der andere schuldig ist, moralische Aggressionshemmungen. Und drittens ist es in einer solchen Situation einigen Scharfmachern leicht möglich, durch ihr Modell Aggressionen anzuregen.

Wenn die vorgetragene Annahme richtig ist, bedeutet dies: *Der Sündenbock ist nicht die Folge eines Aggressionsdruckes, sondern vielmehr erwächst umgekehrt das Aggressionsbedürfnis aus der Existenz eines (tatsächlich oder vermeintlich) Schuldigen.* In der Tat zeigt sich, daß bei vielen Frustrationen ohne erkennbaren Schuldigen (z. B. bei Naturkatastrophen, Krankheiten) keine aggressiven Handlungen auftreten und auch keine aggressiven Gefühle bei den Betroffenen (sie empfinden eher Kummer, Verzweiflung, Trauer). Jedoch können in solchen Situationen Aggressionen geweckt werden, sobald auf einen Schuldigen verwiesen wird (z. B. auf die Regierung, die Schutzmaßnahmen versäumte). Diese Auffassung entspricht auch der schon erwähnten (vgl. S. 49) Theorie Schachters von der Bedeutung kognitiver Faktoren für die Entstehung bestimmter Gefühle. Sie bedeutet hier, daß die Art der Ursachenerklärung ein wesentlicher Faktor dafür ist, ob aggressive (und nicht andere) Gefühle entstehen, die dann aggressives Verhalten begünstigen (einen experimentellen Beleg hierfür liefern Harris & Huang 1974).

Zu 4: Neben dem dargestellten gibt es noch einen Sündenbocktyp, bei dem keine akute Frustrationssituation vorliegt. So werden beispielsweise einer Minderheit *dauerhaft* Merkmale wie «gefährlich», «bösartig», «kriminell», «unfähig», «faul» zugeschrieben, also praktisch das Image eines Schuldigen, der damit die aggressive Behandlung «verdient» hat. Hier handelt es sich fast immer um instrumentelle Aggression, die also Vorteile einbringt (z. B. die diskriminierte Gruppe in dienender Stellung zu halten), und das Sündenbockbild soll dafür die Rechtfertigung liefern. Die Schuldzuschreibung ist hier vermutlich eher eine Folge der Aggression und nicht (wie im vorigen Fall) ein ursächlicher Faktor. Man könnte hier von sekundären Sündenbockphänomenen sprechen und demgegenüber die Aggression bei Schuldzuschreibung in akuten Problemlagen als primäre Sündenbockphänomene bezeichnen (Nolting 1978). Natürlich können beide miteinander zusammenhängen, indem die Personen mit dem Sündenbock-Stereotyp auch in akuten Frustrationssituationen wieder zum Schuldigen gestempelt werden.

Dies führt zu der allgemeineren Frage: Wer eignet sich besonders zum Sündenbock? Wie unter anderem Allport (1954, deutsch 1971) betont, ist es keineswegs so, daß einfach die schwächsten Opfer angegriffen werden. Berkowitz (1962) nennt auf Grund verschiedener Untersu-

108 Erklärung zur Entstehung von aggressivem Verhalten

chungen 4 Merkmale:

1. Die Personen werden ohnehin nicht «gemocht» (persönliche Abneigung, Gegnerschaft).
2. Die Personen werden irgendwie mit der primären Frustrationsquelle assoziiert (z. B. Juden als Vertreter der herrschenden Wirtschaftsmacht).
3. Es erscheint ungefährlich, die Personen anzugreifen.
4. Es erscheint moralisch gerechtfertigt, sie anzugreifen.

Häufig werden, wie im Falle der Minoritätengruppen (Juden, Neger usw.), noch zwei weitere Merkmale erfüllt:

5. Sie sind andersartig in Sprache, Glauben, Gewohnheiten (wegen der Andersartigkeit werden sie eventuell nicht gemocht, insbesondere wenn deren Anschauungen die eigenen Überzeugungen «bedrohen»).
6. Sie sind gut erkennbar (Hautfarbe und andere Körpermerkmale).

Zahlreiche Forschungen befaßten sich auch mit der Frage, wer zu Sündenbockverhalten neigt. Denn sicher gibt es hier individuelle Unterschiede. Von vielen Autoren wird die Neigung mit dem – umstrittenen – Konzept der «autoritären Persönlichkeit» (ADORNO/FRENKEL-BRUNSWIK/LEVINSON/SANFORD 1950) in Verbindung gebracht, die sich unter anderem dadurch auszeichnen soll, daß sie sich unbedingt an die Normen der Majorität anpaßt, solche Konformität auch von anderen fordert, unentschiedene Situationen schwer ertragen kann (vgl. die Ausführungen über den Handlungsdruck, S. 106) oder die Welt überwiegend als bedrohlich sieht.

Wenngleich die Zusammengehörigkeit der verschiedenen Merkmale – die autoritäre Persönlichkeit als «Typus» – recht umstritten ist (vgl. z. B. HOFSTÄTTER 1966), ist es doch recht wahrscheinlich, daß einzelne der angegebenen Merkmale Sündenbockverhalten begünstigen. Auch ALLPORT 1954, dt. 1971) nimmt solche Zusammenhänge an, obgleich er vor einer vereinfachenden Zuordnung von Menschen zu Typen warnt. BERKOWITZ (1962) sieht es als das wichtigste Kennzeichen an, daß sehr «vorurteilshafte» Menschen andere relativ leicht emotionell ablehnen, was eine Generalisierung der feindseligen Gefühle vom Provokateur auf die (ebenfalls) abgelehnte Person erleichtere.

Insgesamt ist also zu vermuten, daß die für Sündenbockphänomene relevanten Prozesse bei manchen Menschen leichter auftreten als bei anderen. Da es sich dabei zum großen Teil wahrscheinlich um Sozialisationseffekte handelt, wäre auch in diesem Zusammenhang auf die wichtige Rolle der Erziehung in Familie und anderen gesellschaftlichen Bereichen hinzuweisen. Darauf soll hier nicht näher eingegangen werden, da dies ein «durchgehendes Thema» ist und in den Lösungsansätzen von Teil 3 im einzelnen erörtert wird.

Die Opfer aggressiver Handlungen   109

Schlußfolgerungen

Es muß bezweifelt werden, daß Sündenbockphänomene *Aggressions*ver-schiebungen sind, zumindest daß sie es sein müssen. Diese Vorstellung entspricht dem fragwürdigen Energiemodell der Aggression, nach dem durch Trieb oder Frustration entstandene aggressive Impulse ihr Ventil suchen und es in Sündenböcken finden.

Sehen wir von den Fällen der allgemeinen, ärgerbedingten Gereiztheit (s. S. 105) und der erfolgsbedingten Aggression gegenüber bestimmten Personen (S. 106) ab, so bietet sich für die echten Sündenbockphänomene als alternative Erklärung an, daß es sich primär um einen *Prozeß zweckmäßiger Kausalattribuierung* (Ursachenerklärung) handelt. Dieser kann (gemäß SCHACHTERS Emotionstheorie) auch aggressive Gefühle entstehen lassen.

Im einzelnen heißt dies:

1. Wenngleich Aggressionen auf «falsche» Ziele gerichtet werden, sollte man zwei häufige Vorstellungen *nicht* damit verbinden:

o Es ist nicht so, daß auf Sündenböcke nur Aggressionen einfach «umge-leitet» werden, die ohnehin da sind. Wenngleich meist Unzufrieden-heit oder andere Frustrationsgefühle vorhanden sind, werden doch erst mit dem Verweis auf Schuldige Aggressionen gegen bestimmte Personen oder Gruppen aufgebaut, also geschaffen. Dies trifft z. B. sicherlich für die Judenverfolgung im Dritten Reich zu. Es ist zweifel-los keine nur akademische Frage, ob Aggressionen erzeugt oder um-geleitet werden.

o Mit der Vorstellung von der Umleitung ist häufig auch die Annahme einer Ableitung von Aggressionen verbunden, das heißt, daß sich damit ein aggressiver Antrieb vermindert. Diese Vorstellung wird noch ausführlich und kritisch zu diskutieren sein (Kapitel 11).

2. Demgegenüber bedeutet «zweckmäßige Kausalattribuierung», daß eine Verschiebung der Frustrationsquelle stattfindet, die eine Reihe von Vorteilen mit sich bringt.

Dies zeigt sich vor allem in unangenehmen und schwierigen Situatio-nen mit starkem Handlungsdruck. Es sollte mit großer Skepsis gesehen werden, welche verführerischen Vorteile hier ein prägnantes Feindbild oder wenigstens ein klarer Schuldiger bietet:

o Es wird eine Orientierung für das Handeln gegeben.

o Es wird ein Zusammengehörigkeitsgefühl unter den Betroffenen ge-fördert (gemeinsamer Gegner), bei politischen Allianzen genauso wie unter Eheleuten (WATZLAWICK/BEAVIN/JACKSON 1969, VOGEL/BELL 1969).

o Die Aggression bekommt einen instrumentellen Wert (die Beseiti-gung des Schuldigen wird die Lage verbessern).

o Für die eigene Aggression wird die Legitimation «mitgeliefert».

110   Erklärung zur Entstehung von aggressivem Verhalten

o Außerdem kommt in vielen Fällen noch das Bedürfnis hinzu, vor sich selbst und vor anderen von der eigenen Schuld abzulenken. (Dieser Punkt gilt nicht nur für Situationen mit starkem Handlungsdruck.)

Es ist offenkundig, daß es daher z. B. aus politischen Gründen zweckmäßig sein kann, Aggressionen gegen einen Sündenbock aufzubauen.

Eine regelrechte Verschiebung läßt sich verstehen als ein besonders prägnanter Fall der allgemein auftretenden Erscheinung, daß die wahrgenommenen und die wirklichen Ursachen nicht identisch sind. Häufig ist es sicher so, daß sie sich teilweise entsprechen. Subjektiv wird aber in jedem Falle eine Orientierung erlangt und ein zweifelndes «ich weiß nicht» oder wiederholtes Umdenken vermieden – ob in einer Familie ein bestimmtes Kind, beim Fußballclub der Trainer, in der Politik die Regierung, eine bestimmte Klasse oder eine opponierende Gruppe für die ganze Misere verantwortlich gemacht wird. Wie GURR (1970) hervorhebt, erfordert kollektive politische Aggression immer, daß ein Zustand der Unzufriedenheit – beispielsweise durch soziale Notlagen bedingt – «politisiert» wird, das heißt eben, daß eine bestimmte politische Macht als der Schuldige ausgemacht wird, der daher bekämpft werden muß und darf. Es ist klar, daß dabei häufig die realen Ursachenzusammenhänge über Gebühr vereinfacht, wenn nicht stark verzerrt werden, in diesem Sinne also Merkmale eines Sündenbockphänomens vorliegen.

3. Noch «handfester» sind die Vorteile bei der zweiten Möglichkeit, daß das Sündenbockverhalten eine im Grunde rein instrumentelle Funktion hat: Es werden bestimmte Personen oder Gruppen als Sündenböcke «gehalten», um daraus wirtschaftlichen oder sonstigen Nutzen zu ziehen, z. B. um billige Arbeitskräfte zu haben (bis hin zum Arbeitslager), um eine Konkurrenz auszuschalten, um ein fleißiges Kind zu haben, das seine «Schuld» durch Dienste für die Familie wiedergutzumachen hat, oder einfach um Rangordnungen herzustellen beziehungsweise aufrechtzuerhalten. Das Sündenbockbild dient hier als Rechtfertigung.

4. Für die Frage der *Aggressionsbewältigung* würde dies alles bedeuten, daß aggressives Sündenbockverhalten weder für die natürlichen Bedürfnisse des Menschen notwendig ist, noch daß sich das Problem durch andere «Ventile» (z. B. auf dem Sportplatz) lösen ließe. Ansätze liegen vielmehr in einer kritischen Einstellung zu Ursachenerklärungen, vor allem bei Benennung von Schuldigen; sie liegen, falls Schuldige verantwortlich gemacht werden können, in einem möglichst nichtaggressiven, konstruktiven (lösungsorientierten statt «Fehler»-orientierten) Umgang mit ihnen; sie liegen auch in der Frage nach dem Nutzen, der aus Sündenböcken möglicherweise gezogen wird.

Kapitel 10
Zusammenfassendes Erklärungsmodell

1. Warum Aggression? – Verschiedene Seiten einer Frage

Die zu Beginn dieses zweiten Teiles gestellte Frage: «Warum schlagen, schimpfen, drohen oder morden Menschen?» hat in den vorangehenden Kapiteln nicht nur unterschiedliche Theorie-Antworten erhalten; es wurden – genau besehen – auch durchaus unterschiedliche Aspekte dieses «Warum» beantwortet. Die Frage kann bedeuten:

1. Was geht in einem Menschen vor, wenn er sich aggressiv verhält? Die Antworten beziehen sich hier auf aktuelle psychische Prozesse (z. B. «fühlt sich bedroht», «will sich durchsetzen»).

2. Wie kommen solche Vorgänge zustande? Welche Situationseinflüsse einerseits, welche Merkmale (Dispositionen) der Person andererseits spielen dabei eine Rolle? (Wir müssen ja erklären, warum dieselbe Person sich in verschiedenen Situationen unterschiedlich verhält und in derselben Situation das Verhalten verschiedener Personen unterschiedlich ist). Hier geht es also um die personalen und situativen Bedingungen, die sich im akuten Verhalten auswirken.

3. Woher kommt es, daß überhaupt die Fähigkeit zur Aggression praktisch allen Menschen als personale Disposition eigen ist, sie aber zugleich von Individuum zu Individuum, von Gruppe zu Gruppe usw. stark variiert? Hier versteht sich das «Warum» als Frage nach Ursprung und Entwicklung, nach dem Einfluß von Anlage und Umwelt.

Jede Frage geht sozusagen etwas tiefer als die vorangehenden. Ihr Verhältnis zueinander läßt sich etwa so darstellen:

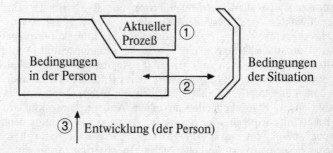

112   Erklärung zur Entstehung von aggressivem Verhalten

Punkt 1 und 2 sollen hier zusammengefaßt werden unter der Frage, wann aggressives Verhalten auftritt. Diese «horizontale» Perspektve soll zunächst behandelt werden; anschließend folgt die «vertikale».

2. Erklärung für das Auftreten von aggressivem Verhalten: Die Interaktion von Person und Situation

Aggressives Verhalten ist in der Regel kein blindes und wahlloses Geschehen, sondern an bestimmte innere und äußere Bedingungen gebunden – wie anderes Verhalten auch. Um eine bestimmte Form der Aggression zu verstehen, muß man unter anderem den Personenkreis, die Orte und die Anlässe spezifizieren. Wie Toch (1969) anmerkt, ließe sich z. B. eine Messerstecherei am besten des nachts am Wochenende in einem Slumgebiet in einer Bar oder an einer von Jugendlichen häufig aufgesuchten Straßenecke beobachten.

Aus der Tatsache, daß aggressives Verhalten nicht eine einzige Ursache hat, sondern aus dem Zusammenspiel verschiedener Bedingungen entsteht, erklärt sich, warum es immer «Ausnahmen» gibt, wenn man einem Faktor eine bestimmte Wirkung zuschreibt: man hat dann die anderen Faktoren nicht berücksichtigt. Jede einzelne Einflußgröße hat mithin jeweils nur relatives Gewicht.

Das folgende *Person-Situation-Bedingungsmodell* – auf Seite 113 schematisch dargestellt – beruht auf den vorangehenden Kapiteln und versucht, die wichtigsten Aspekte von Lerntheorie und modifizierter Frustrationstheorie zu integrieren. Überschneidungen gibt es in verschiedenen Elementen (Bedeutung von Verhaltensgewohnheiten, Hemmungen, Hinweisreizen usw.) und man kann es so formulieren, daß eine differenzierte Theorie des sozialen Lernens Frustrationen als einen möglichen Anregungsfaktor mit einschließt. (Das Schema ähnelt teilweise dem bedingungsanalytischen Modell von Kaufmann, 1965, bezieht jedoch auch situative Bedingungen und instrumentelle Aggression mit ein und ist insofern umfassender; anders als das Kaufmannsche ist es allerdings nicht als Prozeßmodell gezeichnet). – Im einzelnen enthält das Modell folgende Aussagen:

1. Das Auftreten von Aggression beruht auf einer Interaktion von personalen und situativen Bedingungen. Soweit die Situationseinflüsse in dem Verhalten anderer Personen bestehen, ist die Aggression ein Spezialfall *sozialer (zwischenmenschlicher) Interaktion*. Dies trifft praktisch immer zu; doch können die situativen Funktionen auch von technischen, wirtschaftlichen und anderen Gegebenheiten ausgehen. Äußere Anregungsfaktoren müssen stets mit entsprechenden personalen Anregbarkeiten zusammentreffen, wobei aber für eine starke Anregbarkeit schon geringe Anregungsreize ausreichen und umgekehrt. Verhalten sich in einer bestimmten Situation nur einzelne Menschen aggressiv, würden wir ihren individuell-personalen

Bedingungen aggressiven Verhaltens im Schema

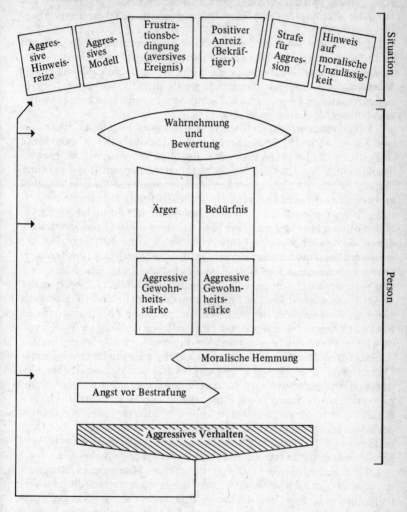

Anmerkung: Eine modifizierte Fassung des Schemas findet sich im Anhang auf Seite 207.

114   Erklärung zur Entstehung von aggressivem Verhalten

Merkmalen das größere Erklärungsgewicht zuweisen; tun es fast alle Menschen, würden wir das Verhalten primär als situationsbedingt verstehen (wobei dafür allerdings zugleich eine allgemein verbreitete Disposition vorhanden sein muß).

2. Die Situation wird von der Person *wahrgenommen*, und zwar nicht objektiv, sondern mit subjektiver Betonung und Färbung. So werden unter anderem bestimmte Situationsaspekte als lästig, bedrohlich, böswillig oder sonstwie aversiv wahrgenommen, andere als attraktiv, wichtig und erstrebenswert. Dieser *Bewertungsanteil* in der Wahrnehmung ist bereits als Bestandteil der Motivation anzusehen.

3. Die *Motivation* für aggressives Verhalten kann sehr unterschiedlich sein (vgl. Kapitel 6.2 und 7). Soweit Schädigung und Schmerz als solche das äußere Ziel sind, kann man von *aggressiven* Impulsen sprechen. Allerdings ist zu beachten, daß (a) die an den Schmerz gebundene emotionale Befriedigung unterschiedliche Akzente haben kann (Stärkegefühl und ähnliche Selbstbekräftigungen oder etwa «Nervenkitzel») und daß (b) die Impulse reaktiv auftreten können wie bei der Vergeltung (als wichtigster Form der Ärger-Aggression) oder eher «spontan» wie beim Sadismus und anderen verselbständigten Motiven. Mindestens ebenso bedeutsam sind die instrumentellen Aggressionen, bei denen *nichtaggressive*, auf diverse Nutzeffekte (Besitz, Anerkennung, Schutz usw.) gerichtete Bedürfnisse die eigentliche Motivation sind. – Im Schema bildet der linke Strang die Motivationskomponenten der *Ärger-Aggression* ab: von der Frustrationssituation (Behinderung, Angriff usw.) als Auslöser über die wertende Wahrnehmung bis zur emotionalen Reaktion «Ärger» (als Oberbegriff für feindselige Gefühle wie Wut, Groll usw.). Die Motivation zu *instrumenteller Aggression* (rechter Strang) besteht in einem Bedürfnis, das sich auf einen positiv wahrgenommenen Anreiz (Nutzeffekt) richtet, dessen Erreichung als Bekräftigung wirkt. (Verselbständigte Aggression ist nicht gesondert eingezeichnet; sie ist weniger abhängig von situativen Anregern wie Frustrationen oder Nutzeffekten). – Individuelle Unterschiede spielen im Motivationsbereich eine große Rolle, sei es in der Ausprägung kognitiver Bewertungsmuster wie Pessimismus oder Dogmatismus (vgl. KAUFMANN 1965, SCHMIDT-MUMMENDEY 1972), sei es im Vorherrschen bestimmter Interessen, in Minderwertigkeitsgefühlen usw.

4. Da dieselben Motive (z. B. Ärger über einen Mitmenschen, Bedürfnis nach Besitz oder nach Selbstbestätigung) sich in sehr unterschiedlichem Verhalten äußern können, fragt die Lerntheorie (anders als vor allem tiefenpsychologische Erklärungen) nicht nur nach der Motivation, sondern berücksichtigt als personalen Faktor auch das *Verhaltensrepertoire*, d. h. die Ausprägung aggressiver *Gewohnheiten* im Verhältnis zur Beherrschung anderer Verhaltensformen (vgl. Kapitel 5.2 und 6, ausführlich Kapitel 15).

5. Neben Frustrationen und positiven Anreizen sind weitere situative Anreger: a) aggressive *Modelle*, d. h. andere Personen, die sich in der Situa-

tion aggressiv verhalten, und b) aggressive *Hinweisreize* wie die Anwesenheit von Zielpersonen oder Gegenständen, Symbolen usw., die mit Zielpersonen (als Frustrationsquelle) oder mit Aggression assoziiert sind (vgl. Kapitel 5.2 und 6.1). Im weiteren Sinne sind auch direkte Aufforderungen Hinweisreize.

6. Schließlich kann eine aggressive Tendenz auch durch eine gegenläufige *gehemmt* werden, insbesondere durch *Angst vor Strafe* oder anderen Risiken sowie durch eine *einstellungs*bedingte (moralische) Hemmung. Diese aggressionshemmenden Motive werden ihrerseits von situativen Faktoren angeregt (Strafrisiko, Hinweis auf Unzulässigkeit), wobei es aber wiederum individuell sehr verschieden ist, wie leicht die Hemmungen geweckt oder aufgehoben werden können. (Der leid-induzierte Hemmungstyp ist nicht eingezeichnet. Zu beachten ist, daß bei Vergeltung und verselbständigter Aggression der situative Reiz des leidenden Opfers statt einer Hemmung ein Befriedigungsgefühl wecken bzw. als Bekräftiger wirken kann.)

Das Gesamtgefüge: Wie stark die einzelnen Faktoren sind, wie viele aggressionsbegünstigend wirken und wie viele gegenläufige dies wieder ausgleichen, von alledem hängt ab, ob sich aus dem Bedingungsgefüge eine aggressive Handlung ergibt oder nicht. Dabei ist zum Schema noch anzumerken, daß die meisten gegenläufigen Faktoren – außer den Hemmungen – gar nicht explizit aufgeführt, aber prinzipiell mitzudenken sind: nämlich alle Faktoren, die ein alternatives Verhalten begünstigen (z. B. ruhiges Modell, Gewohnheitsstärke für Rückzug).

Obwohl das Schema die Bedingungen lediglich zusammenfassen soll, mag es naheliegen, es von oben nach unten im Sinne eines Ablaufs oder Prozesses zu lesen. Dies ist jedoch nur begrenzt möglich! Zulässig ist es insofern, als man das aggressive Verhalten als das Ergebnis der (vorauslaufenden) Bedingungen ansehen muß. Auch wird vom Schema mitberücksichtigt (s. Pfeile), daß der aggressive Akt auf die verschiedenen äußeren und inneren Bedingungen zurückwirkt. Er kann in der Situation ebenso Veränderungen hervorrufen (z. B. die Frustration beseitigen, Gegenaggression auslösen) wie in der Person (z. B. die Erregung steigern, eine Neueinschätzung veranlassen usw.). Die Faktoren selbst dürfen jedoch nicht in einer einfachen Kausalkette gedacht werden, in dem Sine, daß eine Bedingung die nächste «verursacht». Zwar kann man sich natürlich nur über etwas ärgern, was man wahrgenommen hat. Aber daß die Person überhaupt in die «ärgerliche» Situation gerät, mag z. B. daran liegen, daß sie sie aufgesucht hat, um sich gewaltsam etwas anzueignen. Oder: Eine «Kleinigkeit» kann als Frustration erlebt werden, weil der betreffende Mensch bereits ärgerlicher Stimmung ist. Insofern ist das Schema nicht einfach von oben nach unten zu lesen.

Im einzelnen ist über die Zusammenhänge der verschiedenen Faktoren untereinander wenig bekannt, d. h. wie sich die Veränderung eines Faktors (z. B. der Gewohnheitsstärke) auf die anderen (z. B. die kognitive Bewer-

116 Erklärung zur Entstehung von aggressivem Verhalten

tung) auswirkt. Wahrscheinlich sind die Zusammenhänge außerordentlich vielfältig und kompliziert. Um sie zu erfassen, müssen gleichzeitig mehrere Bedingungen und deren wechselseitige Abhängigkeit untersucht werden (s. hierzu SCHMIDT-MUMMENDEY 1972).

Zum Abschluß noch zwei Anwendungsbeispiele dafür, wie das Bedingungsschema die Entstehung aggressiven Verhaltens durchsichtiger machen kann.

Erstes Beispiel: Wann würde Lärm zu aggressivem Verhalten führen? Hier könnten folgende fördernde und (in Klammern) gegenläufige Bedingungen von Bedeutung sein.
1. Der Betroffene nimmt den Lärm wahr und bewertet ihn als lästig, weil er arbeiten möchte, oder als persönliche Mißachtung, weil er vorher um Ruhe gebeten hatte (gegenläufig: er findet ihn unwesentlich).
2. Er empfindet Gefühle von Ärger (gegenläufig: bleibt ruhig, entspannt «gelassen»).
3. Er setzt Ärger gewöhnlich in Schimpfen um (gegenläufig: behält Ärger gewöhnlich für sich, zieht sich dann zurück).
4. Er fürchtet keine Bestrafung der Aggression, weil der Lärm von spielenden Kindern kommt (gegenläufig: hat Angst, etwas zu sagen, weil er von der Kreissäge des Hauswirts kommt); und er findet es gerechtfertigt, Kinder für Lärm zurechtzuweisen (gegenläufig: hat die Einstellung, daß Kinderspiel eigentlich Vorrang haben muß).

Zweites Beispiel: Worin unterscheidet sich die Aggression einzelner von gemeinsamer Aggression in einem Kollektiv? Der Unterschied liegt hier in der Situation, in der sich das Individuum befindet:
1. Das Verhalten der anderen bietet stimulierende Modelle.
2. Das Bestrafungsrisiko scheint auf Grund der relativen Anonymität vermindert.
3. Moralische Hemmungen werden vermutlich ebenfalls verringert, denn «es wird schon nicht so schlecht sein, weil es die anderen ja auch tun». Häufig liefert die Gruppenideologie auch die Legitimation.
4. In vielen kollektiven Aggressionen werden aggressive Hinweisreize mehr oder minder planmäßig aufgeboten (Parolen, Waffen usw.).
5. Innerhalb seiner Gruppe kann jedes Mitglied von den anderen Bekräftigungen (vor allem Anerkennung) für seine aggressive Beteiligung und gegebenenfalls Strafe für Nichtbeteiligung erwarten.

Dies alles führt dazu, daß z. B. bei politischen Gewaltaktionen (Krieg, Folter, Massenvernichtung usw.) viele Menschen Handlungen begehen, zu denen sie als einzelne kaum fähig wären. Die Beteiligung an kollektiver Aggression ist daher psychologisch nicht mit individueller Aggression gleichzusetzen (vergleiche hierzu Kapitel 16).

3. Erklärung von Ursprung und Entwicklung aggressiven Verhaltens

Aggressives Verhalten entsteht, wie dargestellt, aus der Situation und der Disposition, die eine Person in die Situation «mitbringt». *Was* sie mitbringt, wird seinerseits aus der «vertikalen» Entwicklungsperspektive (vgl. S. 111) erklärt.

Für Aggression gibt es – wie für jedes Verhalten – letztlich auch angeborene Grundlagen (vgl. S. 50 und 84). Dazu gehören die körperlich-affektive Aktivierung (Alarmreaktion) des Organismus als Antwort auf aversive Ereignisse und einige motorische Elementar-Reaktionen, zu denen der Mensch von Geburt an oder auf Grund normaler Reifungsvorgänge fähig ist (z. B. schreien, schlagen, treten). Dazu gehört nicht zuletzt die Lernfähigkeit des Organismus.

Diese Grundlagen sind jedoch offen für unterschiedliche Entwicklungen und keinesfalls mit jenen voll ausgeprägten Aggressionen gleichzusetzen, die uns das Leben schwer machen. Das affektiv-ungestüme Verhalten des Säuglings ist ein vor-aggressives Reaktionsmuster, dem vermutlich eine Schädigungsabsicht fehlt und das mit Gehässigkeiten in der Familie oder dem Abwerfen von Bomben wenig gemein hat. Diese Verhaltensweisen beruhen vielmehr auf häufigen, aber nicht zwangsläufigen Fortentwicklungen:

o Daß das heftige und damit gegenbenenfalls schädigende Verhalten sich von seiner affektiven Grundlage löst und allmählich zu einem gezielt und abgestuft einsetzbaren Instrument werden kann,

o daß der Schmerz des anderen einen Befriedigungswert erlangen und das Selbstgefühl erhöhen kann,

o ob und wieweit aggressives oder aber alternatives Verhalten (Rückzug, konstruktives Bemühen usw.) bei einem Menschen stabilisiert und ausgeweitet oder abgebaut wird,

o welche Formen der Aggression man entwickelt und beherrscht,

o bei welchen Anlässen, für welche Ziele und gegen welche Menschen man sie einsetzt,

dies alles hängt ausschließlich oder maßgeblich von den sozialen Erfahrungen ab, die sich über die beschriebenen Lernprozesse in der Person niederschlagen. Mit ihnen – und nicht einfach durch die Häufigkeit erlebter Frustration – entscheidet sich, welche aggressiven Gewohnheiten ein Individuum in welchem Maße entwickelt. Dabei ist für den Verhaltenserwerb – die Erweiterung der Verhaltensformen – vor allem das Lernen am Modell (zum Teil auch problemlösendes Denken) von Bedeutung, während das Lernen am Erfolg (Selbstbewertungen eingeschlossen) primär die Neigung ausbildet, die Verhaltensweisen einzusetzen und beizubehalten, zumindest in bestimmten Situationen.

Dritter Teil:
Verminderung aggressiven Verhaltens

Die folgenden Kapitel sollen einen systematischen Überblick über Möglichkeiten der Aggressionsverminderung geben. Dazu werden aufgegriffen: Vorschläge von Wissenschaftlern und anderen Personen, die sich mit dem Aggressionsproblem befassen, populäre Ansichten und Vorgehensweisen, wie sie real im Alltag zu finden sind. Es wird versucht, sie psychologisch-systematisch zu ordnen, wobei als Orientierung die in Kapitel 10 zusammengestellten Bedingungen aggressiver Handlungen gelten. Vier der fünf Lösungsrichtungen lassen sich diesem Erklärungsmodell zuordnen beziehungsweise aus ihm ableiten. Dabei werden teilweise mehrere Bedingungen unter einer «Richtung» oder einer «Zugangsweise» zusammengefaßt. Die vier Lösungsansätze beziehen sich auf

- die anregenden Faktoren,
- die Bewertungsweisen,
- die Hemmungen,
- die Gewohnheitsstärke und Verfügbarkeit bestimmter Verhaltensweisen.

Die motivational-emotionalen Komponenten – Bedürfnisse und Ärger (im weiten Sinne) – werden im Zusammenhang mit den Bewertungsweisen, zum Teil auch mit den Verhaltensgewohnheiten behandelt.

Vorweg wird ein häufig genannter Lösungsweg diskutiert, der sich aus dem Energiemodell von Aggression ableitet, welches an der Triebtheorie oder in bestimmter Weise an der Frustrations-Aggressions-Hypothese orientiert sein kann. Zwischen diesem Weg, dem sogenannten Ausleben von Aggressionen (Lösungsrichtung 1), und dem Erlernen alternativen Verhaltens (Lösungsrichtung 5) besteht ein beträchtlicher Gegensatz: Das Ausleben will nämlich Aggression durch (kontrollierte) Aggression abbauen, während Lösungsrichtung 5 eine Aggressionsverminderung durch das Fördern von nicht-aggressiven Verhaltensweisen erreichen will. Ansonsten sind die Lösungsansätze nicht als ein Entweder-Oder, sondern als ein Sowohl-Als-auch zu verstehen.

Es gibt sicher mehr Vorschläge und Maßnahmen, als in den folgenden Kapiteln erwähnt werden. Vermutlich lassen sie sich aber meistens in die dargestellten Lösungsrichtungen einordnen. Ausgeklammert bleiben medizinische Methoden (medikamentös, gehirnchirurgisch), die in be-

Aggressionen «ausleben» – ein Irrweg · 119

sonderen klinischen Fällen möglicherweise einen Ausweg bieten.

Im Rahmen dieses Überblicks über prinzipielle Arten des Vorgehens und mögliche Anwendungsbereiche ist es nicht möglich, die besonderen Probleme der angesprochenen Anwendungsgebiete (z. B. Familie, Strafvollzug, Politik) ausführlich zu besprechen. Es können jeweils nur Beispiele gegeben werden. Zur weiteren Information sei daher auf die angegebene speziellere Literatur verwiesen.

Kapitel 11
Lösungsrichtung 1:
Aggressionen «ausleben» – ein Irrweg

Eine sehr verbreitete Idee zur Verminderung von Aggression besagt, daß man aggressive Impulse «abreagieren» solle, und zwar in möglichst harmlosen, zumindest erträglichen Formen, und früh genug, um einen gefährlichen «Stau» zu vermeiden. Der Gedanke ist, daß man aggressive Bedürfnisse an einer Stelle befriedigen kann, um ihre Äußerung an einer anderen Stelle zu verhindern: «Gesellschaftliche und sportliche Spielregeln kanalisieren und beschränken Aggression; die vorschriftsmäßig gestatteten Aggressionsäußerungen erfüllen die Funktion, unerlaubte Gewalt zu verhindern» (HACKER 1975, S. 79). Im Prinzip will dieser Lösungsvorschlag also Aggression durch Aggression abbauen, da auch das «Ausleben» aggressiv ist und sein muß, selbst wenn es sich in entschärften Formen vollzieht.

1. Erläuterungen zum Ventil-Konzept

Einige Ansichten und Vorschläge

Folgt man geläufigen Alltagsvorstellungen sowie einer Reihe von Aggressionstheoretikern, so scheint es eine Binsenwahrheit zu sein, daß Aggressionen ihr Ventil brauchen. Man spricht davon, daß man «Dampf ablassen», seine «Aggressionen abreagieren» müsse, oder auch davon, daß Schimpfen der Stuhlgang der Seele sei. Nach solchem Abreagieren sei «Ruhe» und man fühle sich «befreit».

Manche Erzieher meinen, gegen aggressives Verhalten von Kindern

120 Verminderung aggressiven Verhaltens

solle man nichts tun, es eher sogar ermuntern, da sie Gelegenheit brauchten, ihre Aggressionen «auszuleben». Verschiedene Therapien haben das Ziel, verdrängte Aggressionen freizusetzen, und machen Vorschläge, wie dies geschehen kann. Kinder sollen beispielsweise Schießspiele machen oder Lehmklumpen formen und anschließend zerquetschen, damit sich die Affekte «austoben» können und in schöpferische Kanäle leiten lassen (z. B. ZULLIGER 1963). Für Erwachsene wird vorgeschlagen, daß sie sich für kurze Zeit anschreien oder mit wattierten Schlägern prügeln sollen («Bataca-Kämpfe», vgl. BACH/GOLDBERG 1974).

Besonders bekannt geworden sind die Empfehlungen von LORENZ (1963), das Aggressionsproblem dadurch in den Griff zu bekommen, daß man in sozial akzeptablen Bahnen dem Aggressionstrieb Befriedigung verschaffe, etwa in sportlicher Betätigung und Wettkämpfen verschiedener Art. LORENZ sieht sogar die Möglichkeit, entsprechende Maßnahmen auf internationaler Ebene wirksam werden zu lassen. So erhofft er sich vom Wettstreit der Völker in Wissenschaft und Kunst (z. B. in der Weltraumforschung) eine Minderung der Kriegsgefahr.

Nicht nur *eigenem* aggressiven Verhalten, auch der *Beobachtung* von Aggression schreiben viele Menschen eine «aggressionsablassende» Wirkung zu und sehen daher im Anschauen von Wildwestfilmen oder Boxkämpfen nützliche Effekte.

Die Vorstellung, um die es hier geht, wird in der Psychologie als *Katharsis-Hypothese* bezeichnet. Sie wird zum einen natürlich vorwiegend von *Trieb*theoretikern vertreten, die entweder direkt ganz konkrete Empfehlungen geben (wie etwa LORENZ oder BACH/GOLDBERG), oder indirekt solche Wege durch die Annahme nahelegen, daß ein Quantum aggressiver Energien vorhanden ist, welches in der einen oder anderen Form zum Ausdruck kommen muß (FREUD, MITSCHERLICH, HACKER, u. a.). Die Katharsis-Hypothese gehört aber auch zum ursprünglichen System der *Frustrations-Aggressions-Theorie*. Nach DOLLARD und Mitarbeitern (1939) wird durch die Frustration ein Aggressionsbedürfnis erzeugt und dieses kann nur durch einen aggressiven Akt – möglichst gegen den Provokateur – wieder entspannt werden. Wird dieser verhindert, ist dies eine zusätzliche Frustration, die die Aggressionstendenz noch verstärkt. Mit mehrfachen Frustrationen kann sich ein größeres Aggressionspotential anstauen.

Im einen wie im anderen Fall ist natürlich instrumentelle Aggression nicht einbezogen. Dies ist jedoch prinzipiell kein Mangel; es wäre schon sehr viel, wenn der kathartische Weg für Aggression aus aggressiven Impulsen (Frustrations-Ärger oder Trieb, wenn man ihn annimmt) gangbar wäre.

Wegen ihrer großen Verbreitung verdient die beschriebene Vorstellung vom Ausleben der Aggressionen eine ausführliche Erörterung. Deshalb wird im folgenden an Hand von psychologischen Untersuchun-

Aggressionen «ausleben» – ein Irrweg   121

gen begründet, warum das Ausleben im ganzen keine brauchbare, ja
teilweise sogar eine gefährliche Lösung ist. Es sollen aber auch einige
Aspekte aufgegriffen werden, die für neue Ansätze verwertet werden
können.

Aspekte der Katharsis

Wie die vorangehenden Ausführungen zeigen, werden dem Abreagieren
zwei Effekte zugeschrieben:
1. Die Katharsis vermindert die Tendenz zu weiteren Aggressionen.
2. Der betreffende Mensch fühlt sich von einem Druck erleichtert.
   Nimmt man alle Vorstellungen zusammen, so zeigt sich des weiteren,
daß die Katharsis von Aggression gegen den Provokateur bis zum Anschauen eines Boxkampfes reichen kann. Die Autoren unterscheiden
sich zum Teil darin, wie breit sie ihren Katharsis-Begriff fassen. Hier soll
jedoch die ganze Palette angesprochener Katharsis-Wege aufgegriffen
werden, wie sie in der Tabelle zusammengestellt sind. Sie reicht einerseits von einer direkten Zielhandlung gegen den Provokateur über «ver-
schobene» Aggression bis zu unbestimmteren, nicht mehr echt aggressiven Aktivitäten, und andererseits von eigener Handlung über eigene
Vorstellung bis zur Beobachtung anderer.

Katharsis-Wege	Gegen Provokateur	Gegen andere Ziele	Quasi-aggressive Aktivitäten
Eigene aggressive Handlung	Vergeltung	Aggression gegen andere Personen oder Objekte	Aggressiver Sport, Holz-hacken und dergleichen
Eigene Phantasie-aggression	Vergeltung vorgestellt, eventuell verba-lisiert	" vorgestellt, eventuell verba-lisiert	" vorgestellt, eventuell verba-lisiert
Stellvertre-tende (beob-achtete) Ag-gression	Angriff auf Provokateur, Schädigung beobachtet	" beobachtet	" beobachtet

(Erweitert und modifiziert nach DANN 1971a)

Die Kombination der drei mal drei Möglichkeiten ergibt neun Arten des Auslebens. Die Kategorisierung ist nicht die einzig denkbare und es sind auch nicht alle Möglichkeiten von gleich großer Bedeutung. Eine Differenzierung ist jedoch in jedem Falle sinnvoll, da man die Gleichwertigkeit von persönlicher Vergeltung am Provokateur und dem Zertrümmern von Geschirr ja nicht ohne weiteres voraussetzen kann, sondern erst untersuchen muß.

Untersuchungen zur Überprüfung der Katharsis-Hypothese wurden von deren bekanntesten Vertretern (wie LORENZ) nicht durchgeführt. Persönliche Eindrücke oder Überlegungen reichen aber zur Klärung der Frage nicht aus. Und auch berufliche «Erfahrungen» (z. B. BACH/GOLDBERG 1974) lassen keine Schlußfolgerungen über den Wert des Auslebens zu, wenn nicht auch eine Vergleichsgruppe mit einer anderen Tätigkeitsart herangezogen wird (ganz abgesehen von streng kontrollierten Durchführungsbedingungen und Meßmethoden).

Den wissenschaftlichen Untersuchungen zum Katharsis-Problem ist gemeinsam, daß sie zwei Gruppen von Versuchspersonen in bezug auf ihr aggressives Verhalten miteinander vergleichen, von denen die eine vorher Gelegenheit hatte, Aggressionen in einer der genannten Formen «auszuleben», die andere nicht.

Untersuchungsschema

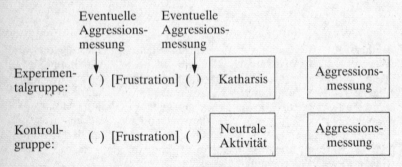

Unterschiede liegen vor allem in der Art der Katharsis und der Messung der Aggression (z. B. Fragebogen zur eigenen Stimmung, Elektroschocks, Antipathie gegen den Provokateur). Soweit die Versuchspersonen vorher frustriert wurden, wurde manchmal auch vor und nach der Frustration eine Aggressionsmessung vorgenommen, um zu sehen, ob die Frustration auch wirklich eine aggressive Stimmung erzeugt hatte. In einigen Untersuchungen wurden die Versuchspersonen vor der Katharsis nicht frustriert; hier ging es darum, aus dem (angeblich) ohnehin vorhandenen Aggressionsreservoir Energien abzuleiten. Über diese Studien soll zuerst berichtet werden.

2. Aggressionsverminderung durch Ausleben?

Allgemeine Senkung des «angestauten Aggressionspotentials»?

In den folgenden Untersuchungen geht es um die Frage, ob eigene oder beobachtete Aggression zu einem Zeitpunkt, zu dem die Person an sich kein akutes Aggressionsbedürfnis (Ärger) hat, Impulse für weitere Aggressionen vermindern kann. Es geht hier also um eine sehr unspezifische Katharsis: Der (angeblich) natürlicherweise anwachsende aggressive Energiedruck – auf Trieb oder Anhäufung von Frustrationen beruhend – soll auf die eine oder andere Weise abgelassen werden. Ist dies tatsächlich möglich?

Zunächst eine grundsätzliche Überlegung. Nach der Ableitungstheorie müßte man erwarten, daß Aggressionen in einem Bereich Aggressionen in einem anderen Bereich vermindern. Schon ALLPORT (1954; deutsch 1971, S. 361f) hat diese Vorstellung heftig kritisiert: «Wenn die Theorie der Ableitung richtig wäre, müßten wir innerhalb einer Nation in Kriegszeiten *weniger* Streitereien finden. Als die freitreibende Aggression der Bürger der Vereinigten Staaten mit ganzer Kraft gegen die feindlichen Deutschen, Italiener und Japaner im Zweiten Weltkrieg gerichtet war, hätten wir zu Hause Ruhe haben müssen. Aber die Lage war genau entgegengesetzt.» Und er weist hier darauf hin, «wie wild die feindlichen Gerüchte und wie gewalttätig die Rassenkrawalle waren – viel heftiger als in Friedenszeiten». Des weiteren zitiert ALLPORT verschiedene Untersuchungen, nach denen in einer Richtung geäußerte Aggressivität keineswegs die Wahrscheinlichkeit verringert, auch in einer anderen Richtung aggressiv zu sein. «Im Gegenteil, eine Person, die Aggression in einer Richtung ‹kanalisiert›, ‹kanalisiert› sie wahrscheinlich ebenso in andere Richtungen.»

Die weiteren Ausführungen sollen nun direkt die praktischen Maßnahmen zur «Ableitung von Aggression» unter die Lupe nehmen. Eine ältere bekannte Untersuchung stammt von FESHBACH (1956). Er gab über vier Wochen Kindern mehrfach Gelegenheit zum Spiel mit aggressivem Spielzeug (z. B. Cowboys, Indianer, Soldaten), während eine Kontrollgruppe neutrales Spielzeug erhielt (z. B. Eisenbahn, Circus). Es zeigte sich, daß die Kinder mit dem aggressiven Spielzeug häufigere thematische Aggressionen (wie Kämpfe zwischen Cowboys und Indianern) zeigten, daß bei ihnen aber auch nicht spielbezogene Aggressionen gegen andere Kinder (schimpfen, schlagen) häufiger auftraten. Statt zu einem Katharsiseffekt zu führen, hatte das aggressive Spiel also aggressives Verhalten gefördert. In die gleiche Richtung weisen auch andere Untersuchungen mit aggressivem Spiel (KENNY 1952, zit. n. BERKOWITZ 1962).

Bei einem Versuch mit Collegestudenten zeigte sich, daß das laute Aussprechen aggressiver Wörter nachfolgendes bestrafend-aggressives

124   Verminderung aggressiven Verhaltens

Verhalten (Elektroschocks) stimulierte und daß dadurch nicht etwa vorher «Aggressionen abreagiert» wurden (LOEW 1967).

Was hier für eigene aggressive Aktivitäten gefunden wurde, scheint auch für das Beobachten aggressiver Handlungen zu gelten. Sie regen aggressive Tendenzen an und/oder bauen Hemmungen ab. Hier sind zunächst noch einmal die Experimente von BANDURA und Mitarbeitern, HICKS und anderen Autoren zu erwähnen (vgl. S. 57ff), die allesamt eine aggressionsfördernde Wirkung aggressiver Modelle fanden, nicht aber eine Verminderung nachfolgender Aggressionen.

In einer weiteren Untersuchung (GOLDSTEIN/ARMS 1971) wurde bei Besuchern eines amerikanischen Football-Spiels sowie einer Gymnastik-Vorführung die aggressive Stimmung (mittels eines Fragebogens von BUSS/DURKEE) ermittelt. Bei den Football-Besuchern war ein Anstieg der aggressiven Stimmung festzustellen, unabhängig davon, ob ihre Mannschaft gewonnen oder verloren hatte; bei der Kontrollgruppe der Gymnastikbesucher gab es keinen Anstieg. Wenngleich der Effekt nicht unbedingt auf die Beobachtung des aggressiven Spiels zurückzuführen sein muß, da auch die Zuschauerdichte, die «Atmosphäre» und möglicherweise unterschiedliche Persönlichkeitsmerkmale der Football- und Gymnastikbesucher eine Rolle spielen können, so sprechen doch auch diese Ergebnisse in keinem Fall für, eher aber gegen die Katharsis-Hypothese.

Wer sich die Wirkung von Sportveranstaltungen, insbesondere solchen mit aggressiven Elementen (wie Boxen, Fußball) einmal genauer betrachtet hat, der wird allerdings schon von jeher bezweifelt haben, daß dabei wirklich in harmloser, ritualisierter Form Aggressionen abgebaut werden; und er wird sich auch durch sportwissenschaftliche Untersuchungen bestätigt sehen (vgl. etwa den Überblick von SPRENGER 1974). Nicht nur, daß während des Spieles oder Kampfes die Aggressivität der Spieler im allgemeinen eher zu- als abnimmt – es gibt auch zahllose Fälle, in denen das angeblich kathartische Spiel zu echten, brutalen Aggressionen geführt hat, wie Angriffe auf den Schiedsrichter, Schlägereien unter den Spielern oder unter den Zuschauern, die ja eigentlich durch das Zuschauen ihre aggressiven Bedürfnisse mildern sollten. Es liegt also viel näher, daß man durch die aggressive oder aggressionsnahe Aktivität erst richtig «in Fahrt» kommt, daß die Wettkämpfe Frustrationen mit sich bringen und daß die kämpfenden Sportler aggressive Handlungen in Form von Fouls (oder besser dicht davor) instrumentell zur Erlangung des Sieges einsetzen.

Insgesamt ist also auf Grund der Forschungsergebnisse jede Art Dampftopfmodell zurückzuweisen, nach der man sein «Aggressionspotential» gewissermaßen vorbeugend senken kann, etwa durch wöchentliches Boxtraining oder das Anschauen von Wildwestfilmen. *Eher sind davon – zumindest kurzfristig – stimulierende Effekte zu erwarten.*

Aggressionen «ausleben» – ein Irrweg   125

Es ist damit allerdings nicht ausgeschlossen, daß manche der erwähnten Empfehlungen etwas Richtiges enthalten, wenn auch in abgewandelter Form. So kann es durchaus hilfreich sein, Verhaltensweisen anzuregen, die normalerweise vermieden werden. Dazu kann auch das Werfen mit Lehm oder eine Rauferei gehören. Dennoch geht es dabei keineswegs um das Abreagieren von Aggressionen, sondern darum, «Verklemmungen» zu lockern, die Furcht vor neuen und ungezwungenen Verhaltensweisen abzubauen und ein Stück Selbstbehauptung in Gang zu setzen. Man kann dazu genausogut – und sollte auch vornehmlich – nichtaggressive Verhaltensweisen wählen (z. B. mit Fingern malen, Rumhopsen), wobei noch zu ergänzen ist, daß auch Werfen oder Schießen ganz unaggressiven Charakter haben kann.

Ähnlich ist es mit der Empfehlung, daß Unmut und Groll in einer wichtigen menschlichen Beziehung nicht gewohnheitsmäßig verdrängt und mit Höflichkeit kaschiert werden sollten. Dies ist sicher richtig. Doch auch hier geht es nicht um ein Abreagieren von Aggressionen, sondern um offenere Kommunikation und Problemklärung. Und man darf hier das Mitteilen von Gefühlen («Ich fühle mich in letzter Zeit vernachlässigt») nicht mit verbalen Aggressionen verwechseln, wie sie Bach & Goldberg als Ritual empfehlen (sich anschreien, Beleidigungen austauschen). Seine Probleme durch Schimpfen und Beleidigungen mitzuteilen, ist ein Einüben von aggressiven Verhaltensweisen (statt eines Auslebens). Solche Empfehlungen gehen irrigerweise davon aus, daß es nur die Alternative zwischen Verdrängen und aggressivem Ausbruch gibt. Nichtaggressive Äußerungsformen, die man nicht nur im arrangierten Ritual verwenden kann, werden dabei übersehen (hierzu Näheres in Kapitel 15).

Abbau akuter Ärger-Aggression?

Stellvertretende (beobachtete) Aggression
Wie sieht es nun aus, wenn man nicht zu irgendeinem Zeitpunkt sein «Aggressionspotential» abbauen will, sondern wenn man sich in einem akuten Erregungszustand – sprich: Ärger – befindet. Ist es hier nützlich, seine «Aggressionen abzureagieren»?

Nach Buss (1961) ist durch «Ausleben» ohne Ärger eine Aggressionssteigerung zu erwarten, bei Ärger hingegen eine kathartische Aggressionsverminderung. Diese Unterscheidung steht auch im Mittelpunkt einer Untersuchung von Feshbach (1961). Eine Gruppe von frustrierten und eine Gruppe von nichtgeärgerten Versuchspersonen bekam jeweils zur Hälfte einen aggressiven Film und einen neutralen Film zu sehen. Bei den verärgerten Studenten waren tatsächlich in anschließenden Aggressionstests (Wortassoziation; Einstellung zum Expe-

126 Verminderung aggressiven Verhaltens

riment) diejenigen, die den aggressiven Film gesehen hatten, weniger aggressiv als die, die den neutralen Film gesehen hatten. Bei der nichtfrustrierten Gruppe waren hingegen die, die den aggressiven Film sahen, etwas aggressiver als die, die den neutralen Film zu sehen bekamen (leichte Tendenz im Assoziationstest).

Die meisten Untersuchungen dieser Art kamen jedoch zu anderen Ergebnissen. So fand HARTMANN (1969) einen Anstieg der Aggression (Schocks an der Aggressionsmaschine) nach einem aggressiven Film (Schlägerei) im Vergleich zu einem Kontrollfilm (Basket-Ball-Spiel), und zwar sowohl bei verärgerten als auch bei nichtverärgerten Versuchspersonen. Auch in anderen Experimenten mit frustrierten Personen wirkte sich die stellvertretende (beobachtete) Aggression im Vergleich zu «neutralen» Modellen durchaus aggressionserhöhend aus (BERKOWITZ/RAWLINGS 1963; BERKOWITZ/CORVIN/HIERONIMUS 1963; GEEN/BERKOWITZ 1967; HANRATTY u. a. 1972). In keinem Falle konnte ein Katharsiseffekt beobachtet werden.

Nach diesen Untersuchungen ist eine Ärger-Katharsis durch die Beobachtung aggressiver Handlungen so wenig wahrscheinlich, daß man sie nicht als Mittel zur Bewältigung aggressiver Bedürfnisse ansehen kann. Unter anderem bedeutet dies für die Frage aggressiver Filme: Wenn auch darüber zu streiten ist, ob sie aufs ganze gesehen eine nennenswerte Gefahr darstellen (vgl. hierzu S. 66 f), so wäre es doch falsch, ausgerechnet aggressive Filme für den Abbau aggressiver Neigungen – akuter oder latenter – zu empfehlen. *Denn eine Katharsis ist davon nicht zu erwarten, eher eine Verschärfung* (vgl. auch KUNCZIK 1975, KREBS 1973).

Eigene aggressive Aktivität
Wie aber steht es um die Katharsis-Hypothese, wenn man es mit eigener (statt stellvertretender) Aggression zu tun hat? Dabei mag es sich um eigene Phantasien handeln – diese Ebene steht dem ebenfalls äußerlich passiven Beobachten noch nahe – oder um «echte» verbale oder motorische Aggressionen.

In einer häufig zitierten Arbeit mit Phantasie-Aggressionen von FESHBACH (1955) hatten verärgerte Versuchspersonen Gelegenheit, zu Bildern Geschichten zu erzählen und dabei ihren Ärger auszudrücken. Die Vergleichsgruppe hatte als neutrale Aktivität Denkaufgaben zu bearbeiten. In den nachfolgenden Tests (Satzergänzungen, Einstellungsfragebogen) äußerte sich die Katharsis-Gruppe weniger aggressiv. Jedoch konnte dieser Effekt in zwei ähnlichen Untersuchungen von LESSER (1963) sowie HORNBERGER (zit. n. BERKOWITZ 1962) nicht wiederholt werden.

HORNBERGER fand darüber hinaus, daß Versuchspersonen, die Gelegenheit hatten, 10 Minuten lang Nägel einzuschlagen (physische Quasi-Aggression), anschließend mehr Aggressionen äußerten (im Satzergänzungstest) als die anderen Gruppen (Geschichten erzählen sowie Denk-

Aggressionen «ausleben» – ein Irrweg   127

aufgaben). Offenbar hatte das Hämmern Aggressionen eher stimuliert als «abgeführt». Ebenso fand RYAN (1970) keine Bestätigung der Annahme, daß heftige motorische Aktivität aggressive Tendenzen mindert. Jedenfalls machte es in den Aggressionswerten (Erteilen von Elektroschocks; Ärgereinschätzung) keinen Unterschied, ob die Versuchspersonen vorher kräftig schlagen konnten (in einer Art Haut-den-Lucas-Spiel) oder nur stillgesessen hatten.

Nicht nur ein aggressionsnahes, sondern eindeutig aggressives Spiel benutzten MALLICK & McCANDLESS (1966) in einem Versuch mit neunjährigen Kindern. Diese waren vorher in einem Wettbewerb von einem Mitspieler verärgert worden und hatten später Gelegenheit, auf ein Bild zu schießen, das in Geschlecht und Alter dem «Übeltäter» glich. Dies wirkte sich aber keineswegs aggressionsmindernd aus, wie sich nachfolgend zeigte, als die Kinder den Provokateur bei einer Leistungsaufgabe behindern konnten. Ebenfalls nicht kathartisch, sondern vielmehr aggressionssteigernd wirkte in der schon erwähnten (s. S. 123) Untersuchung von LOEW (1967) das Aussprechen aggressiver Wörter bei verärgerten Studenten.

Ohne die teilweise bestehenden Differenzen klären zu können, kann man aus der Gesamttendenz der Befunde für den Alltag wohl folgendes ableiten: Im akuten Zorn alte Tassen zu zerschlagen oder ähnliche Methoden anzuwenden, wird zwar im allgemeinen nicht schädlich sein (wenn man es bewußt auf eine kurze Handlung begrenzt und nicht zur gängigen Gewohnheit macht). *Jedoch ist es offenbar auch keineswegs besonders aggressionsvermindernd;* jedenfalls nicht mehr, eher weniger als andere nichtaggressive Tätigkeiten, die weniger ungestüm sind und ein geringeres Risiko einer versehentlichen «Entgleisung» bergen.

Vergeltung

Nachdem zuvor die Katharsiswege auf Grund negativer Befunde immer weiter eingeengt wurden – zuletzt auf eigene Aggression bei akutem Ärger –, soll nun die begrenzteste Form diskutiert werden: das Abreagieren der Gefühle durch Aggression gegen den Provokateur.

Nehmen wir an, daß jemand von einem anderen (in den Experimenten vom heimlichen Helfer des Versuchsleiters) provozierend beurteilt wird (z. B. «ist arrogant»). Wie wirkt es sich nun auf die Einstellung zu dieser Person aus, wenn man darauf mit einer negativen Gegenbeurteilung antworten kann (Katharsis-Bedingung) beziehungsweise dies nicht kann. THIBAUT & COULES (1952) fanden einen Katharsiseffekt: Die abschließende Bewertung war weniger negativ, wenn die Versuchsperson schon einmal ihren Ärger in einer Gegenbeurteilung «abladen» konnte. Hingegen fanden BERKOWITZ, GREEN, McCAULEY (1962) einen entgegengesetzten Effekt: Die Gelegenheit zur Vergeltung hatte offenbar den Ärger eher wachgehalten, statt ihn abzumildern. In einer weite-

128 Verminderung aggressiven Verhaltens

ren Untersuchung von BERKOWITZ (1964) machte die Gewährung oder Unterbindung der Gegenreaktion als solche keinen Unterschied aus, was ebenfalls gegen eine Katharsis spricht. Nur wenn den Versuchspersonen vorher gesagt worden war, sie würden Gelegenheit zur Gegenbeurteilung haben, diese Erwartung dann aber enttäuscht wurde, fand sich im Abschlußtest relativ hohe Aggression; vermutlich weil dies eine zusätzliche Frustration war.

Die uneinheitlichen Befunde sind auch nach neueren Untersuchungen geblieben. So ergab sich bei DOOB (1970) sowie DOOB & WOOD (1972) eine verminderte Aggression, nachdem die Versuchspersonen den Provokateur schädigen konnten oder gesehen hatten, wie er von einer anderen Person geschädigt wurde. Demgegenüber fanden GEEN, STONNER & SHOPE (1975) nach eigener Vergeltung höhere Aggression (sowohl Schocks wie auch Antipathie) gegen den Provokateur als ohne diese Möglichkeit. Mit einem andersartigen Zugang zu dem Problem konnte DANN (1971 b) ebenfalls keine Bestätigung der Katharsis-Hypothese finden. Er überprüfte die Annahme verschiedener Autoren, daß sich aggressive Impulse störend auf kognitive Leistungen wie Denken auswirken und durch eine kathartische Aggression solche Störungen vermieden werden können.

Insgesamt wurden in den verschiedenen Untersuchungen nach einer Aggression gegen den Provokateur – verglichen mit der Kontrollgruppe – sowohl erhöhte als auch verringerte als auch gleiche Aggressionswerte gefunden. Wo die Vergeltung weitere Aggression begünstigte (steigerte oder aufrechterhielt), kann dies folgende Gründe haben (vgl. etwa BERKOWITZ 1962; 1970a; DOOB/WOOD 1972; GEEN u. a. 1975):

o Es kommt zu einer Selbststimulierung (indem z. B. die Beschäftigung mit der Provokation wachgehalten wird).
o Es wird ein «konsequentes» Verhalten gegenüber dem Provokateur angestrebt.
o Die Vergeltung wird nachträglich zu rechtfertigen versucht; etwa indem man die Provokation als wirklich «schlimm» beurteilt, was nun wiederum Hemmungen abbaut.
o Die Vergeltung ist angenehm, das heißt, die Aggression bekräftigt sich selbst.

Für Ergebnisse, die demgegenüber im Sinne der Katharsis-Hypothese ausfielen, betonen auch DOOB & WOOD (1972) die sehr begrenzte spezifische Form dieser Katharsis: Der Betroffene ist mit dem Provokateur «quitt» und hat kein Bedürfnis mehr zu weiterer Vergeltung. Man kann daraus also nicht auf ein gänzliches Verschwinden aggressiver Gefühle schließen. Andere Autoren (wie z. B. BERKOWITZ 1962, DANN 1971a, b) vermuten, daß hinter solchen Befunden überhaupt keine kathartische Bedürfnisreduktion steht, sondern daß nach der aggressiven Handlung Schuldgefühle auftreten können, die weitere Aggressionen hemmen.

Aggression...

…ist Höflichkeit, die einem zum Halse heraushängt.

Höflichkeit sei, wie Schopenhauer fand, eine falsche Münze: mit einer solchen sparsam zu sein, beweise Unwissen.

Aggressionen wären demnach die echten Münzen. Mit solchen sparsam zu sein, beweist allemal Verstand.

Pfandbrief und Kommunalobligation

Meistgekaufte deutsche Wertpapiere - hoher Zinsertrag - schon ab 100 DM bei allen Banken und Sparkassen

Verbriefte Sicherheit

Aggressionen «ausleben» – ein Irrweg   129

Nach alledem ist es möglich, daß durch eine aggressive Vergeltung eine Vielzahl von Prozessen ausgelöst werden kann, die je nach Individuum und besonderer Situation unterschiedlich aussehen und damit unterschiedliche Konsequenzen für weitere Aggressionen haben können.

Allerdings muß man wohl fragen, wie weit die Klärung dieser Frage nicht ohnehin primär nur von theoretischem Interesse ist. Denn selbst *wenn* wir eindeutige Erklärungen für eindeutige Befunde hätten, die durchgehend für eine Aggressionsverminderung als Konsequenz der Vergeltung sprächen, was würde dies für die Praxis bedeuten? Es würde bedeuten, daß wir genau das zu tun hätten, was wir ja gerade abbauen wollen: aggressive Handlungen im Sinne einer Schädigung des Gegners. In Abwandlung eines Satzes von HACKER (1971, S. 15) ließe sich dann sagen: «Vergeltungs-Katharsis ist das Problem, als dessen Lösung sie sich ausgibt» (bei HACKER: «Gewalt ist . . .»). *Für die Frage der Aggressionsbewältigung ist also die Lösung ohnehin woanders zu suchen;* und es waren unter diesem Aspekt auch nur die vorher besprochenen «harmloseren» Formen der Katharsis von Interesse, von denen jedoch, wie dargestellt, keine Hilfe zu erwarten ist.

3. Erleichterung durch Ausleben?

Wenn nach den bisherigen Erörterungen keine kathartische Verminderung weiterer aggressiven Verhaltens oder aggressiver Einstellungen (wie Antipathie) zu erwarten ist, stimmt dann auch die Alltags-«Erfahrung» nicht, daß wir uns nach einer Aggression «besser» fühlen (zweiter Katharsis-Aspekt, vgl. S. 121)?

Zunächst einmal ist zu beachten, daß dies ohnehin keinesfalls allgemein gelten kann, denn häufig treten im Gegenteil nach aggressivem Verhalten Schuldgefühle und Ärger über das eigene Verhalten auf. In manchen Fällen aber wird offenbar das «Dampfablassen», «seinem Ärger Luft machen» als befreiend und erleichternd empfunden. Auch ist es den meisten Menschen angenehm, wenn ihrem Feind oder sonst jemandem, über den sie sich ärgerten, etwas Unerfreuliches widerfährt («Schadenfreude»).

Dies wurde auch in verschiedenen Experimenten gefunden (z. B. BRAMEL/TAUB/BLUM 1968), darunter auch in solchen, die ansonsten gegen die Katharsis-Hypothese sprechen: Die Versuchspersonen fühlten sich besser, wenn sie den Provokateur «zurückschocken» konnten (BERKOWITZ 1964), wenn sie hörten, er habe bei seinen Aufgaben schlecht abgeschnitten (BERKOWITZ/GREEN/MCCAULEY 1962), oder wenn er lächerlich gemacht wurde (BERKOWITZ 1970b). Wichtig ist, daß das «Besser-fühlen» nach der eigenen oder beobachteten Vergeltung *nicht* zugleich eine verminderte Aggressionstendenz bedeuten muß; diese kann

130 Verminderung aggressiven Verhaltens

dadurch, wie vorher ausgeführt, auch gerade wachgehalten werden.

Bei der Frage nach Veränderungen im Sinne einer «Erleichterung» muß man wohl auch die Untersuchungen berücksichtigen, in denen nicht nach dem subjektiven Befinden gefragt wurde, sondern die Spannungszustände im Organismus physiologisch gemessen wurden. In diesen Experimenten wurde bei den Versuchspersonen nach einer Verärgerung regelmäßig ein Anstieg physiologischer Spannung – meist gemessen am systolischen Blutdruck – festgestellt, und die Frage war nun, ob Gelegenheit zur Aggression eine Spannungsreduktion herbeiführte (genauer: schneller als ohne «Katharsis»).

HOKANSON und seine Mitarbeiter haben dazu eine große Zahl von Untersuchungen durchgeführt (zusammenfassend HOKANSON 1970). Tatsächlich wurde die Möglichkeit bestätigt, die Spannung durch eine aggressive Reaktion zu senken (HOKANSON/SHETLER, 1961; HOKANSON/BURGESS 1962a). Der Effekt hängt jedoch von einer ganzen Reihe von Bedingungen ab.

Wichtig ist einmal die Art der Katharsis-Aggression. So kommt eine Spannungsreduktion im wesentlichen nur vor, wenn durch die körperliche oder verbale Aggression der Provokateur tatsächlich getroffen wird, nicht hingegen bei Aggression gegen Ersatzpersonen oder bei Phantasieaggressionen (Geschichten erzählen) (HOKANSON/BURGESS 1962b; HOKANSON/BURGESS/COHEN 1963). Auch erwies sich die Möglichkeit, dem Versuchsleiter den Ärger über den Provokateur (einen Assistenten des Versuchsleiters) mitzuteilen, in einem Experiment von KAHN (1966) als spannungserhaltend statt spannungssenkend. Des weiteren ist der Effekt nur bei Aggression gegen Provokateure von gleichem oder geringerem sozialen Status eindeutig, während gegenüber ranghöheren *keine* Aggression genauso oder sogar günstiger wirkt (HOKANSON/SHETLER 1961; HOKANSON/BURGESS 1962a).

Von großer Bedeutung sind auch individuelle Unterschiede. Hier ist vor allem der Befund zu nennen, daß die physiologische Spannungsreduktion nach Gegenaggression im wesentlichen nur bei männlichen Personen gefunden wurde. Bei weiblichen Versuchspersonen hingegen trat meist der gegenteilige Effekt ein, also eine geringere Spannungsreduktion durch «Katharsis» als durch ignorierende oder entgegenkommende Reaktionen (HOKANSON/EDELMAN 1966; HOKANSON/WILLERS/KOROPSAK 1968) oder neutrale Aktivitäten (HOLMES 1966). Es ist naheliegend, dies aus der geschlechtsspezifischen Sozialisation zu erklären: Frauen lernen, daß sie weniger aggressiv sein dürfen als Männer, von denen aggressives Verhalten oft geradezu erwartet wird. Hiermit gut vereinbar ist auch das Ergebnis, daß die Neigung zu Schuldgefühlen sich bei direkter wie verschobener Gegenaggression spannungserhaltend oder -steigernd auszuwirken scheint (GAMBARO/RABIN 1969). Man kann nun noch den Befund von SOSA (zit. n. HOKANSON 1970) hinnehmen, daß Gefängnisinsassen mit aggressivem Hintergrund eher durch aggressive Reaktionen, Insassen mit passiver Reaktionsneigung bei Frustrationen eher durch nichtaggressive Reaktionen eine Spannungsreduktion erfahren. Und dann ist aus alledem wohl zu folgern, daß der Blutdruck sich wahrscheinlich «dann am schnellsten (normalisiert), wenn man das tun kann, was man als Reaktion auf Verärgerung gelernt hat» (SELG 1971, S. 32).

Demgemäß müßten sich die vorrangigen «Katharsis»-Effekte verändern können, wenn man lernt, entgegen dem «natürlichen» Verhalten zu reagieren. In einer Untersuchung von HOKANSON, WILLERS & KOROPSAK (1968) wurden weibliche Versuchspersonen für aggressives Verhalten durch Erfolge belohnt, für nichtaggressives Verhalten bestraft. Auf diese Weise nahmen bei den Frauen die aggressiven Reaktionen zu, und eine physiologische Katharsis trat jetzt eher durch aggressives als durch nichtaggressives Verhalten ein. Umgekehrt ging man bei männlichen Versuchspersonen vor, bei denen dann auch alsbald eher nichtaggressive statt aggressive Reaktionen zu einer schnelleren Spannungsreduktion führten. Es können sogar Selbstbestrafungen zur effektivsten Katharsis werden, wenn sie (etwa durch Vermeidung weiteren Ärgers) bekräftigt werden (STONE/HOKANSON 1969).

Es ist also festzuhalten, daß eine aggressive Spannung (Ärger) nicht nur durch eine aggressive Reaktion reduziert werden kann. Wenngleich dies notwendig und sehr «natürlich» erscheinen mag, ist dies doch lediglich ein Spezialfall aus zahlreichen – auch nichtaggressiven – Verhaltensweisen, die den gleichen Effekt haben können.

Immerhin ist es aber ein Fall, der in der Praxis häufig vorkommt, und es ist zu fragen, *warum* eine aggressive Antwort eine subjektive Erleichterung, ein «Besser-fühlen» mit sich bringen kann. Folgende Gründe scheinen denkbar:

1. Die Aggression führt zum Erfolg, sie beseitigt die Frustration. Wenn man z. B. mit einem «Machtwort» erreicht, daß der Provokateur nachgibt, soll man sich wohl erleichtert fühlen.

2. Die Tatsache, daß man den Gegner treffen kann, ist eine Bestätigung der eigenen Stärke (vgl. hierzu Kapitel 6, S. 76).

3. Die Vergeltung schafft den «gerechten Ausgleich», und zwar auch dann, wenn sie von einer dritten Person kommt.

4. Es ist möglich, daß der aggressiven Handlung ein spannungsvoller innerer Konflikt (zwischen aggressiven und nichtaggressiven Verhaltenstendenzen) vorausging, der nun – ob «angemessen» oder nicht – vorerst beendet ist.

Dies alles hat aber nichts mit einer Abfuhr von angestauten aggressiven Energien zu tun. Man denke im übrigen auch an den Fall, daß der andere sich entschuldigt oder die Provokation sich als Mißverständnis herausstellt: Im Nu kann der Ärger verschwinden und eine Entspannung eintreten – ohne irgendein «Abreagieren».

132 Verminderung aggressiven Verhaltens

4. Schlußfolgerungen:
Was ist gefährlich, was unnötig, was hilfreich?

Faßt man die zahlreichen Ergebnisse zur Katharsis-Hypothese zusammen, so ist als einziger gesicherter Effekt übriggeblieben, daß Vergeltung am Provokateur (eigene oder beobachtete) häufig zu einem subjektiv «besseren» Gefühl führt. Unter praktischen Gesichtspunkten ist jedoch selbst dieses Ergebnis keineswegs hilfreich, sondern eher gefährlich. Denn es bedeutet eine Bekräftigung der Vergeltungshandlung und damit – langfristig gesehen – ein eher häufigeres Auftreten in der Zukunft. Demgegenüber ist die Katharsis-Hypothese schon ungesichert bei der Frage, ob durch die Vergeltung auch nachfolgend aggressives Verhalten abnimmt. Und sie ist gänzlich zu bestreiten bei den allein praktisch interessanten Formen eines irgendwie ersatzartig-harmlosen «Auslebens» von Aggression:

○ Es ist nicht möglich, gewissermaßen vorbeugend ein Aggressions-«Reservoir» zu reduzieren, etwa durch aggressives Spiel, Wettkämpfe oder Betrachten von Aggressionen. Dies birgt eher die Gefahr einer Stimulierung und Einübung aggressiven Verhaltens in sich (vgl. S. 123 f).

○ Auch im Falle des akuten Ärgers sind aggressive Aktivitäten nicht besonders geeignet, um sich «abzureagieren», weder das Anschauen aggressiver Modelle, noch eigene Phantasien oder eigene aggressive oder quasi-aggressive Handlungen. Soweit sie nicht vielmehr zu einer Stimulierung führen, sind sie doch zumindest nicht effektiver als «neutrale» Aktivitäten und insofern unnötig. Die prinzipielle Unnötigkeit wurde auch durch die Untersuchungen zur physiologischen Spannungsreduktion nachgewiesen. Das Gefühl der Erleichterung ist auch auf andere als aggressive Weise zu erreichen. Manche Menschen müssen dies jedoch erst lernen.

Daß aggressives Verhalten zur Ärger-Reduktion unnötig ist, ist natürlich etwas anderes als die Frage, ob es gefährlich ist. In vielen Fällen ist es sicherlich harmlos (z. B. quasi-aggressive Tätigkeiten wie Holzhacken), aber prinzipiell bergen sie mehr Risiken als nichtaggressive Lösungen, jedenfalls im Beisein von anderen. Zwar mag Schimpfen häufig nicht nur berechtigt, sondern auch völlig problemlos sein. Oft hat es aber Modell-Effekte und löst Eskalationen aus; oder es ruft im Gegenteil Bekräftigungen hervor (Zugeständnisse, Tröstungen, Partei-ergreifen), die solches Verhalten für die Zukunft stabilisieren. Und wenn sich jemand – um ein weiteres Beispiel zu nennen – in aggressiver Stimmung in ein Fußballspiel begibt, so besteht die Gefahr, daß er dabei ungewollt zu einem aggressiveren Spielklima beiträgt. Dies muß nicht passieren, aber es kann (bei unzureichender Selbstkontrolle). Aus diesen Gründen sind nichtaggressive Formen der Ärgerreduktion in der Regel günstiger.

Was wäre zu tun? Eine Schülerin erzählte einmal, daß sie, wenn sie in ärgerlicher Stimmung sei, sich häufig ans Klavier setze und kräftig drauf-losspiele; dann gehe es ihr wieder besser. Warum? Handelt es sich hier doch um eine quasi-aggressive Aktivität, die Aggressionen abreagiert? Wohl kaum, denn andere Menschen legen sich eine Schallplatte auf, andere gehen spazieren usw. Man sollte also das Augenmerk auf die «neutralen» Aktivitäten lenken, die in den Experimenten als Vergleich herangezogen wurden (nichtaggressive Filme, Spiele, Denkaufgaben, Witze hören, stilles Sitzen). Sie waren ja durchweg günstiger oder genau-so effektiv wie die aggressive «Katharsis». Dies alles legt die Vermutung nahe, daß das eigentlich Wichtige das ist, was man als *Ablenkung* be-zeichnet. Ablenken kann nun auch ein Krimi oder Wettkampf; da sieht es dann wie ein «Abreagieren» aus. Aber das Wesentliche daran ist offenbar, daß man etwas tut, was Gedanken und Gefühle hervorruft, die mit dem Ärger gerade nichts zu tun haben. Hier hat sich – so nebenbei – aus der Katharsis-Forschung ein Ansatz ergeben, der in eine andere Lösungsrichtung weist; er soll in Kapitel 15 (über das Erlernen alternati-ven Verhaltens) noch einmal aufgegriffen werden. Dasselbe gilt für das schon erwähnte Mitteilen von Problemen und Gefühlen als Alternative zum wechselseitigen Beschimpfen.

Kapitel 12
Lösungsrichtung 2:
Die Anreger vermindern

Aggressives Verhalten wird, wie dargestellt, nicht durch einen einzelnen Faktor «verursacht», sondern kann durch verschiedene Faktoren «ange-regt» werden, die aber nur dann zu aggressivem Verhalten führen, wenn auf seiten der Person eine entsprechende «Anregbarkeit» oder «Bereit-schaft» vorliegt. Wir wollen uns nun mit Maßnahmen auf der Seite der situativen Anregungsvariablen befassen. Es wurden vier genannt:
1. Frustrationssituationen,
2. positive Anreize (bei instrumenteller Aggression),
3. aggressive Modelle,
4. aggressive Hinweisreize.
Von den genannten Anregern ist die Reduzierung der positiven An-reize im allgemeinen unrealistisch. Weder wäre es wünschenswert, all die Güter, die uns erstrebenswert erscheinen mögen, aus der Welt zu schaf-

134 Verminderung aggressiven Verhaltens

fen, noch wäre das möglich; denn auch in einer «armseligen» Welt –
und oft gerade hier – gäbe es noch genug Dinge (etwa Nahrung), für die
sich aggressiver Einsatz lohnen würde. In manchen Fällen mag wohl die
Beseitigung des Anreizes sinnvoll sein (z. B. Bekämpfung von Rausch-
giftkriminalität durch Verhinderung von Rauschgiftanbau). Doch meistens sind nicht die Anreize selbst das Problem – materielle Güter, soziale Anerkennung usw. –, sondern etwas anderes: Sie werden überbewertet und daher ohne Rücksicht auf andere Werte angestrebt (hierzu
mehr in Kapitel 13). Oder: Sie sind zu ungleich verteilt, so daß für die
Benachteiligten eine Frustration entstehen kann. Oder: Die Anreize
werden als Bekräftigungen falsch eingesetzt, nämlich für aggressives
statt für alternatives Verhalten (hierzu s. Kapitel 15).

Aus diesen Gründen wird die Aggressionsbewältigung nach dem
Prinzip der Verminderung von Anregern hier auf die Faktoren Frustration, Modell und Hinweisreiz beschränkt. In allen Fällen geht es um
Veränderungen der Situation, nicht der Person; dabei gehören zur Situation alle ein Individuum umgebenden Bedingungen einschließlich
anderer Menschen.

1. Verminderung von Frustrationsbedingungen in verschiede-
nen Lebensbereichen

Aus der Frustrations-Aggressions-Hypothese ist von Anbeginn von verschiedenen Seiten die Konsequenz gezogen worden, daß das Aggressionsproblem durch Vermeidung oder wenigstens Reduzierung von Frustrationen angegangen werden kann. Nun hat, wie in Kapitel 5 dargestellt, die Frustrations-Aggressions-Hypothese erhebliche Relativierun-
gen erfahren, die zwangsläufig auch das Gewicht der Frustrationen als
Angelpunkt der Aggressionsbewältigung schmälern müssen. Aber sie
sollten hierfür auch dann noch von Bedeutung sein, wenn man sie nicht
als «Ursache», sondern nur noch als eine Anregungsvariable betrachtet,
die bei entsprechenden Lernprozessen und anderen Faktoren auch zu
nichtaggressivem Verhalten führen kann. Denn *ohne* Frustrationen würden manche «aggressiven Lernprozesse» nicht in Gang gesetzt und manche gelernte Aggression nicht aktiviert.

Das Gewicht, das der Aufhebung von Frustrationsbedingungen bei
der Aggressionsbewältigung zukommt, ist bisher im einzelnen nicht systematisch untersucht worden. Grundsätzlich sprechen aber für diesen
Ansatzpunkt zahlreiche, zum Teil recht triviale Erfahrungen. Man kann
hier verweisen auf

○ den indirekten Beleg, daß eben Frustrationsereignisse ein Anregungsfaktor für Aggressionen sind;

○ die «Nebenerscheinung» von Aggressionsexperimenten, daß nach

Aufhebung der experimentellen Frustration (meist auch Aufklärung der Versuchspersonen) auch das erzeugte aggressive Verhalten verschwindet;

○ die zahlreichen Alltagserfahrungen, die ebenfalls zeigen, daß wir uns mit Beendigung solcher Situationen wohler fühlen und freundlicher werden; «so kann der mißmutigste und bösartigste Angestellte ein erträglicher Mitarbeiter werden, wenn er an einen Arbeitsplatz kommt, wo er sich wohl fühlt, wo er seltener gestört wird, wo er die gestellten Aufgaben beherrscht» (FÜRNTRATT 1974, S. 383);

○ Beispiele, in denen soziale Unruhen durch Verbesserung der Lebenssituation beendet wurden;

○ Erfahrungen aus Erziehungsberatung und Therapie, nach denen z. B. durch Beseitigung häuslicher Frustrationen (Einengung, Herabsetzung) oder durch eine akzeptierende Therapie-Situation Aggressionsverminderungen begünstigt werden.

Die letzten Beispiele (soziale Verbesserung, Beratung/Therapie), in denen es nicht nur um momentane, sondern um relativ langfristige Veränderungen geht, leiden allerdings unter dem wissenschaftlich unbefriedigenden Umstand, daß es schwierig zu bestimmen ist, wie weit die Änderung durch die Aufhebung der Frustrationen als solche erreicht wird. Denn im allgemeinen kommen noch weitere Bedingungen hinzu. So werden im Falle politisch-sozialer Aggression z. B. auch Ordnungsmaßnahmen ergriffen; und im Falle des aggressiven Kindes wird die Therapie oder Beratung auch versuchen, das Erlernen neuer Verhaltensweisen (wie Selbständigkeit, Kooperation) in Gang zu setzen.

Trotz dieser Schwierigkeiten bleibt es berechtigt, in der Aufhebung und Vermeidung von frustrierenden Bedingungen eine oftmals wichtige, manchmal entscheidende Voraussetzung zum Aggressionsabbau zu sehen. In vielen Fällen ist es aber für eine dauerhafte Lösung keineswegs ausreichend, den Blick lediglich auf den Frustrationszustand zu richten und ihn zu beenden (z. B. in einem sozialen Konflikt, indem materielle Zugeständnisse gemacht werden), wenn dadurch nämlich zwar eine momentane Erleichterung und Beruhigung zu erreichen ist, die eigentlichen Probleme aber unverändert bleiben (z. B. unsachgemäße Machtverteilungen, fehlerhafte Kommunikationsformen) und daher immer neue Frustrationen schaffen. Manchmal ist die Beseitigung einer Frustrationssituation nicht einmal eine notwendige Bedingung; dann nämlich, wenn das eigentliche Problem nicht die Frustrationen, sondern die Reaktionen des Frustrierten sind, wie im Falle des verwöhnten Kindes.

Wo wäre nun anzusetzen, um Frustrationsbedingungen besser unter Kontrolle zu halten? Schon bei flüchtiger Überlegung drängt sich ein «praktisch überall» auf, wobei der eine aber den Akzent mehr auf die Arbeitswelt, der andere auf die Familie, der dritte auf die Verteilung des Wohlstandes legen mag. Jedenfalls sind hier sicherlich überwiegend

136 Verminderung aggressiven Verhaltens

Probleme zu nennen, die «hinreichend bekannt» sind. Was zu tun wäre, reicht also von der Ausbreitung frustrationsärmerer Erziehungsmethoden über die Verbesserung von Arbeitsbedingungen bis zur Bekämpfung von Armut und sozialer Ungerechtigkeit. Im folgenden sollen nur einige Beispiele kurz erwähnt werden, um die «Frustrationssituation» als psychologische Variable in soziale Zusammenhänge einzuordnen.

Erziehung und Familie

Zweifellos ist die Erziehung – familiär und außerfamiliär – als äußerst einflußreiche Lebensbedingung anzusehen. So sind die Eltern auf Grund der ungeheuren Macht, die sie über das Leben des Kindes haben, eine primäre Quelle von Befriedigung wie Frustration. Sicherlich ist es bei den meisten Eltern so, daß Frustrationen eher einfach «geschehen», als daß sie bewußt erzieherisch eingesetzt würden. Manche Eltern haben zwar eine darlegbare Meinung zu diesem Problem – etwa: Frustrationen sind schädlich und sollen vermieden werden, oder aber: eine «harte» Erziehung ist die beste Vorbereitung für das reale Leben –, doch sind dies häufig eher Rechtfertigungen des eigenen Verhaltens als Konzeptionen, die das Verhalten bestimmen.

Über die Bedeutung erzieherischer Frustrationen für aggressive Entwicklungen wurde bereits gesprochen (vgl. S. 53f), wobei sich die Kombination «feindselig-permissiv» als besonders aggressivitätsfördernd erwies und generell die Einbeziehung lernpsychologischer Aspekte (Modelle, Bekräftigungen) betont wurde. Hier sollen nun einige Konsequenzen für Erziehungsziele und -methoden gezogen werden.

In einer sinnvollen Konzeption müssen *zugleich zwei Ziele* verfolgt werden:

1. Seelische Schäden durch Frustrationen müssen vermieden werden.
2. Das Kind muß lernen, mit Frustrationen angemessen fertigzuwerden.

Es ist sicher oft schwierig, das eine Ziel anzustreben, ohne das andere zu vernachlässigen. Eine klare Abgrenzung zulässiger und unzulässiger Frustration ist wegen der individuell unterschiedlichen Wirkung gleicher Frustrationsbedingungen nicht möglich. Die folgenden Gesichtspunkte mögen jedoch als Orientierung dienen. Vermieden werden sollten:

o wiederkehrende Frustrationen, durch die das Kind lernt, seine Umwelt als bedrohlich zu erleben, die das «Urvertrauen» des Kindes (ERIKSON) beeinträchtigen: also häufige und starke Bestrafungen, Herabsetzungen usw. Zu bedenken ist, daß solche Erfahrungen zugleich aggressive Modelle sein können;

o Anforderungen, die so groß sind, daß eine Problembewältigung nicht möglich ist (Überforderung), bei denen das Kind sich nur als «unfähig» erfahren kann, ohne daß es dazu angeleitet wird oder selbst dazu

Die Anreger vermindern   137

kommt, Ersatz oder Verzicht als sinnvolle Lösung zu akzeptieren, die das Selbstwertgefühl nicht tiefer beeinträchtigt;

○ Umweltverhalten wie weitgehende Nichtbeachtung oder Verwehrung ausreichender Selbstdurchsetzung, für die sich aggressives Verhalten als «Ausweg» anbieten mag.

Andererseits sollten natürliche, sachbedingte Frustrationen im Umgang mit Aufgaben und Menschen (Mißerfolge, Verzichte, Bedürfnisaufschub) nicht vom Kind ferngehalten werden (das wäre Verwöhnung), sondern es sollte daran lernen, angemessen damit fertigzuwerden. «Angemessen» heißt vor allem problemlösend, konstruktiv; jedoch kann je nach Situation auch Aufgeben oder Änderung des Zieles angemessen sein. Natürliche Konsequenzen aus dem eigenen Tun (z. B. bei Anrichtung von Schäden) sollte das Kind – im Rahmen seiner Möglichkeiten – selber tragen (vgl. hierzu TAUSCH/TAUSCH 1970).

Ein Beispiel: Das Kind muß lernen, sachbedingte Mißerfolge und Verzichte zu ertragen, die mit dem Schulbesuch verbunden sind. Das Kind sollte lernen, wie es konstruktiv damit fertig wird (durch Anstrengung, Zeiteinteilung, Lerntechniken), gegebenenfalls aber auch eigene Schwächen akzeptieren oder Ansprüche senken. Andererseits sollten in diesem Bereich keinesfalls Frustrationen wie Bestrafung, Verachtung oder Lächerlichmachen als Mittel zur Leistungssteigerung benutzt werden. Ebenso können Frustrationen – auch wenn sie sich aus der Lernaufgabe ergeben – nicht mehr als sachlich notwendig angesehen werden, wenn das Kind nichts Sinnvolles mehr daran lernen kann, sondern es zu ständigen Konflikten, zu starken emotionellen Reaktionen ängstlicher oder aggressiver Art kommt. Es liegt dann eine Dauerfrustration in Form einer Überforderung vor, die durch zu hohe Ansprüche der Eltern, Fähigkeitsmängel des Kindes oder äußere Umstände bedingt sein mag. Hier wäre dann eine Abänderung der Lernsituation nötig (besondere Förderung, Schulwechsel). – Da Erziehungsfehler teilweise auf bloßer Unkenntnis beruhen, ist langfristig von verstärkter Information und Anleitung für Eltern eine gewisse Hilfe zu erhoffen.

Was eben als Erziehungsziel genannt wurde, kann durchaus als allgemeine Forderung gelten: Es ist gleichermaßen notwendig, Frustrationen «vernünftig» bewältigen zu können wie auch unnötige Behinderungen oder Schädigungen zu vermeiden. Von diesen aber gibt es nicht nur in der Erziehung allzu viele (dies trifft in jedem Falle zu, trotz aller Unschärfe des Adjektivs «unnötig»).

Es gilt – neben der Erziehung – generell für die familiären Beziehungen. Viele vermeidbare Frustrationen entstehen durch ungünstige Einstellungen zum Partner sowie durch Verhaltensmängel, mit denen sich die Beteiligten wechselseitig das Leben schwermachen. Zweifellos sind solche Schwierigkeiten nicht aus der Welt zu schaffen. Doch ist es andererseits sicher nicht sinnlos, immer wieder hervorzuheben (auch wenn

138   Verminderung aggressiven Verhaltens

dies trivial erscheinen mag), daß eine akzeptierende und unterstützende Einstellung (anstelle einer dirigierenden und negativ-kritischen) letztlich für alle Betroffenen am befriedigendsten ist. Hinzukommen muß aber auch die Reduzierung konkreter Verhaltensmängel, die oft auch trotz einer positiven Einstellung auftreten. Zum großen Teil handelt es sich dabei selbst um Aggressionen, daneben aber auch um so scheinbar simple Dinge wie mangelhafte Absprachen, fehlende Kompromißbereitschaft oder schlechtes Zuhören. Unter diesem Aspekt müßte eine Frustrationsverminderung durch das Erlernen befriedigender Kommunikationsformen angestrebt werden (Genaueres darüber in Kapitel 15). Natürlich gibt es schwerere Fälle, besonders bei Mißhandlung von Kindern oder älteren Familienmitgliedern (hierzu Würtenberger 1973), in denen die Frustrationssituation nur durch «drastischere Maßnahmen» (Auflösung der Familie, strafrechtliches Vorgehen) beendet oder gelindert werden kann.

Schule und Ausbildung

Schule und Ausbildung sind in letzter Zeit des öfteren in den Verdacht geraten, Frustrationsquellen ersten Ranges zu sein, statt Institutionen, die dazu beitragen, das Leben zu meistern. Ohne ein pauschal abwertendes Urteil vertreten zu wollen, ist es doch unübersehbar, daß die Betonung – wenn nicht Absolutsetzung – des Leistungsprinzips schwere Probleme mit sich bringt. Wenngleich hoher Leistungsdruck nicht einfach aggressivere Schulklassen zur Folge hat (vgl. Fend u. a. 1975), so können doch die strenge Leistungsorientierung und die teilweise existentielle Bedeutung schulischer Mißerfolge (Numerus clausus, Lehrstellen) unter Umständen ein «Lernziel Unsolidarität» einführen wegen des Konkurrenzkampfes um Zehntelnoten (Amelang/Zaworka 1976); oder die Mißerfolge können Anlaß zu Familiendramen sein oder ein Anstoß, «andere» Wege – eventuell Verwahrlosung und Kriminalität – einzuschlagen. Was zu tun ist, ist Gegenstand zahlloser Reformdiskussionen und kann hier im einzelnen nicht erörtert werden. Als Maßnahmen, die Unterstützung verdienen, seien beispielhaft genannt: Schaffung notenfreier Lernbereiche, mehr individuelle Förderung anstelle von Auslese, ein differenzierteres Angebot an Schulabschlüssen, Verzicht auf intellektuell wertlose, aber manchmal berufsblockierende Anforderungen (z. B. durch eine Reform der Rechtschreibung).

Sozioökonomische Bedingungen

Besonders in ärmeren Regionen, aber auch in wohlhabenderen Ländern sind die sozioökonomischen Lebensbedingungen zweifellos ein wichtiger

Die Anreger vermindern 139

Faktor individueller und vor allem kollektiver Aggression. Erinnert sei
an GURRS Analyse über die Gründe, aus denen Menschen rebellieren
(vgl. S. 55f). Die Beseitigung materiellen Elends (Hunger, Wohnungsnot) sowie allzu ungleicher Güterverteilung ist in jedem Fall eine selbst-
verständliche Aufgabe, auch unter dem Gesichtspunkt der Aggressionsverminderung. Man mag einmal überlegen, ob nicht allein durch die
Beseitigung von Wohnungsnöten zahlreiche aggressive Auseinandersetzungen – vor allem innerfamiliär – verhindert werden könnten.

Noch einmal sei betont, daß die erwähnten Frustrationssituationen
keine automatische «Ursache» von Aggression sind. Aber sie können –
außer zu anderen meist negativen Konsequenzen – eben auch ein Anstoß
zu aggressivem Verhalten sein und sind immerhin damit ein Ansatzpunkt
neben anderen. Viele der genannten (und nicht genannten) Probleme
sind vielleicht nicht befriedigend zu «lösen», aber doch wenigstens zu
reduzieren. *Wie* sie anzugehen sind, ist in den meisten Fällen nicht mehr
ein psychologisches, sondern ein bildungs-, wirtschafts- oder sozialpoliti-
sches Problem und damit eine Aufgabe von Politikern und Fachleuten,
aber auch von Bürgerinitiativen.

2. Verminderung aggressiver Modelle und Hinweisreize

Aggressive Modelle

Durch das Beobachten von aggressiven Handlungen bei anderen (also
durch aggressive «Modelle») können neue aggressive Verhaltensweisen
erworben, es kann aber auch eigenes aggressives Verhalten aktiviert
werden (vgl. S. 59 f). Bei der Frage nach der Anregung von Aggressionen geht es um den zweiten Aspekt: also darum, daß Aggressionen bei
einem Menschen die Wahrscheinlichkeit erhöhen, daß sich auch andere
aggressiv verhalten. So können sich in einem Kollektiv aggressive «Stim-
mungen» ausbreiten, oder zwischen Gegnern kann es zu einer Eskalation
kommen.

Hinter solchen Erscheinungen können – schwer trennbar – mehrere
Prozesse stehen: Das aggressive Modell kann Emotionen stimulieren,
eine Orientierung für das eigene Handeln geben, Hemmungen lösen und
– im Falle des Gegeneinanders – den anderen frustrieren. Zum Glück ist
auch der umgekehrte Fall denkbar: daß ein Mensch mit einem sonst recht
aggressiven Benehmen relativ friedlich wird, wenn er in eine friedliche
Umgebung kommt.

Wir kommen damit zu der Konsequenz, daß man durch die Verminderung aggressiven Verhaltens aggressives Verhalten vermindern könnte.
Diese Feststellung ist nur scheinbar trivial: Tatsächlich ginge man damit
bei der «ansteckenden» Aggression ähnlich vor wie bei ansteckenden
Krankheiten. Ist man sich bewußt, daß die Vermeidung eigener Aggres-

140   Verminderung aggressiven Verhaltens

sion nicht auf die eigene Person beschränkt bleibt, sondern in gewissem
Ausmaß auch andere Menschen in gleicher Richtung beeinflussen kann,
so könnte dies ein wichtiges Motiv für das eigene Verhalten werden. Vor
allem sollte dies für «Orientierungspersonen» gelten, die große Chancen
haben, als Modell oder «Vorbild» zu wirken, also Eltern, Lehrer, Grup-
penführer, Politiker und andere Personen des öffentlichen Lebens.

In aggressionsträchtigen Situationen kann dabei das nichtaggressive
Verhalten als regelrechtes Gegenmodell wirken. So zeigte sich in den
Gehorsamsexperimenten von MILGRAM (1974) und MANTELL (1971),
daß viel mehr Versuchspersonen abbrachen oder geringere Schockstär-
ken erteilten, wenn sie vorher andere «Teilnehmer» (Helfer des Versuchsleiters) gesehen hatten, die sich weigerten, weiterzumachen. Bei
verärgerten Versuchspersonen fand BARON (1971c) ebenfalls einen ag-
gressionsreduzierenden Effekt von nichtaggressiven Modellen. Er fand
darüber hinaus, daß bei zwei aufeinanderfolgenden unterschiedlichen
Modellen – einem aggressiven und einem nichtaggressiven – die Reihen-
folge von Bedeutung ist: Das erste Modell übt stärkere Wirkung aus. In
aggressionsträchtigen Situationen muß demnach das Auftreten aggressiver Modelle von vornherein verhindert werden, am besten, indem ruhi-
ge, konstruktive Modelle frühzeitig die Stimmung zu «prägen» versuchen; nachträgliche «Korrekturen» sind sehr schwierig. Manche Leiter
von Gruppen, Verbänden, Versammlungen oder Demonstrationen erkennen dies offenbar und bemühen sich, durch das eigene Verhalten und
organisatorische Sicherungen insbesondere Gewaltanwendung zu verhindern. Andere hingegen müssen zuweilen die Erfahrung machen, daß
sie die Geister, die sie riefen, nicht mehr loswerden. Zahlreiche öffentliche Demonstrationen der letzten Zeit (z. B. im Streit um die Atom-
kraftwerke) haben gezeigt, daß ähnliche Anliegen sowohl in friedliche
als auch in gewaltsame Auseinandersetzungen münden können und daß
die Verhinderung von Gewalt sehr von einer besonnenen und geschick-
ten Verhaltensplanung der Demonstranten wie auch der Polizei abhängt.

Das Problem aggressiver Modelle in Filmen hat sich, wie erörtert (S.
66f), als äußerst kompliziert erwiesen. Auch wenn ein breiter und lang-
fristiger Effekt bisher nicht sicher nachgewiesen werden konnte, so können doch Filme zweifellos – wie andere Modelle auch – in «geeigneten»
Einzelfällen ein Faktor sein, der aggressive Handlungen erleichtert. Das
Problem bedarf noch weiterer Erforschung. Aber es ist dennoch zu
überlegen, ob nicht «vorsichtshalber» eine Verminderung aggressiver
Darstellungen im Fernsehen angestrebt werden sollte, und zwar nicht
generell, sondern für bestimmte Typen von Filmen. Zu denken ist dabei
an Darstellungen, die die Aggression nicht in einem Ablehnung erregen-
den Kontext zeigen (z. B. Anti-Kriegsfilme), sondern mit einer quasi
«natürlichen» Rechtfertigung versehen, wie dies vor allem bei Aggression aus Vergeltung leicht der Fall ist.

Aggressive Hinweisreize

Neben aggressivem Verhalten als Modell können auch aggressive Hinweisreize eine fördernde Wirkung haben (vgl. S. 45). Verschiedene Autoren (z. B. BERKOWITZ 1968, SCHMIDT-MUMMENDEY 1973) plädieren dafür, solche Reize, die unsere Aggressionsbereitschaft ansprechen und ein aggressives «Klima» verbreiten können, abzubauen. Zu denken ist dabei an aggressive Symbole (z. B. geballte Faust), an Parolen und Reizworte («zerschlagt die . . .»), an Waffen und aggressives Spielzeug, aber auch «an den «Anblick» von Polizeibeamten, vor allem wenn sie Helme, Schilde und Gesichtsschutz tragen, von den Waffen jetzt einmal ganz abgesehen; Militärfahrzeuge, Soldaten im Kampfanzug, lautes Sprechen oder Brüllen, die Ausstattung des Kühlergrills bei manchen Automarken oder das Bild eines deutschen Schäferhundes neben Knickerbockerbeinen in schweren Stiefeln» (SCHMIDT-MUMMENDEY 1973, S. 220). Daß solche Dinge vielen Alltagssituationen einen aggressiven «touch» geben können, wird für alle oder die meisten Beispiele nachvollziehbar sein.

Anders als das Anschauen von Filmen, das im allgemeinen zu bestimmten Zeiten und getrennt vom normalen Tagesablauf stattfindet, sind aggressive Hinweisreize meist in reale Lebenssituationen eingebunden (z. B. Symbole, aggressive Reizworte in bestimmte Versammlungen, in Wahlpropaganda, Wettkämpfe). Sie treffen somit eher auf eine aggressive Ansprechbarkeit. In solchen Situationen können drohende Fäuste oder das Rumfuchteln mit einem Gewehr wie ein Signal zum «Losschlagen» wirken.

In diesem Zusammenhang ist auch auf solche Gegenstände aufmerksam zu machen, die nicht nur aggressive Hinweisreize bieten, sondern sich zugleich für die Ausführung aggressiver Handlungen eignen, also *Waffen*, Messer, Stöcke, Sprengstoff, Gift. Daß viele instrumentelle Aggressionen überhaupt nur stattfinden können, wenn solche Mittel verfügbar sind, «das ist so trivial, daß es oft übersehen wird, aber dennoch praktisch überaus wichtig» (FÜRNTRATT 1974, S. 383). Hier drängt sich das Problem der Verbreitung von Schußwaffen auf, besonders in den USA, aber auch in anderen Ländern. Jedoch ist auch an einfachere Situationen zu denken, wie z. B. daran, «daß man einem Kind, das ein anderes mit einem Pusterohr belästigt, nur das Ding wegzunehmen braucht, um die Aggression zu beenden» (FÜRNTRATT, S. 383). Das letzte Beispiel macht besonders deutlich, daß keineswegs immer ein aggressives Bedürfnis «zuerst» da ist und die Wahl des Mittels die Folge, sondern daß vielmehr manche Dinge mit starken aggressiven Hinweisreizen zu aggressiven Handlungen geradezu «auffordern». «Der Finger bewegt den Abzug, aber der Abzug kann auch den Finger bewegen» sagt BERKOWITZ über Schußwaffen (1968, S. 22; Übers. d. Verf.).

142   Verminderung aggressiven Verhaltens

So wünschenswert eine Verminderung aggressiver Hinweisreize ist, so schwierig ist doch die Frage, wie im konkreten Falle eine Reduzierung erreicht werden kann. Nehmen wir zunächst aggressive oder potentiell aggressive Werkzeuge (Waffen, Sprengstoff, Gift). Es ist klar, daß hier restriktive *Gesetze* und eine strenge *Kontrolle* von Nutzen sind. Das Beispiel der USA zeigt aber auch, wie schwer es ist, solche Gesetze zu erlassen, wenn sie festen Traditionen entgegenlaufen oder Profit und Arbeitsplatz zahlreicher Bürger an der Waffenproduktion hängen.

Auch die Verminderung bildlicher oder sprachlicher aggressiver Hinweisreize («reine» Hinweise ohne praktische Verwertbarkeit) ist sicher nicht leicht zu realisieren. Natürlich ist in vielen Fällen ein aggressives Plakat ebenso vermeidbar wie eine besonders aggressive Aufmachung eines Polizeieinsatzes. Versucht man eine generelle Lösung, so tun sich jedoch bei näherem Hinsehen Schwierigkeiten auf. So ist es schwer vorstellbar, wie der aggressive Anblick der Polizei im Einsatz gänzlich zu vermeiden wäre. Und was Bilder oder Texte anbetrifft, so können hier gesetzliche Verbote einerseits nützlich sein, jedoch bringen sie andererseits bei einer breiten Auslegung auch die Gefahr mit sich, für eine Demokratie unzumutbare Zensuren einzuführen. Abgesehen davon kann ein solches Verbot – wie jedes andere – Anlaß zu konfliktreichen Auseinandersetzungen sein, so daß man vielleicht vom Regen in die Traufe kommt. Ähnliche Probleme können sich eventuell auch für Eltern ergeben, die ihren Kindern in guter Absicht aggressives Spielzeug vorenthalten möchten. Wo dies nicht sehr einfühlsam, flexibel und geduldig geschieht, können die Kinder, die nicht wie ihre Kameraden mit solchem Spielzeug spielen «dürfen», zum einen mit ihren Eltern in aggressive Auseinandersetzungen geraten, zum anderen aber auch das Bedürfnis entwickeln, vor ihren Kameraden nun auf andere Weise ihre Kampfeslust und Stärke unter Beweis zu stellen. Keineswegs darf sich also der Abbau aggressiver Hinweisreize so paradox abspielen wie in dem Fall, wo man aggressives Verhalten durch aggressive Bestrafung auszutreiben versucht. Hier könnte dann leicht die «Lösung» zum eigentlichen Problem werden (vgl. WATZLAWICK/WEAKLAND/FISCH 1974).

Die Schwierigkeiten fordern aber nur zum gründlichen Nachdenken und Abwägen auf und stellen nicht grundsätzlich in Frage, daß der Abbau aggressiver Hinweisreize ein sinnvolles Ziel ist. In erster Linie muß wohl Hoffnung auf die allmähliche Ausbreitung dieser Überzeugung sowie auf *freiwillige Maßnahmen* gesetzt werden. Und wo aggressive Symbole oder Werkzeuge weder freiwillig noch durch Gesetze wegzuschaffen sind, bleibt noch die Möglichkeit, durch wertende Stellungnahmen «gegenzusteuern», z. B. indem Eltern ihren Kindern die schreckliche Funktion von Panzern klarmachen, auch wenn sie Kriegsspiele nicht verbieten. Über die Bedeutung von Bewertungsveränderungen mehr im nächsten Kapitel.

3. Ebenen der Umweltveränderung

Wenn von Frustrationen, Modellen und Hinweisreizen die Rede ist, so wird damit die Situation, in der sich ein Individuum befindet, nach psychologischen Funktionen beschrieben. Man kann sie natürlich auch inhaltlich beschreiben, etwa nach sozialen, technischen und biologischen Lebensbedingungen. Und man kann sie weiterhin nach Ebenen unterschiedlicher Größenordnung beschreiben, von der individuell-privaten Sphäre über verschiedene Umweltbereiche (Betrieb, Wohngebiet usw.) bis zur Gesamtgesellschaft. Die individuelle Situation ist in umfassendere Umfelder eingebettet, wie z. B. Frustrationen des einzelnen in Zusammenhang mit der Armut eines Landes zeigen. Auch aggressive Modelle, Hinweisreize und ebenso Art und Einsatz von Bekräftigungen können so typisch für eine Gesellschaft sein, daß schon daraus das Verhalten des einzelnen zum Teil erklärbar ist. Soweit Menschen von allgemeingesellschaftlichen Trends wenig bestimmt sind, haben sie meist ein kleines gruppenspezifisches Umfeld (z. B. eine religiöse Gemeinschaft), das sie in dieser Abweichung von der Mehrheitsnorm stützt.

Für die Verminderung von Aggression sind *alle* Ebenen der Umwelt von Interesse: die individuelle Situation (z. B. Beendigung von Herabsetzungen durch den Ehepartner), die näheren Umweltbereiche (z. B. Änderungen im Schulwesen oder in Wohngebieten), gesamtgesellschaftliche Bedingungen (z. B. Änderungen im Regierungs- oder Wirtschaftssystem). Einseitig nur eine Ebene für entscheidend zu halten und die anderen zu vernachlässigen, mag für ideologische Kontroversen reizvoll sein, ist für Problemlösungen aber eher hinderlich. Man sollte im jeweiligen Fall untersuchen, was wodurch wie weit festgelegt ist bzw. wieviel Spielraum es auf jeder Ebene gibt. Vielfach scheint auf den ersten Blick keinerlei Bewegung möglich, bis eine Initiative das Gegenteil beweist. Und Einzelfälle können zur Regel, Minderheiten zu Mehrheiten werden.

Die Einbeziehung der unmittelbaren und näheren Umwelt wird in neuerer Zeit auch von Psychologie und Sozialpädagogik zunehmend versucht. Besonders deutlich wird dies in der sogenannten «Gemeindepsychologie» (vgl. SOMMER / ERNST 1977). Sie versucht, in verschiedenen Lebensräumen (Familie, Schule, Arbeitsplatz usw.) beeinträchtigende Faktoren abzubauen und förderliche Bedingungen einzuführen. In diesen Projekten werden daher wichtige Personen der jeweiligen sozialen Umwelt wie Eltern, Lehrer, Polizisten, Gastwirte, Arbeitskollegen usw. nach Möglichkeit einbezogen und angeleitet. Zuweilen werden bestimmte neue Umwelten geschaffen, z. B. Freizeiteinrichtungen oder Hausgemeinschaften für jugendliche Straftäter. Einige auf Aggression und Delinquenz bezogene Projekte findet man bei RIBES-INESTA & BANDURA (1976). Ein Beispiel für die materielle Umwelt ist die

144 Verminderung aggressiven Verhaltens

Stadtarchitektur und der Charakter von Wohngebäuden. BANDURA (1979) berichtet von einer Studie, nach der an derselben Straße und bei vergleichbarer sozialer Zusammensetzung Hochhäuser eine wesentlich höhere Kriminalitätsrate aufwiesen als kleine Gebäude. Die Anonymität und Unübersichtlichkeit vermindern für den Kriminellen das Risiko, mithin die Hemmungen aus Angst vor Strafe. Man kann es aber auch so sehen, daß die Erfolge des Kriminellen Hochhäuser zu einem Hinweisreiz für seine Taten machen («Gelegenheit macht Diebe»).

Auch an Versuchen, durch gesellschaftliche Umwälzung das Verhalten eines ganzen Volkes zu verändern, hat es in der Geschichte nicht gefehlt. Politische wie religiöse Führer haben immer wieder gezeigt, daß dies in beträchtlichem Maße, wenngleich nicht unbegrenzt, möglich ist. Man darf sich jedoch den Einfluß nicht nach einem einfachen Führer-Masse-Modell vorstellen, bei dem der Führer den Millionen seinen Stempel aufdrückt (vgl. HOFSTÄTTER 1971). Der Führer ist in hohem Maß ein Produkt der Psychologie der Geführten. Hitler hätte z. B. nicht Deutschland bis in den Kindergarten nach dem Prinzip von Befehl und Gehorsam ausrichten können, wenn es dafür nicht aus verschiedenen Gründen im Volke eine Verhaltensbereitschaft gegeben hätte. Ebensowenig hätten die Westmächte nach 1945 eine parlamentarische Demokratie aufbauen können, noch hätten es die Spanier nach Francos Tod, wenn nicht genügend Menschen dies gewollt hätten. Änderungen von politischen Systemen geschehen also nicht einfach durch einige mit scheinbar überirdischer Macht ausgestattete Führer, sondern genauso durch die, die ihnen die Macht verschaffen oder zumindest gestatten.

Ein wesentliches Merkmal eines politischen Systems ist das Ausmaß sozialer Ungleichheit in der Verteilung von Gütern und Macht. Sie kann nicht nur ein Anreger offener Gewalt sein, sondern hat auch mit ihr Gemeinsamkeiten, derentwegen man sie selbst als eine Form von Gewalt ansehen kann: als «strukturelle Gewalt» (GALTUNG 1975). Das Gemeinsame von personaler (direkter) und struktureller (indirekter) Gewalt ist, daß in beiden Fällen die körperliche und geistige Entfaltung von Menschen durch Einflüsse verhindert wird, die prinzipiell vermeidbar wären (nicht etwa durch eine unerforschte Krankheit), und daß weiterhin die konkreten Effekte ganz ähnlich sind: nämlich daß Menschen vorzeitig sterben, körperlich geschädigt werden, ihre geistigen Fähigkeiten nicht entfalten können usw. So sterben heute mehr Menschen an den Folgen prinzipiell vermeidbarer sozialer Ungleichheit – durch Hunger, Krankheit, Unwissenheit – als durch kriegerische Auseinandersetzungen.

Es sei hier eingefügt, daß trotz dieser Gemeinsamkeiten die strukturelle Gewalt nicht ohne weiteres unter den pschologischen Aggressionsbegriff fällt (vgl. Kapitel 2). Denn soweit die Privilegierten wie Benachteiligten die soziale Ordnung als quasi natürlichen Zustand ansehen, fehlt eigentlich die Schädigungsabsicht. Wird jedoch die Ordnung angezweifelt, entsteht mithin ein Konflikt, und die «Oberen» kämpfen darum, daß die «Unteren» nicht mehr bekommen, ist außer der personalen Gewalt (z. B. Polizeieinsatz) auch die strukturelle (z. B. restriktive Gesetze) «aggressiv» zu nennen. Für die sozial-ethische Bewertung sind solche Definitionsfragen allerdings unerheblich. Auch daß die Psychologie sich vorwiegend mit personaler Gewalt befaßt und die strukturelle den Gesellschaftswissenschaften überläßt, impliziert keine Gewichtung, sondern liegt an der Natur des Gegenstandes. Man sollte wie GALTUNG die eine Art der Gewalt nicht für wichtiger erachten als die andere, zumal zwischen beiden vielfältige Zusammenhänge bestehen.

Personale und strukturelle Gewalt haben ihr Gegenstück in «negativem» und «positivem» Frieden (nach GALTUNG 1975, S. 33):

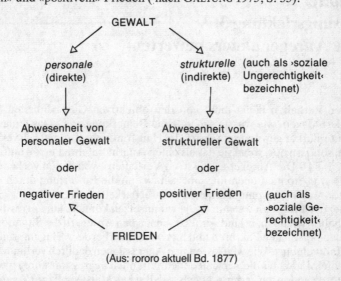

(Aus: rororo aktuell Bd. 1877)

Für ein humanes System reichen allerdings auch diese beiden Aspekte, also die Abwesenheit von personaler Gewalt und sozialer Ungerechtigkeit, nicht aus. Als drittes Element muß nach GALTUNG ein Stück Ungleichheit im Sinne persönlicher Entfaltung möglich sein, wie sie in den individuellen Menschenrechten garantiert werden soll.

Bei Versuchen, eine in diesem Sinne «friedliche» Gesellschaft zu schaffen, sollte der Zusammenhang zwischen der strukturellen Gewalt des Systems und der Funktion individuellen und gemeinschaftlichen Verhaltens nicht unterschätzt werden. Denn: Wer trägt die Struktur? Nicht nur die Herrschenden, sondern auch die Beherrschten. Ohne ihre Mitarbeit und Anpassung bricht das System zusammen, wie viele Bei-

146   Verminderung aggressiven Verhaltens

spiele der Geschichte zeigen. Daß sie sich die Aufkündigung der Mitarbeit oft nur in Form von personaler Gewalt vorstellen können, trägt leider auch zum Zirkel von Gewalt und Gegengewalt mit bei (z. B. Bürgerkriege, unter denen meist wieder die Unterdrückten besonders zu leiden haben). Die Konsequenz für die Realisierung von positivem und negativem Frieden sowie der Freiheit zur Selbstenfaltung ist daher die Entwicklung und Einübung effektiver Formen gewaltfreier Aktion (s. Kapitel 15).

Kapitel 13
Lösungsrichtung 3:
Die Anreger anders bewerten

Unser Verhalten hängt nicht von den objektiven Gegebenheiten ab, sondern davon, wie wir sie sehen. Eine Bemerkung wie «Das Gulasch könnte stärker gewürzt sein» wird die Hausfrau nicht automatisch verärgern, sondern nur, wenn sie das als einen Angriff auf ihre Person auffaßt (vgl. S. 44). Die Anreger aggressiven Verhaltens, von denen vorher die Rede war, können eben dies nur sein, wenn die Bewertung durch die Person – als eine Komponente der «Anregbarkeit» – es zuläßt.

Bei der Frage, an welcher Stelle wir ansetzen können, um aggressives Verhalten abzubauen, sind wir jetzt – nach den Anregern der Situation – bei den personalen Faktoren und hier wiederum bei der «Eingangsseite» des Individuums. Wie weit lassen sich Aggressionen dadurch verhindern, daß die Menschen die verschiedenen potentiell aggressionsanregenden Faktoren anders bewerten – eben so, daß sie *nicht* als Anreiz zur Aggression aufgefaßt werden?

1. Veränderte Bewertung von frustrierenden Ereignissen: Verständnis und «Weniger-Wichtig-Nehmen»

Was nach den vorangehenden allgemeinen Bemerkungen noch recht abstrakt und unbestimmt aussehen mag, geschieht in Wirklichkeit seit eh und je im persönlichen und gesellschaftlichen Alltag. Beschwichtigungen und *Erklärungen* wie «Ich hatte es nicht böse gemeint», «Es war nur ein Mißverständnis» liegen auf dieser Linie. Selbst bei einem Jugendlichen,

Die Anreger anders bewerten   147

der seinen Vater umgebracht hat, verschwindet unsere Empörung, wenn
wir erfahren, daß er von diesem Vater brutal drangsaliert wurde. Mit
anderen Worten: Durch eine Neubewertung sind die Frustrationen
schließlich keine mehr. Die veränderte Interpretation (kognitiver
Aspekt) verändert auch die Ärgergefühle (emotionaler Aspekt). Dabei
ist es unerheblich, ob die Informationen stimmen, die die Neubewertung
veranlassen (z. B. ob es «wirklich» nur ein Mißverständnis war). Entscheidend ist, daß der aggressiv Gestimmte sie als glaubwürdig akzeptiert.

Auch in einigen psychologischen Untersuchungen wurde diese Möglichkeit der Aggressionsverminderung überprüft. So erwies sie sich bei
den 8- bis 10jährigen Kindern des Experiments von MALLICK & McCAND-
LESS (1966; vgl. S. 127) als wirksam: Eine Erläuterung, die das frustrierende Verhalten des Mitspielers «verständlich» machte (er sei übermü-
det usw.), führte zu der Aggressionsreduktion, die mit einer «Katharsis»
nicht zu erreichen war. Ähnliche Ergebnisse fanden BURNSTEIN & WOR-
CHEL (1962). Erklärungen, Umdeutungen sowie humorvolle Bewertungen wurden von REDL & WINEMAN (1952/1976) auch als eines der Elemente ihrer Therapie mit sehr aggressiven Kindern verwendet. – Um den
psychologischen Vorgang, um den es geht, noch einmal deutlich der Ka-
tharsis-Theorie gegenüberzustellen: Gefühle werden nicht «entladen»,
sondern verändert, und zwar über kognitive Prozesse.

Diese Funktion hat auch die *Einfühlung* in den anderen. Versetzt
man sich in ihn hinein, mag man z. B. erkennen, daß sein Verhalten
«nicht böse gemeint» oder nicht gegen die eigene Person gerichtet ist.
«Die dem anderen zugeschriebenen Motive . . . bestimmen maßgeblich
die Art und Stärke der Vergeltung» (STAUB 1972, S. 126). Solche Einfühlung oder Empathie kann gefördert werden, indem man sich ganz
bewußt die Erlebnislage des anderen vorzustellen versucht. Schon Kindern kann man Fragen stellen wie «Warum verhält sich Olaf so?» oder
«Wie ist Iris wohl zumute?». Auch im Unterricht mit sozialen Lernzie-
len kann dies als ein Element aufgenommen werden (z. B. PITKÄNEN
1974, GRUNDKE 1975). Das Ziel solcher Einfühlung ist dabei nicht unbedingt, ganz genau zu erkennen, was im andern vorgeht; dies ist meist
auch gar nicht möglich. Entscheidend ist schon der Versuch, einmal den
eigenen Standpunkt auszuklammern und die Dinge mit den Augen des
anderen zu sehen.

Eine sehr gute Hilfe ist hierzu auch die partnerzentrierte Gesprächsführung, die sich von der klientenzentrierten Psychotherapie herleitet
(ROGERS 1951/1972). Sie konzentriert sich auf die Erlebnisinhalte des
Gesprächspartners – seine Gefühle, Wünsche, Zweifel usw. – und versucht sie in Worten wiederzugeben («Du fühlst dich da ungerecht angegriffen»). Der vielseitige Nutzen dieser Gesprächsform hat zu einem
Trainingsangebot für jedermann durch Kurse und Anleitungen in Bü-

148 Verminderung aggressiven Verhaltens

chern geführt (z. B. Schwäbisch / Siems 1974, Gordon 1974, Mucchielli o. J.).

Erklärungen und Einfühlung können beide ein besseres Verständnis
vermitteln und dadurch die Frustration entschärfen. Daneben ist es
aber auch möglich, daß Störungen und Angriffe gar nicht erst als be-
deutsames Ärgernis bewertet werden. Während manche Menschen
selbst kleine Anlässe «wichtig nehmen» und «empfindlich reagieren»,
nehmen andere fast alles ziemlich «ungerührt» auf, manche geben gar
der Situation durch humorvolle Reaktionen etwas Heiteres.

Wie kann man nun die «Störempfindlichkeit» herabsetzen? Wie kann
man erreichen, daß Menschen kleinere Frustrationen weniger schwerwiegend, störend und bedrohlich bewerten? Dazu kann zum einen die
Umwelt beitragen, zum anderen ein besseres Selbstverständnis des Betroffenen.

Die Bedeutung der Umwelt ergibt sich daraus, daß die kognitiv-emotionalen Bewertungsmuster zum Großteil in der sozialen Interaktion erworben werden, vor allem über kognitive Prozesse und Signallernen
(vgl. Kapitel 6). Wenn z. B. ein Mensch sich darin «empfindlich» zeigt,
daß er sachliche Kritik leicht als persönlichen Angriff auffaßt, so kann
dies daran liegen, daß er in seiner Familie kritische Bemerkungen immer nur in Zusammenhang mit bösen Gesichtern, anklagendem und
jammerndem Ton, Urteilen über seinen «Charakter» usw. erlebt hat, so
daß weniger der Inhalt der Kritik im Vordergrund stand als vielmehr
die emotionale Haltung ihm gegenüber, also der Beziehungsaspekt der
Kommunikation (Watzlawick u. a. 1969). Eine noch schwerwiegende-
re, weil stark generalisierte, Wahrnehmung der Umwelt liegt dann vor,
wenn jemand auf Grund schlechter Erfahrungen nichts anderes mehr
von den Mitmenschen erwartet, als daß diese sowieso gegen ihn einge-
stellt sind und es durch Kritik und Eingriffe immer wieder bestätigt
sieht, auch wenn er sie selbst provoziert hat. So kann sich ein ganz un-
glücklicher Zirkel entwickeln: Jemand glaubt, die anderen seien gegen
ihn, verhält sich daher abweisend, wodurch er sich tatsächlich unbeliebt
macht und so fort.

Aus diesen Erklärungen ist zu verstehen, daß für eine Änderung der
verzerrten Wahrnehmung eine *bedrohungsfreie, akzeptierende Umwelt*
ein wesentlicher Faktor ist. Die klientenzentrierte Therapie (Rogers
1951, Tausch 1970) betont die Bedeutung eines akzeptierenden Klimas
bei jeglichen psychischen Problemen, wobei «akzeptieren» ein nicht-
wertendes – weder zustimmendes noch kritisierendes – Annehmen der
Gefühle und Gedanken des anderen bedeutet. Nach der Individualpsychologie Adlers sollte man auch «ein rachsüchtiges Kind mit Achtung
behandeln» (Dreikurs / Grunwald / Pepper 1976) sowie durch Ermutigungen das Selbst- und Umwelterleben beeinflussen, indem man etwa
zum Ausdruck bringt, daß man dem anderen prosoziales Verhalten

Die Anreger anders bewerten   149

oder bestimmte Fertigkeiten zutraut und einen Status in der Gemeinschaft zuerkennt (z. B. durch Übertragen einer verantwortungsvollen Aufgabe). Psychoanalytisch orientierte Autoren, die über umfangreichere Therapien mit aggressiven Kindern und Jugendlichen berichten (AICHHORN 1925, REDL/WINEMAN 1952), sehen als unabdingbar an, daß eine sichere emotionale Beziehung zum Therapeuten aufgebaut wird. Manche Therapeuten verzichten daher auch ganz auf Kritik am aggressiven Verhalten. Besonders bekannt geworden ist hier AICHHORNS erfolgreicher Umgang mit sehr aggressiven, verwahrlosten Jugendlichen nach dem Prinzip «absoluter Milde und Güte» (s. auch RÖHM 1976). Wenngleich bloßes Gewährenlassen problematisch sein kann und möglichst durch das Fördern alternativer Verhaltensweisen (Lösungsrichtung 5) ergänzt werden sollte, ist es sicher ein wichtiges Ziel, daß diese Menschen ihre Umwelt allmählich freundlicher zu sehen lernen, auch dadurch, daß die erwarteten Eingriffe und Angriffe ausbleiben.

Der zweite grundlegende Ansatzpunkt zur Verringerung der Störempfindlichkeit ist die *Erforschung der eigenen Bewertungen*. Gewöhnlich wissen Menschen nur unzureichend, was in ihnen vorgeht, was genau sie als bedrohlich, lästig usw. empfinden und warum sie es so schwer nehmen. Die Therapie von ROGERS spricht hier von Selbstexploration und fördert sie durch die Einfühlung und die Verbalisierung der Gefühle und Wahrnehmungen des Klienten. *Die Umweltbewertung ändert sich somit über Änderungen in der Selbstwahrnehmung.* Im Alltag kann daher partnerzentrierte Gesprächsführung sowohl, wie beschrieben, ein besseres Verständnis vom anderen fördern als auch beim anderen ein besseres Verständnis seiner selbst. Welche Funktion die wichtigere ist, hängt davon ab, bei wem die größeren Bewertungsprobleme liegen.

In besonders systematischer Weise werden Bewertungsmuster in der rational-emotiven Therapie von ELLIS (1962/1976) angegangen. Er betont, daß die Gefühle von den kognitiven Interpretationen bestimmt werden und diese häufig auf gänzlich irrationalen Ideen und Überzeugungen beruhen. Sein Kunstgriff besteht darin, daß er die Bewertungen als ein «inneres Selbstgespräch» auffaßt («Was sage ich mir da eigentlich?»). Und die Änderung geschieht dadurch, daß diese Selbstverbalisationen bewußt gemacht, ausgesprochen, kritisch analysiert und durch günstigere ersetzt werden. Erleichtert wird dies durch eine von ELLIS zusammengestellte Liste typischer irrationaler Annahmen; sie bezieht sich allerdings nur zum geringen Teil speziell auf Aggression. Es folgen drei Beispiele, von denen das erste von ELLIS stammt, die weiteren vom Verfasser:

150 Verminderung aggressiven Verhaltens

Irrationale Annahmen	Mögliche Alternativen
«Es ist eine Katastrophe, wenn etwas nicht so läuft, wie ich es wünsche.»	«Bedauerlich, aber das bringt mich nicht um.» «Eine Herausforderung, das Beste draus zu machen.»
«Ich darf auf keinen Fall etwas auf mir sitzen lassen, sondern muß es unbedingt vergelten.»	«Es ist nicht alles ernst zu nehmen, was Leute so reden.» «Da steh ich doch drüber.»
«Menschen mit abweichenden Ansichten und Lebensweisen sind gefährlich und verachtenswert.»	«Die sind die, und ich bin ich.» «Vielfalt macht die Welt bunt.» «Zwar anders, aber nicht böse.»

Erst durch die thesenartige Formulierung der meist unbewußten Einstellungen wird die Irrationalität so plastisch. Kaum ein Mensch wird von sich aus sagen, daß er so denkt, auch wenn es im Grunde darauf hinausläuft. Die alternativen Bewertungen beziehungsweise Verbalisationen verändern die allgemeine Einstellung und dienen der Selbstbeeinflussung in der kritischen Situation. Sie sind zu ergänzen durch Verbalisationen zu alternativen Verhaltensweisen (s. Kapitel 15). Die Aneignung neuer Verbalisationen ist natürlich nicht über einen einfachen Willensakt möglich, sondern nur über längere Selbstkontrollübungen.

Obwohl die systematische Änderung kognitiver Interpretationen auch von einer Reihe anderer Autoren vertreten wird (s. z. B. GOLDFRIED / GOLDFRIED 1977, BECK 1978) und der Ansatz recht gut belegt ist, gibt es bisher leider kaum Untersuchungen, die sich speziell mit Aggression befassen. Ein Training von SIEBERT (1977) mit Studenten, die mit ihren Ärgerreaktionen Probleme hatten, erbrachte immerhin Ergebnisse in der erwarteten Richtung, wenn auch die wirksamen Faktoren nicht eindeutig geklärt wurden, da das Training außer kognitiven Alternativen auch Entspannungsverfahren enthielt. Die Isolierung und Überprüfung der einzelnen Bedingungen ist für die Forschung zunächst wichtig, auch wenn in der Praxis verschiedene Maßnahmen kombiniert werden.

Wenn die bisherigen Beispiele den Eindruck erweckt haben sollten, daß aggressionsfördernde Bewertungen nur besondere Probleme einzelner Menschen seien, so ist dies zu korrigieren. Viele der beschriebenen Bewertungen sind verbreitete *soziale Normen*, die zum Teil in übergreifende politische, religiöse und ideologische Zusammenhänge eingebettet sind. Es gilt dies auch für die im nächsten Abschnitt beschriebenen Wertmaßstäbe hinsichtlich positiver Anreize. Besonders deutlich wird der gesellschaftliche Kontext bei «Frustrationen», die in einer Abweichung von sittlichen Normen bestehen. Was als «Verletzung des gesunden Volksempfindens» oder als «öffentliches Ärgernis» gilt, welche Bedeutung man einer «Ehrverletzung» beimißt, das alles sind nicht

Die Anreger anders bewerten   151

mehr Bewertungsprobleme einzelner, sondern einer Kultur oder Subkultur. Die aggressiven Sanktionen wegen solcher «moralischen Frustrationen» können, wie bekannt, bis zu Hinrichtungen gehen. Auch hier zeigt sich erneut, daß vieles, was nach liberalem Verständnis brutale Menschenrechtsverletzung ist, im Namen des «Guten» begangen wird. Die Aufhebung dogmatischer Normensysteme und starrer Ideologien beziehungsweise die Förderung von Toleranz gegenüber Andersartigkeit durch Erziehung, öffentliche Medien usw. kann somit vermutlich die Zahl gesellschaftlicher Sanktionen – von Verachtung bis Verfolgung – vermindern.

Um Mißverständnissen vorzubeugen, sei noch angemerkt, daß Bewertungsänderungen nicht als pauschale Empfehlung verstanden werden dürfen. Ihr Sinn muß in jedem Einzelfall überlegt werden. Nicht alle aggressionsfördernden Bewertungen sind irrational und änderungsbedürftig.

2. Veränderte Bewertung «positiver» Anreize: Ausgewogenes Wertsystem

Was als Frustration erlebt wird, hängt wesentlich davon ab, was man wünscht und anstrebt. Daher ist dieser Abschnitt in Zusammenhang mit dem vorangehenden zu sehen.

Es gibt zahlreiche materielle und immaterielle Güter, für deren Erlangung Aggressionen eingesetzt werden. Diese Werte – mithin diese Aggressionsanreger – können im allgemeinen nicht aus der Welt geschafft werden. Aber sie sind ja nicht von sich aus Aggressionsanreger. Vielmehr können auch sie diese Wirkung nur haben, wenn eine entsprechende Anregbarkeit auf seiten des Individuums vorliegt; und dazu gehört zunächst einmal die Einschätzung dieser Güter als erstrebenswert. Diese subjektive Bewertung kann – genau wie bei den anderen Reizen – prinzipiell verändert werden.

Es geht hier also um *instrumentelle Aggression*. Diese kann sich zwar auch auf die Vermeidung und Beseitigung von Frustrationen beziehen. Doch da auf deren Bewertung im vorangehenden Abschnitt bereits eingegangen wurde, soll hier nur von der Bewertung der «positiven» Anreize gesprochen werden, die aggressive Handlungen anregen.

Das Problem ist die Veränderung wichtiger Motive des Handelns beziehungsweise wichtiger persönlicher und gesellschaftlicher Wertordnungen. Wenn z. B. Bedürfnisse nach Besitz, nach Macht oder Geltung häufig hinter instrumenteller Aggression stehen, so müßte es für solche Fälle zu einer Verringerung aggressiven Verhaltens führen, wenn die entsprechenden Anreize – Geld und Wohlstand, Machtpositionen, Ruhm – von dem Betreffenden nicht mehr so hoch bewertet würden, sein

152　Verminderung aggressiven Verhaltens

Motivgefüge sich also in dieser Hinsicht veränderte. Man kann in diesem Zusammenhang auf einen Vergleich verschiedenartiger «primitiver» Kulturen verweisen, aus dem sich unter anderem ergibt, daß im allgemeinen in den aggressiveren Kulturen Eigentum eine größere Rolle spielt als in den wenig aggressiven Kulturen (vgl. FROMM 1974, S. 150).

Doch welche Schlüsse kann man aus solchen Überlegungen ziehen? Haben die weltanschaulichen und religiösen Gruppen recht, die die Menschen auffordern, *nicht* nach Besitz und «irdischer» Macht zu streben? Oder ist es nicht ein Trugschluß, anzunehmen, daß in Industriegesellschaften eine Geringachtung materieller Güter möglich wäre (so wie in manchen abgeschiedenen «primitiven» Kulturen)? Und ist Besitz denn überhaupt ein Problem oder nicht vielmehr seine ungleiche Verteilung? Vermutlich gibt es keine einfache Antwort auf diese und ähnliche Fragen, auch wenn sie immer wieder (meist in Form von Ideologien) gegeben werden; viele Sowohl-Als-auch werden der Realität wohl eher gerecht.

Die meisten Menschen werden allerdings prinzipiell zustimmen, daß Wertordnungen für die Qualität menschlichen Zusammenlebens – auch für ihre Aggressivität – von großer Bedeutung sind, wenngleich über ihr relatives Gewicht (neben dem Zivilisationsstand und anderen Faktoren) zu streiten ist. Auch wird weitgehende Einigkeit darüber herrschen, daß die generelle Ablehnung bestimmter Werte (wie materieller Güter) keine brauchbare Lösung ist. Dies gerät allzu schnell zu weltferner Schwärmerei oder menschlicher Überforderung. Probleme entstehen ja auch gar nicht, wenn Menschen nach Besitz, Macht oder Ruhm streben, sondern wenn sie diese Werte ohne Rücksicht auf andere Werte (wie die Unversehrtheit des anderen) durchsetzen wollen. Es kommt also nicht darauf an, bestimmte Motive gar nicht zu haben, sondern vielmehr sie nicht «übermächtig» werden zu lassen.

Wem z. B. Macht «alles» bedeutet, der wird kaum davor zurückschrecken, Aggression als Machtmittel einzusetzen. Wem aber Macht überhaupt nichts bedeutet, der gerät in Gefahr, anderen alles zu überlassen und ohne eigene Einflußnahme und Durchsetzung eigener Interessen zu bleiben. Die eigenen Interessen und Ansichten zu vertreten und andere beeinflussen zu wollen, ist also sinnvoll, solange man gleichzeitig um Werte wie Verständnis und Toleranz bemüht ist. *Gelernt werden muß daher, die verschiedenen Werte in einem gewissen Gleichgewicht zu halten.* Letztlich läuft dies alles natürlich auf die Prinzipien von Gleichheit und Gegenseitigkeit hinaus: Man darf die eigenen Ansprüche vertreten, solange man die gleichartigen Ansprüche anderer respektiert.

Zweifellos ist hier von sehr schlichten und selbstverständlichen Wahrheiten die Rede. Aber ihre Trivialität beruht gerade auf ihrer immerwährenden Unabdingbarkeit. Und man kann diese Gesichtspunkte nicht ausklammern, wenn man das Problem der Aggressionsverminderung

Die Anreger anders bewerten 153

erörtert. Dabei wird natürlich der Boden empirischer Wissenschaft verlassen. Vielmehr geht es zum Gutteil um ethische und weltanschauliche Fragen. Welches die «richtigen» Normen und Lebensziele sind, ist eine Sache persönlicher und kollektiver Wertentscheidungen. Wissenschaftlich anzugehen sind hingegen wieder die Fragen, welche Auswirkungen bestimmte Wertnormen haben, unter welchen Bedingungen die Wertsysteme entstehen und ob Änderungen möglich sind und auf welchen Wegen.

Fragt man nun, ob die Psychologie einen Beitrag zum Prinzip eines ausgewogenen, den Mitmenschen einbeziehenden Wertsystems leisten kann, so ist sicherlich Bescheidenheit am Platze. Die Antworten müssen sehr im allgemeinen bleiben und darauf verweisen, daß vieles psychologisch möglich ist, es aber von zahlreichen sozialen und politischen Gegebenheiten abhängt, ob davon auch Gebrauch gemacht wird.

Allgemein ist zunächst zu sagen, daß im weiteren Sinne nahezu alles, was in diesen Kapiteln über Aggressionsbewältigung gesagt wird, indirekt auch die Werteinstellungen von Menschen beeinflußt. Dies gilt z. B. für frustrationsarme, liebevolle Erziehung (Kapitel 12) ebenso wie für das Einüben konstruktiver Konfliktlösungstechniken (Kapitel 15). Ein direkter Bezug besteht zur einstellungsbedingten Aggressionshemmung, über deren Förderung in Kapitel 14 gesprochen wird. Sie bedeutet, daß die Neigung zur Durchsetzung eigener Bedürfnisse durch die Achtung vor der Unversehrtheit des anderen «ausgeglichen» wird.

Fragt man weiterhin, durch welche Erfahrungsbereiche eine Änderung von Wertorientierungen vermittelt wird, so sind vor allem zu nennen:

o die familiäre Umwelt,
o weltanschauliche Bezugsgruppen,
o die Schule,
o Massenmedien,
o gezielte Bekehrungen,
o persönliche, mehr zufällige Einzelerfahrungen (wie das Erlebnis einer Notsituation).

Sie alle können dazu beitragen, das Übergewicht bestimmter Werte und Verhaltensnormen abzubauen oder durch stärkere Betonung anderer Werte auszugleichen.

Die Psychologie kann dabei insofern hilfreich sein, als sie die wirksamen Faktoren für Einstellungsänderungen herauszuarbeiten sucht (vgl. z. B. TRIANDIS 1975, BANDURA 1969). Zu denken ist hier etwa an die Glaubwürdigkeit der Informationsquelle, die Wirkung von Verhaltensmodellen, die Propagierung konkreter realisierbarer Verhaltensweisen statt allgemein gehaltener Appelle («Lassen Sie Ihre Kinder mitentscheiden bei . . .» statt «Man sollte seine Macht gegenüber Schwächeren nicht ausnutzen»).

154 Verminderung aggressiven Verhaltens

Psychologische Methoden können nützlich sein, haben aber zweifellos ihre Grenzen, weil der Stellenwert von Geld, Macht und anderen Werten in soziale, ökonomische, technische und politische Zusammenhänge eingebettet ist. Ohne sie einzubeziehen, wird auch noch so gut gemeinten und durchdachten Versuchen zur Einstellungsänderung eine breite Wirkung fehlen. Damit soll das Problem wiederum nicht mit der Allerweltsformel abgetan werden, daß zuerst «die Gesellschaft» verändert werden müsse. Vielmehr sollte man es als ein individuelles *und* gesellschaftliches sehen und hieraus nicht, wie es häufig geschieht, ein Entweder-Oder machen. Auch ist jeweils zu präzisieren, was mit «der» Gesellschaft gemeint ist.

Die Tatsache, daß nicht alle Menschen machtbesessen sind (weder politisch noch in der Familie) oder Geld zum Maß aller Dinge erheben, weist auf die individuellen Unterschiede hin und damit auf die Möglichkeit «vernünftiger» Motivkonstellationen. Daß der jeweiligen Erziehung dabei wieder eine besondere Bedeutung zukommt, ist selbstverständlich.

Auf der anderen Seite gibt es viele Wertorientierungen als gesellschaftliche (sehr viele Menschen betreffende) Trends, die mit strukturellen Bedingungen (wie dem Wirtschaftssystem) zusammenhängen und daher auch unumgänglich auf der überindividuellen Ebene angegangen werden müssen. Wenn etwa die Wertschätzung der «freien Entfaltung des Tüchtigen» zu wirtschaftlichem Machtmißbrauch führt, muß dies durch institutionelle Regelungen zur Sicherung eines Machtausgleichs (besonders der Mitbestimmung der verschiedenen Beteiligten) kontrolliert werden; die Änderung persönlicher Überzeugungen dürfte kaum ausreichen. Ähnliches gilt für Konkurrenzverhalten in der Schule als Folge des Numerus clausus. Versuche zur Abschwächung des Leistungsprinzips als «höchstem Wert» werden hier wenig nützen, solange nicht reale bildungspolitische Veränderungen eintreten. Das Problem des Umweltschutzes zeigt ebenfalls starke Abhängigkeiten von wirtschaftlichen, technischen und politischen Bedingungen. Dennoch zeigt die «Entdeckung» des Umweltschutzes in den letzten Jahren, die Betonung der Lebensqualität anstelle bloßer ökonomischer Quantität, daß innerhalb kurzer Zeit im breiteren gesellschaftlichen Rahmen Wertmaßstäbe geändert werden können. Bei aller Begrenztheit der bis jetzt sichtbaren praktischen Auswirkungen, scheint hier doch nach einer Überbetonung ökonomischer Werte eine Veränderung in Richtung auf größere Ausgewogenheit eingetreten zu sein.

In jedem Falle darf nicht vergessen werden, daß kein Wertmaßstab so uneingeschränkt gut ist, daß man ihn mit Gewalt durchsetzen dürfte. So manche Erneuerungsbewegung hat zwar die alten Fehler richtig gesehen, hat aber zugleich mit derselben Einseitigkeit die eigenen Prinzipien zum Maßstab erhoben, in der Überzeugung, damit die Welt «endgültig» zu verbessern, womit denn auch «vorübergehende» aggressive Handlungen zu rechtfertigen seien. Die Geschichte ist voll von Beispielen, wie der unbegrenzte Wille zum Guten zu unsäglichen Untaten geführt hat (Szczesny 1971).

3. Veränderte Bewertung von aggressiven Modellen und Hinweisreizen: Vorsicht und Skepsis

Neben unangenehmen Ereignissen und positiv erlebten Anreizen soll sich die veränderte Bewertung von Aggressionsanregern auf Modelle und Hinweisreize beziehen, die aggressive Tendenzen wecken oder fördern können. Das Ziel müßte es sein, ihnen eben diese «Verführungskraft» zu nehmen. Erforderlich ist dazu eine *kritische Haltung* gegenüber aggressiven Modellen, wie politischen Demagogen, «harten» Erziehern, aggressiv-vorpreschenden Gruppenmitgliedern, sowie gegenüber aggressiven Symbolen oder Reizworten.

Besonders wichtig kann es sein, Hinweisen auf den «Schuldigen» mit großer Zurückhaltung zu begegnen und eventuell als Sündenbockphänomen zu durchschauen. Der (angenommene) Schuldige bietet als Frustrationsquelle starke aggressive Hinweisreize und zieht gewöhnlich die aggressiven Reaktionen der anderen auf sich. Ja, seine Existenz ist im allgemeinen die Voraussetzung dafür, daß es überhaupt zu aggressiven Handlungen kommt; sie unterbleiben, wo es keinen Schuldigen gibt (vgl. Kapitel 9).

Die Bestimmung des Schuldigen als Ursachenerklärung für die Frustration ist allzuoft ein Irrtum oder eine grobe Vereinfachung. Dies gilt da, wo die «Ursache» einer schwierigen Lage in einem komplizierten Bündel ungünstiger Faktoren besteht oder wo zwischenmenschliche Probleme aus *wechselseitig* sich bedingenden Verhaltensweisen entstehen (z. B. der Mann zieht sich zurück, weil die Frau nörgelt, und umgekehrt!) (vgl. Watzlawick/Beavin/Jackson 1969). In solch einem Fall mögen sich die Beteiligten gegenseitig als den Schuldigen anklagen, das heißt, sie «interpunktieren» (Watzlawick u. a.) den Ursache-Wirkungs-Kreislauf unterschiedlich. Tatsächlich aber ist das unglückliche «Zusammenspiel» ihrer Verhaltensweisen «schuld». Ähnliches gilt auch für «symmetrische Eskalationen» (Watzlawick u. a.) nach Art des Rüstungswettlaufs. Aber selbst da, wo tatsächlich bestimmte Personen sich falsch verhalten beziehungsweise Fehler gemacht haben, bringt es häufig nichts als sinnlos Streitereien ein, den Schuldigen zu suchen und anzuklagen.

Folgende Gesichtspunkte können daher beim Schuldigen-Problem vermutlich eine aggressionseinschränkende Rolle spielen:

○ Wo die Frage «Wer ist schuld?» nur Unheil stiftet und sonst keinerlei Nutzen hat, sollte sie am besten gar nicht gestellt, zumindest nicht

156   Verminderung aggressiven Verhaltens

ausgewalzt werden. Statt dessen kann in vielen Fällen die Frage «Wie lösen wir das Problem?» die Frustrationssituation am schnellsten beheben und Aggressionen vermeiden helfen.

o Ehe man eine Person zum Schuldigen stempelt, sollte man überprüfen, ob dies nicht eine Vereinfachung ist, das heißt, ob nicht ein Bündel von Ursachen vorliegt oder die Verhaltensweisen der Konfliktparteien sich wechselseitig bedingen.

o Man sollte kritisch untersuchen, ob eine Schuldzuschreibung nicht lediglich der Rechtfertigung instrumenteller Aggression dient.

o Wo bestimmten Personen oder Gruppen üblicherweise die Schuldigen-Rolle zugewiesen wird oder sie sonstwie in Form von Vorurteilen mit aggressiven Hinweisreizen versehen werden («die Yankees», «die Polacken», «die Halbstarken»), können persönliche Bekanntschaften manchmal gegensteuernd wirken, wenn sie nicht nur flüchtigen Charakter haben.

Verweise auf den Schuldigen vorsichtig und skeptisch aufzunehmen und gegebenenfalls als blanke Demagogie zu durchschauen, stellt allerdings hohe Anforderungen an die Bereitschaft, Dinge eventuell unerklärt zu lassen, ihre Kompliziertheit anzuerkennen und gegenüber mehrdeutigen Situationen unentschieden zu bleiben (Ambiguitätstoleranz). Besonders in bedrängenden Situationen ist dies recht schwierig.

Welches Gewicht eine skeptische Haltung gegenüber aggressiven Reizen bei der Aggressionsverminderung haben kann, ist bisher wissenschaftlich nicht genauer untersucht worden. Aus der Einstellungsforschung gibt es aber zahlreiche Belege für die vorbeugende «Impfwirkung» von kritischen Informationen über Meinungen, die man von anderen zu hören bekommen wird. Diese «Meinungsimpfung» (Immunisierung oder Inokulation) führt dazu, daß die eigene Einstellung von Gegeninformationen weniger beeinflußt wird (McGuire 1964; vgl. auch Triandis 1975). Allerdings macht sie keineswegs unbeeinflußbar (was prinzipiell ja auch nicht zu wünschen ist) und schafft von sich aus auch nicht die Kraft, «gegen den Strom zu schwimmen». Da das Mitschwimmen im Strom aber gerade bei aggressivem Verhalten ein besonderes Problem ist, ist es für jedes Immunisierungsprogramm wesentlich, daß es sehr viele Menschen erfaßt.

Vor allem im Anschluß an die Hitler-Zeit ist eine kritische Haltung gegenüber Demagogen, Sündenbockparolen, oder militärischen Aggressionen mit Recht ein wichtiges Ziel staatsbürgerlicher Erziehung (unter anderem in der Schule) geworden. Die Aufgabe ist keineswegs einfach, weil manche Demagogen und menschenfeindlichen Gruppen auch durchaus attraktive Seiten präsentieren. Daher hat der Hitler-Biograph Fest (zit. n. Der Spiegel 1977, Nr. 27) vermutlich recht, wenn er sagt: «Man sollte die Faszination durchaus zeigen; verständlich machen, daß es eine Faszination für viele gab, und damit versuchen, die Leute etwas

Die Anreger anders bewerten   157

immuner gegen ähnliche Reaktionen zu machen» – eine kritische Kommentierung vorausgesetzt. Wie wenig eine Immunisierung gegenüber Verführern an Bedeutung verloren hat, zeigen die in immer neuen Varianten auftauchenden politischen Gruppen, die Gewalt propagieren und dabei oft überaus hehre Ziele verkünden.

4. Veränderte Bewertung als «intellektuelle» Lösung: Die Bedeutung von Aufklärung und «Bewußtsein»

Im Vergleich zu den übrigen Ansätzen ist die Veränderung von Bewertungsweisen im ganzen die «intellektuellste» Lösung. Es sind «Einsicht» und «kritisches Bewußtsein», auf die viele ihre Hoffnung setzen. Intellektuelle neigen im allgemeinen ohnehin dazu, und speziell auch einige Aggressionstheoretiker stellen dies als wichtig heraus (z. B. MITSCHERLICH 1969 a,b). Dazu gehört auch die Annahme, daß Kenntnisse über die Entstehung von Aggression zu ihrer Kontrolle beitragen («dadurch, daß man sie sich bewußt macht»). Im wesentlichen laufen diese Vorschläge darauf hinaus, Situationen, die Aggressionsanreger enthalten, sowie mit ihnen verbundene innere Vorgänge, besser zu erkennen und zu durchschauen und ihnen dadurch ihre Zugkraft für die eigene «Anregbarkeit» zu nehmen.

In dieser Richtung liegen alle Bemühungen, auf mehr oder minder breiter Basis über Probleme aggressiven Verhaltens aufzuklären beziehungsweise sie bewußt zu machen, wobei etwa die Weckung von Skepsis gegenüber Demagogen und Sündenbock-Phänomenen ein Ziel sein kann. Möglichkeiten dieser Art bieten die Massenmedien, Bücher (dies ist eins davon) oder die Behandlung des Themas im Schulunterricht (vgl. ULLMANN 1974; NOLTING 1972).

Um den letzten Punkt einmal konkret zu illustrieren, seien einige Elemente aus der Unterrichtseinheit von ULLMANN wiedergegeben, die für 14- bis 16jährige Schüler aller Schularten konzipiert ist. Ein Zeitungsbericht über das Verhalten der «skinheads» (einer jugendlichen Bande in London) dient beispielsweise als Material für die Erarbeitung sozio-kultureller Aspekte der Aggression. Zur Erläuterung der Frustrations-Aggressions-Hypothese wird den Schülern eine Situation mit einem ärgerlichen elterlichen Verbot geschildert und die Frage gestellt: Wie hättest du reagiert? Außerdem wird ein Zeitungsbericht über eine elfjährige Mörderin und deren Lebensgeschichte herangezogen. Angemerkt sei hier aber, daß Fälle dieser Art auch dazu benutzt werden sollten, auf den recht begrenzten Erklärungswert von Frustrationen hinzuweisen.

Dies macht zugleich das prinzipielle Problem deutlich, daß die aufklärende Information verschieden ausfällt, je nach Wissensstand und theoretischer Orientierung des Unterrichtenden. Im übrigen darf man in rein

158 Verminderung aggressiven Verhaltens

informatorische Maßnahmen ohnehin nicht allzu große Erwartungen setzen, so vernünftig sie auch sind. Dieser Weg ist insofern gut, als er relativ leicht gangbar ist. Aber die Auswirkungen auf das Verhalten können nur recht begrenzt sein. Sicher ist es häufig leicht, aktuelle Fehlbewertungen auf Grund von Unkenntnis oder Mißverständnissen (s. S. 146) aufzuheben und dadurch Ärger und Aggressionen zu beenden. Jedoch ist es in der Regel ziemlich schwierig, «festgefahrene» Bewertungsmuster bei bestimmten Personen oder Gruppen (etwa politischen) zu verändern. Denn es handelt sich dabei ja nur zum geringeren Teil um *intellektuelle* Probleme, um Mangel an Wissen und Einsicht in Zusammenhänge. Vielmehr reichen alle in diesem Kapitel angesprochenen Bewertungsprobleme mehr oder minder tief in den *emotional-motivationalen* Bereich hinein: «Empfindlich» sein, Macht anstreben, einen Schuldigen suchen usw. Es sind daher kaum Effekte zu erwarten, wenn es bei rein rationalen Erkenntnissen bleibt.

Welches Vorgehen nun erforderlich ist, um die Gefühls- und Motivseite der Bewertung mit anzusprechen, ist von Fall zu Fall verschieden. Dies kann einmal ein Unterricht sein, in dem reale Vorkommnisse bei den Schülern (z. B. die Ablehnung eines Außenseiters) verarbeitet werden (vgl. GRUNDKE 1975). Im andern Fall kann es die Stützung durch eine gleichgesinnte Gruppe sein, eine psychotherapeutische Behandlung oder ein Durchleben von kritischen Erfahrungen im Rollenspiel. Wie noch dargestellt werden wird (Kapitel 15), hat auch das Erlernen von alternativem Verhalten Rückwirkungen auf Gefühle und kognitive Wertungen.

Psychologische Forschungsergebnisse, die sich direkt auf den Abbau aggressiven Verhaltens durch die Änderung relevanter Bewertungen beziehen, liegen bisher kaum vor. Das Problem, um das es geht, fällt in der Sozialpsychologie unter die Rubrik «Einstellungen», ihre Entstehung, ihre Änderung und die Beziehung zwischen Einstellung und Verhalten (einen Überblick gibt TRIANDIS 1975). Bei der Bildung von Einstellungen spielen generell Einflüsse der engeren Umwelt eine entscheidende Rolle; und so kann ein Wechsel der Umwelt auch Einstellungsänderungen mit sich bringen. Beispielsweise kann eine liberale, tolerante Universitätsatmosphäre dogmatische oder intolerante Einstellungen eines neuen Studenten allmählich aufweichen (NEWCOMB 1959).

Als Beispiel für eine gezielte Beeinflussung durch Unterricht sei die Untersuchung von KRAAK (1968) genannt: Es zeigte sich, daß Psychologie-Unterricht (über «das Werden der Persönlichkeit» und «Psychologie der Motivation»; 40–50 Std.) Vorurteile gegenüber anderen Völkern oder Vorbestraften, sowie Erziehungseinstellungen (also z. B. auch: welches kindliche Verhalten als störend zu bewerten ist) in Richtung auf mehr Verständnis und weniger «Härte» verändern kann. KRAAK sieht dies als Folge einer «kausalen Orientierung», die durch den Unterricht vermittelt wird, also als Effekt eines Denkens in Ursache und Wirkung beziehungsweise einer Einsicht in Zusammenhänge.

Änderungen sind also möglich. Doch, wie bereits erwähnt, ist zu bedenken, daß veränderte Einstellungen nicht ohne weiteres verändertes Verhalten bedeuten. Zwischen beiden können zwar durchaus Zusammenhänge bestehen. So fand etwa MEES (1974) in einem Experiment speziell zum Thema Aggression, daß eine negative Einstellung zu einem bestimmten Volk auch mit stärkerer Aggression gegenüber einem Angehörigen dieses Volkes einherging. Umgekehrt wäre dann zu erwarten, daß die Herbeiführung einer positiven Bewertung der betreffenden Gruppe zu einer Aggressionsverminderung beiträgt. Aber «beiträgt» ist nicht gleich «führt». Denn generell gilt: Auch die edelste Einstellung wie die beste Absicht sind nicht der alleinige Faktor, der das Handeln bestimmt. Erwartungen der Umwelt, gegenläufige Bedürfnisse und Gefühle (wie Angst, Konkurrenzdruck), eingeschliffene Gewohnheiten oder die aufregende Bedrängnis der Situation haben häufig stärkeres Gewicht.

Insgesamt sollte man festhalten, daß die Bewertung der Aggressionsanreger *ein* wichtiger Ansatzpunkt zur Aggressionsverminderung ist. Veränderungen sind aber selten durch rationale Information allein möglich, sondern erfordern zusätzliche Mittel (s. s. 158 sowie Kapitel 15), die den Gefühls- und Verhaltensbereich mit ansprechen.

Kapitel 14
Lösungsrichtung 4:
Aggressionshemmungen fördern

Eltern bestrafen ihre Kinder für aggressives Verhalten, Gerichte bestrafen Kriminelle, beide in der Hoffnung, daß sie «es nicht wieder tun». Des weiteren belehren uns Elternhaus, Schule, Kirche, Massenmedien oft, wenn auch keineswegs durchgängig, daß Aggression «schlecht», böse, unmoralisch, antisozial sei – in der Hoffnung, daß diese Bewertung übernommen und aggressives Verhalten unterlassen wird.

Von den in diesem Buch besprochenen Strategien ist der Aufbau von Hemmungen in der Praxis wohl der am meisten verbreitete Versuch zur Aggressionsbewältigung. Die große Verbreitung hat mit der allgemeinen

160   Verminderung aggressiven Verhaltens

menschlichen Neigung zu tun, günstiges Verhalten als quasi selbstverständlich hinzunehmen und erst bei «Störungen» aufmerksam zu werden, um dann gegen sie vorzugehen. So lassen viele Eltern erwünschtes
Verhalten ihrer Kinder unbeachtet, greifen aber ein, sobald sie sich
gestört fühlen. Diese Vorgehensweise versucht also, den Menschen beizubringen, wie sie sich *nicht* verhalten sollen – durch Bestrafung oder
Ansprechen des «Gewissens».

Hemmungen erfordern eine Interpretation oder Bewertung der Situation, z. B. ob Strafe zu erwarten oder eine Rechtfertigung abzuleiten ist.
Insofern liegt dieser Lösungsansatz auf derselben Ebene wie die Bewertung der Anreger (beschrieben in Kapitel 13). Beide Aspekte können
auch eng miteinander verbunden sein, etwa eine «kritische» Bewertung
eines Demagogen und eine anti-aggressive Haltung. Dennoch ist es
üblich und sinnvoll, Hemmungen gesondert zu behandeln: einmal, weil
sie als eigener Faktor bereits angelaufenen Aggressionsanregungen entgegenwirken können, und zweitens, weil sie sich in der Praxis auch auf
eigene Arten des Vorgehens gründen.

1. Art der Hemmung und ihre praktische Bedeutung

Bevor die Angst vor Bestrafung und die moralische Einstellung näher
besprochen werden, sei noch kurz auf die Frage eingegangen, ob auch die
leid-induzierte Hemmung gefördert werden kann. Wie dargestellt (s. S.
94f), besteht sie in dem Impuls, eine aggressive Handlung zu beenden
oder zu unterlassen, weil die Schmerzreaktion des Opfers dem Betreffenden unerträglich ist. Soweit dies auf einer angeborenen Bereitschaft
beruht (wie etwa LORENZ vermutet, s. S. 94), wäre es nicht nötig, diese
Hemmung bewußt aufzubauen, sondern es käme nur darauf an, sie nicht
«absterben» zu lassen. Und dazu wäre wohl das Wichtigste, häufigere
Erfahrungen mit aggressivem Leid-zufügen (gegen Feinde, gegen schwache Familienmitglieder) zu vermeiden, da sie möglicherweise zu einer
«Abstumpfung» führen und das Leid eher mit Erfolgsgefühl assoziieren
könnten (s. S. 76f). Natürlich wäre dies auch dann anzustreben, wenn die
leid-induzierte Hemmung nicht angeboren, sondern erworben ist, was
wohl teilweise zutrifft. Hier gäbe es aber zusätzlich die Möglichkeit einer
bewußten Förderung. Sie zu versuchen, ist schon deshalb sinnvoll, weil
eben das Leid auch als Bekräftiger wirken kann (Vergeltung, Sadismus)
und dem entgegengewirkt werden muß. In der Praxis wird sich dieses
Bemühen wohl mit der Förderung moralischer Hemmungen überschneiden, wenn nicht decken. Zu denken wäre an

○ Belehrungen und Mitleidreaktionen, die deutlich machen, daß man
  anderen nicht «weh tun» darf;
○ Entwicklung von Einfühlungsvermögen, das auch undramatisch und

Aggressionshemmungen fördern   161

zurückhaltend geäußerte schmerzvolle Gefühle anderer Menschen nachvollziehen kann.

Klarere Forschungsgrundlagen als bei der leid-induzierten Hemmung liegen für die *Hemmung aus Angst vor Bestrafung* beziehungsweise *vor negativen Konsequenzen* vor (vgl. Kapitel 8). Obwohl unangenehme Folgen im Prinzip natürlich eine hemmende Wirkung haben, darf man sich von dieser Art der Hemmung für die Lösung des Aggressionsproblems nicht allzuviel versprechen, denn sie ist mit zahlreichen Problemen verbunden (s. S. 96 f). Zum einen ist sie sehr situationsspezifisch und wirkt nur da, wo eine Bestrafung erwartet wird, und auch das nur, wenn diese schwerer wiegt als der Verzicht auf das Ziel. Zum anderen sind viele Formen der Bestrafung im Nebeneffekt geradezu aggressionsfördernd (aggressives Modell, Frustration).

In der *pädagogischen* Verwendung von Strafen sollte daher darauf geachtet werden, daß sie

○ eine wenig aggressive Form haben (z. B. vorübergehende Kürzung von Vergünstigungen),

○ nicht gegen die Person («Du bist ein böses Kind»), sondern gegen das konkrete Verhalten («Du sollst deine Schwester nicht schlagen») gerichtet sind,

○ unmittelbar auf das Verhalten folgen.

Doch auch wenn man dies beachtet, ist es durch Bestrafung allein kaum möglich, ausgeprägt aggressive Gewohnheiten zu verändern. Leichter ist es, so die Entwicklung aggressiven Verhaltens *frühzeitig zu verhindern* (FÜRNTRATT 1974). Ein Abbau aggressiven Verhaltens ist am ehesten dann zu erreichen, wenn Bestrafungen in leichter Form und in *Zusammenhang mit anderen Maßnahmen* eingesetzt werden, die erwünschtes Verhalten aufbauen. Darüber mehr im nächsten Kapitel.

Die vorgetragenen Einschränkungen und Schwierigkeiten bedeuten nicht, daß man die situativen Effekte von Strafen generell als unwesentlich erachten könnte. Wie die Dinge leider liegen, sind sie in vielen Fällen der einzige aggressionsverhindernde Faktor, solange ein grundsätzliches Aufheben aggressiver Handlungen nicht zu erreichen ist. Das gilt z. B. für den Geiselnehmer, der sein Opfer freiläßt, um freies Geleit statt Gefängnis zu bekommen, ebenso wie für militärische Aktionen, die wegen eines erwarteten Gegenschlages unterlassen werden. Nur bieten alle diese Bestrafungen keine zuverlässige Lösung und keine Sicherheit. Denn sie können unwirksam werden, sobald sich die Situation verändert (z. B. sich das militärische Gleichgewicht verschiebt), oder dies von einer Seite fälschlich so gesehen wird.

Die dritte Art von Hemmungen, eine ablehnende Einstellung zu aggressiven Handlungen (*moralische Hemmung*), ist nicht so situationsbegrenzt und wird im allgemeinen auch nicht auf aggressive (und damit potentiell aggressionsfördernde Weise) vermittelt. Aus diesen Gründen

162   Verminderung aggressiven Verhaltens

ist sie die günstigste und wichtigste Art der Hemmung und soll im
folgenden ausführlicher erörtert werden.

2. Einstellung zu Aggression und individuelle Verantwortung

Ablehnung von Aggression als notwendige Voraussetzung

Wie wir alle aus der Geschichte und persönlichen Erfahrung wissen,
haben sich moralische Hemmungen bisher keineswegs als ausreichende
Bedingung zur Aggressionsbewältigung erwiesen. Zum einen, weil sie –
außer bei einigen wenigen Menschen – nie absolut genug sind, um nicht
durch zahlreiche und allzuleicht herstellbare «Legitimationen» außer
Kraft gesetzt zu werden; zum anderen, weil die bloße Hemmung in vielen
Fällen die Frustrationsbedingungen und feindseligen Gefühle weiterbestehen läßt, die zu Aggression führen. Lösungen wären hier nur erreichbar, wenn die betroffenen Menschen nicht nur ihre Aggressionen hemmen, sondern ihre Probleme auf andere Weise bewältigen können
(hierzu Kapitel 15).

Auf der anderen Seite liegt der Wert moralischer Hemmungen darin,
daß durch sie aggressives Verhalten erschwert, also in vielen Fällen –
zumindest «zunächst einmal» – unterlassen wird und möglicherweise
daraus entstehende negative Folgen vermieden werden. Mit anderen
Worten: Wenn Hemmungen auch keine Probleme lösen können, so
können sie doch oft eine Verschlimmerung verhüten.

Des weiteren ist anzunehmen, daß durch die Ablehnung von Aggression das Bemühen um nichtaggressive Verhaltensweisen gefördert wird.
Allgemeiner betrachtet, kann man wohl sagen, *daß eine nicht-aggressive
Einstellung keineswegs eine ausreichende Bedingung, andererseits jedoch
eine unentbehrliche und grundlegende Voraussetzung für die Verminderung von Aggression ist.* Denn jeder Versuch zur Aggressionsbewältigung – ganz gleich mit welcher Strategie – wird sicher nur von Menschen
unternommen werden, die dies als positiv betrachten beziehungsweise
Aggression als schädigendes, verletzendes Verhalten – prinzipiell negativ bewerten. «Prinzipiell» bedeutet, daß aggressives Verhalten generell
abgelehnt wird, wenngleich diese Ablehnung in besonderen Ausnahmefällen an handlungsbestimmendem Gewicht verlieren kann: im einfache-
ren Fall dann, wenn sie als unerheblich (mancher «Anranzer» etwa), im
schwierigeren Fall, wenn sie als unausweichlich angesehen wird.

Nun ist natürlich die Frage, wann eine aggressive Handlung als unausweichlich anzusehen ist, von fundamentaler Bedeutung und ungemein
schwer zu beantworten. So gibt es nicht wenige Menschen, die Aggression als notwendig für sozialen und politischen Fortschritt ansehen:
Gewalt als Mittel zur Änderung der Gesellschaft. Sie sehen in den

Bemühungen zum Aggressionsabbau einen Versuch, das Aufbegehren von Unterdrückten und Benachteiligten zu verhindern; einen Versuch, eine schöne, heile Welt zu schaffen, in der alle Menschen nett zueinander sind und dabei vor den sozialen Ungerechtigkeiten die Augen verschließen.

Leider besteht diese Gefahr tatsächlich. Aber ist es vernünftig, deshalb seine Aggressionshemmungen abzulegen? Wegen der Gefahr, daß Versuche zum Aggressionsabbau mißbraucht werden, ist es erforderlich, daß ihre Zielsetzungen kritisch diskutiert werden. Es ist weiterhin unerläßlich, die aggressiven Handlungen nicht isoliert zu sehen, sondern in dem jeweiligen Zusammenhang, in dem sie entstanden sind: Die Konflikte müssen gesehen und gelöst werden. Entscheidend ist jedoch, daß dies nicht auf eine Weise geschieht, die mehr Unrecht und Schmerz verursacht als sie beseitigt. (Worin bestände dann auch der Fortschritt?). Es sind schon zu viele Kriege geführt worden, die allen Kriegen ein Ende machen sollten. Es sind schon zu viele – meist unschuldige – Menschen umgebracht worden, um ein Volk oder gar die Menschheit zu befreien.

Die Frage der Rechtfertigung von Aggression und speziell Gewalt ist nicht ein für allemal zu entscheiden. Auch viele strenge Gegner von Gewalt empfinden Hochachtung vor den Attentätern gegen Hitler vom 20. Juli 1944. Fälle wie dieser aber sind selten. Und man muß sich hüten, mit der Rechtfertigung, man tue es zum Wohle der Menschen, allzuleicht bei der Hand zu sein. Es besteht auch immer die Gefahr, daß man sich an die Überschreitung der moralischen Norm allmählich gewöhnt. Daher sollte die Tatsache, daß in bestimmten extremen Fällen gewalttätige Handlungen eher zu rechtfertigen sind, nicht dazu benutzt werden, eine nicht-aggressive Haltung *generell* aufzulockern. Der weitaus größte Teil von Aggressionen, mit denen wir es im Alltag zu tun haben, steht ohnehin außerhalb der Rechtfertigungsproblematik.

Förderung nicht-aggressiver Einstellungen: Ziele und Bedingungen

Ein erstes Ziel muß sein, daß die Einstellung gegen Aggression einen sehr breiten Geltungsbereich hat beziehungsweise kaum Ausnahmen zuläßt. Die Leichtigkeit, mit der sich offenbar jede Aggression rechtfertigen läßt, muß einer selbstkritischeren Haltung weichen. So sollte es keine Legitimation sein, daß man ja «nur» das Verhalten des anderen vergelte. In vielen Alltagssituationen ist gar nicht so sehr das aggressive Verhalten selbst das eigentlich Bedenkliche (z. B. ein Aufbrausen oder «Einsauswischen»), sondern daß ihm auch noch eine Rechtfertigung auf dem Fuße folgt. Fast jeder Mensch läßt sich des öfteren von aggressiven Gefühlen bestimmen, und dies braucht kein Grund zu sein, schamvoll in sich zu kriechen. Jedoch sollte man es vor sich selbst nicht noch guthei-

164 Verminderung aggressiven Verhaltens

ßen, als notwendig oder selbstverständlich hinstellen, sondern – in der Mehrzahl der Fälle jedenfalls – eher als Verhaltens-«panne» bewerten und für das nächste Mal günstigere Reaktionen überlegen.

Um den Geltungsbereich des «Aggressionsverbots» möglichst groß zu halten, ist es wichtig, *die gängigen Rechtfertigungen zu kennen und zu durchschauen*. Sie seien daher noch einmal kurz genannt (s. S. 99):

○ höhere Zwecke,
○ Schuld des Opfers,
○ Minderwertigkeit des Opfers
○ Bagatellisierung der Konsequenzen,
○ Verkleinerung durch Vergleich mit schlimmeren Untaten.

Nur der erste Grund ist in besonderen Fällen nach einer ausgiebigen Rechtsgüterabwägung zuzulassen.

Die Legitimation oder wenigstens Entschärfung der Aggression soll häufig schon durch den Sprachgebrauch ausgedrückt werden. Dafür zwei Beispiele, die zeigen, wie die Gewalttat durch entsprechende Wortwahl abgeschwächt und verharmlost sowie umgekehrt der Rechtfertigungsgrad erhöht werden kann:

Krieg – bewaffneter Kampf – Kampf
Jemanden . . . ermorden – töten – erledigen – ausschalten

Auch ein Tyrannenmord ist ein Mord. Und einen Menschen zu töten ist auch dann etwas Schreckliches, wenn es sich als letzter Ausweg anbietet, um eine Katastrophe zu verhüten. Für die Erhaltung moralischer Aggressionshemmungen scheint es daher wichtig, eine verharmlosende Sprache zu erkennen und zu vermeiden.

Da nicht nur bestimmte Legitimationen die Hemmung außer Kraft setzen können, sondern auch die Unterordnung der eigenen Bewertung unter die eines anderen oder einer anderen «Macht», muß es ein zweites Ziel sein, daß sich der einzelne für sein Handeln *verantwortlich fühlt*. Kritische Situationen sind in dieser Hinsicht:

○ Handlungen auf Anweisung oder Befehl,
○ Handlungen innerhalb eines Kollektivs oder anonymen Apparates.

Wer also andere lehrt – z. B. Eltern ihre Kinder –, daß Gewalt gegen Menschen etwas Böses ist, der sollte hinzufügen, daß dies auch dann gilt, wenn andere es tun oder gar verlangen. Nicht mitzumachen, setzt natürlich die Möglichkeit voraus, selbst entscheiden zu können. In der Regel scheint sie «an sich» auch zu bestehen. Eine schwerwiegende Ausnahme bildet der militärische Befehl. Daß jedoch auch MILGRAMS Versuchspersonen (s. S. 94 f) sich nicht gegen Gewaltanwendung entschieden, obwohl sie es «an sich» konnten, ist eine heilsame Lehre für uns alle. Allzuleicht kann offenbar das Vertrauen in eine «natürliche» Rollenverteilung – hier: Versuchsperson gegenüber wissenschaftlichem Versuchsleiter – dazu führen, daß die eigene Verantwortung ihre Bedeutung verliert.

Auch ohne die Macht oder Autorität anderer Menschen können moralische Hemmungen «im Geltungsbereich» außer Kraft gesetzt werden. Im Zustand übermäßiger Erregung kann dies geschehen oder unter Einfluß von Alkohol. Sehr viele Gewalttaten – in der Familie und außerhalb – geschehen unter Alkoholwirkung. Nach einer Statistik (zitiert in «Psychologie heute» 1976, Heft 2, S. 8) ist «bei 50 % aller Aggressiv-Verbrechen Alkohol im Spiel». Sicher reduziert Alkohol auch Hemmungen aus Angst vor Bestrafung; aber nicht nur. Auch da, wo keine Bestrafung zu erwarten ist (meist in der eigenen Familie) oder der Betreffende sich nachträglich gar seines Verhaltens schämt (also einstellungsbedingte Schuldgefühle hat), kann Alkohol Aggressionen entscheidend begünstigen. In jedem Falle bedeutet dies, daß die *Bekämpfung des Alkoholismus* auch unter dem Aspekt der Aggressionsbewältigung eine sehr wichtige Aufgabe ist.

Ein weiterer bedeutsamer Aspekt der Einstellung zu Aggression ist der, daß aggressives Verhalten (ebenso wie Alkohol trinken) in weiten Kreisen als Zeichen von Männlichkeit gilt. Für viele Männer ist daher auch instrumentell nutzlose Aggression eine Quelle der Selbstbekräftigung (des Stolzes und ähnlicher Gefühle). Verschiedene Autoren (z. B. Buss 1972, Bandura 1973) sehen es als ein wesentliches Ziel an, dieses *Männlichkeitsbild zu korrigieren*. Es sollte eine Norm propagiert werden, nach der auch für Männer Aggression eher als Zeichen des Unvermögens zu geschickter und sachlicher Auseinandersetzung gilt statt als Zeichen von Stärke, Mut und Entschlossenheit.

Bei der Förderung einstellungsbedingter Hemmungen kommt – allgemein gesprochen – der Sozialisation eine überragende Bedeutung zu. Die Entwicklung der Einstellung zu Aggression ist also entscheidend von der sozio-kulturellen Umwelt abhängig, unter anderem von den jeweiligen Bezugsgruppen (politisch, religiös usw.) und von der sogenannten öffentlichen Meinung. In diesem Rahmen fällt Journalisten, Politikern, Lehrenden, Prominenten eine besondere Rolle zu.

Die in der Regel einflußreichste Vermittlung von Wertnormen findet aber schon durch die familiäre Erziehung statt. Und hier ist nun eine für die Praxis besonders wesentliche Erkenntnis, daß das *Wie* der Erziehung mindestens so wichtig ist wie die Inhalte. Dies zeigen verschiedene Untersuchungen über die Verinnerlichung moralischer Maßstäbe beziehungsweise über die Entwicklung eines das Verhalten kontrollierenden «Gewissens» (Sears u. a. 1957, Bandura/Walters 1959, 1963; im Überblick Fend 1970, Caesar 1972). Danach läßt sich zusammenfassend sagen (vgl. Fend S. 163), daß eine für die Gewissensbildung günstige Erziehung

○ akzeptierend und liebevoll ist,
○ zur Disziplinierung liebesorientierte Techniken verwendet (Lob, Zuwendung auf der einen, Enttäuschung zeigen, vorübergehende Ab-

166 Verminderung aggressiven Verhaltens

wendung auf der anderen Seite),

○ Erklärungen über den Sinn der Verhaltensregeln gibt und das Gespräch mit den Kindern darüber sucht.

Die gegenteilige Erziehung, die sich unter anderem durch schwachen emotionalen Kontakt sowie überwiegend machtorientierte und «materialistische» Techniken (Befehl, physische Bestrafung, materielle Belohnung/Bestrafung) auszeichnet, ist demgegenüber besonders ungünstig für die Verinnerlichung von Wertnormen, auch wenn dies durchaus das elterliche Erziehungsziel sein mag.

Die Bedeutung der emotionalen Bindung zu den Eltern oder zum Therapeuten wird von nahezu allen Autoren unterschiedlicher Richtung hervorgehoben (z. B. von Tiefenpsychologen wie AICHHORN 1925 und Lerntheoretikern wie BANDURA & WALTERS 1959). Der Aspekt wurde bereits im Zusammenhang mit dem Umwelterleben («Bewertung der Anreger») erwähnt (s. S. 147) und hat also seine zweite Funktion als gewissensbildender Faktor. Verhaltensnormen werden eher von Personen übernommen, deren Wertschätzung und Anerkennung einem wichtig ist (die sich daher zur Identifikation eignen). Eltern, die die beschriebenen gewissensfördernden Verhaltensweisen realisieren, dürften in der Regel zugleich ein Modell für nichtaggressives Verhalten sein, so daß dieser Faktor sicher auch eine Rolle spielt (Lernen alternativen Verhaltens). Aber die *Inhalte* könnten dem teilweise entgegenstehen. So können bestimmte Arten der Rechtfertigung von Aggression (z. B. Verteidigung des Landes, der «Ehre» der Familie oder der eigenen) durchaus Bestandteil der internalisierten Normen beziehungsweise des «richtigen» Gewissens sein. Es ist klar, daß das elterliche Vorbild hier für die spezifische Einstellung zu Aggression und zum menschlichen Leben eine Rolle spielt, die sich beispielsweise in Wehrdienstverweigerung oder Meldung als Kriegsfreiwilliger zeigen kann (MANTELL 1972).

Kapitel 15
Lösungsrichtung 5:
Alternatives Verhalten lernen

Kann aggressives Verhalten durch anderes Verhalten ersetzt werden? Im weiteren Sinne ging es um diese Frage auch schon bei den vorangehenden Lösungsrichtungen, die ja alle aggressives Verhalten abbauen, und – da man sich nicht *nicht* verhalten kann – automatisch anderes Verhalten fördern wollen. Hier geht es jedoch um eine spezifischere Frage: Ist nichtaggressives Verhalten möglich, wenn die besprochenen Situationen und personalen Bedingungen «an sich» aggressives Verhalten begünstigen; wenn also z. B. eine Frustrationssituation eintritt, sie auch tatsächlich als störend oder bedrohlich bewertet wird, Strafe nicht zu erwarten ist und durch bloße Aggressionshemmung das Problem (die frustrierende Situation) nicht aufgehoben werden kann?

Grundsätzlich ist die Frage leicht zu bejahen, wenn man an die Vielfalt möglicher Frustrationsreaktionen (expressiv und instrumentell) oder Verhaltensweisen zur Erlangung eines attraktiven Wertes (rein instrumentell) denkt. Doch muß dies noch in zweierlei Hinsicht spezifiziert werden. Erstens ist mit dem Hinweis, daß in potentiell aggressiven Situationen nichtaggressive Verhaltensweisen möglich sind, noch wenig darüber gesagt, *welches* Verhalten an die Stelle der Aggression treten kann, welches also die Alternativen sind. Dies ist insofern wichtig, als man nicht annehmen kann, daß alle Arten nichtaggressiven Verhaltens gleichermaßen günstig sind (z. B. passives Verhalten ist es häufig nicht). Von den alternativen Verhaltensweisen sollte man fordern, daß sie für den Betreffenden befriedigend sind, daß sie ihm also aufs ganze gesehen so viel Wuscherfüllung, Schutz oder Erleichterung verschaffen, wie dies gegebenenfalls durch Aggression möglich ist. Zweitens muß auch untersucht werden, *wie* die alternativen Verhaltensweisen erworben werden können.

Bei dieser Lösungsrichtung kommen die lernpsychologischen Auffassungen besonders zur Geltung, prägnanter und unmittelbarer als bei den Zugängen «Bewertung» und «Hemmung», bei denen Lernvorgänge ja auch eine große Rolle spielen. Dabei muß als Pluspunkt angesehen werden, daß die Lerntheorie (vgl. Kapitel 6) und ihre praktischen Konsequenzen (wie sie im folgenden dargestellt werden) zur Zeit am besten durch empirische Forschungsbefunde abgesichert sind.

In diesem Kapitel wird also davon ausgegangen, daß soziales Verhalten – nichtaggressives wie aggressives – im wesentlichen durch Lernpro-

168   Verminderung aggressiven Verhaltens

zesse entwickelt wird, wobei dem Imitationslernen und dem Lernen am
Erfolg besondere Bedeutung zukommt. Es wird weiter davon ausgegangen, daß diese Lernprozesse in hohem Maße durch die engere Umwelt –
vor allem durch die Erziehung, aber auch durch die peer-group (Gleich-
altrige) und andere Einflüsse – vermittelt werden (wobei die Verhaltensweisen und Normen der engeren Umwelt wiederum teilweise von allgemeineren gesellschaftlichen Bedingungen wie kulturellen Normen oder
politischen Strukturen mitbestimmt werden und umgekehrt).

In diesem Kapitel soll vor allem dargestellt werden,
o wie aggressives Verhalten durch «Umlernen» wieder abgebaut werden kann,
o wie das Erlernen günstigen alternativen Verhaltens von vornherein
  gefördert werden kann.

Zuvor ist zu besprechen, *welche* alternativen, «angemessenen» Verhaltensweisen erlernt werden sollen. Sie werden dabei im folgenden'
schwerpunktmäßig nach zwei Aspekten gegliedert:
o Verhaltensweisen, die den unmittelbaren Umgang mit den eigenen
  aggressiven Gefühlen betreffen, also – etwas verkürzt ausgedrückt –
  den Ärger-Aspekt von Aggression;
o Verhaltensweisen, die die Bewältigung von Problemsituationen betreffen, also primär den instrumentellen Aspekt von Aggression.

1. Was soll gelernt werden?

Zielbereich 1: Der Umgang mit eigenen aggressiven Gefühlen

Wo wir es nicht mit einer rein instrumentellen Aggression zu tun haben,
stehen hinter dem aggressiven Verhalten Affekte, die man summarisch
als Ärger bezeichnen kann. Wenn wir davon ausgehen, daß es nicht
möglich, nicht nötig, unter Umständen aber gefährlich ist, seinen Ärger
«auszuleben» (vgl. Kapitel 11), so stellt sich die Frage, wie man dann mit
ihm umgehen kann.

Zunächst sollte man die Tatsache, daß man aggressive Gefühle (einschließlich eines Vergeltungsbedürfnisses) haben kann, wertfrei als etwas Gegebenes akzeptieren. Eine Morallehre, nach der schon die bloße
Tendenz, der bloße «Gedanke» (z. B. den anderen zu schlagen) etwas
«Böses» ist, begünstigt nicht nur unsinnige Schuldgefühle, sondern auch
eine verzerrte Selbstwahrnehmung beziehungsweise Unehrlichkeit gegenüber sich selbst. Statt daß die aggressiven Regungen klar als solche
erkannt und akzeptiert werden, besteht dann die Gefahr, daß sie durch
Rationalisierungen «verschönt» werden: etwa als «gerechter Zorn» oder
«moralische Entrüstung», die dann natürlich aggressives Verhalten in
Form von «Sanktionen», «heilsamer Strafe» usw. rechtfertigen. Auch

das Christentum leidet an diesem Fehler, und vielleicht ist er einer der Gründe dafür, daß es mit dem Aggressionsproblem so schlecht fertig geworden ist.

Sicherlich ist es wünschenswert und in vielen Fällen auch möglich (s. Abschnitt 3 dieses Kapitels), Aggression mitsamt ihren emotional-motivationalen Komponenten zu ändern. *Wenn* jedoch aggressive Gefühle auftreten, ist es wichtig, so mit ihnen umzugehen, daß sie sich nicht destruktiv auswirken. Im wesentlichen scheint es dazu zwei Möglichkeiten zu geben:

1. Die Gefühle akzeptieren und versuchen, sie – ohne direkte oder indirekte Äußerung – wieder abklingen zu lassen (Selbstbeeinflussung).
2. Die Gefühle akzeptieren und versuchen, sie in direkter, aber nichtaggressiver Form zum Ausdruck zu bringen (kommunikativer Weg).

Selbstbeeinflussung
Um Mißverständnissen vorzubeugen, sei vorweg gesagt, daß dieser Weg nur bei relativ unwichtigen und flüchtigen Anlässen (von denen es aber sehr viele gibt) ausreichend sein kann.

Eine Möglichkeit ist es, den Ärgernischarakter der Situation durch eine *Neubewertung* abzuschwächen, also eine Änderung im Sinne von Lösungsrichtung 3 aus eigenem Anstoß in Gang zu setzen. So kann man sich fragen, ob es hier wirklich um eine wichtige Sache geht, ob der Schaden wirklich erheblich ist, ob nicht noch eine Korrektur möglich ist, kurz: ob es sich «lohnt», sich hier zu ärgern. Das Vorgehen ist recht rational und mag vielleicht auch an die oft gehörten naiven und meist lästigen Ratschläge erinnern, doch alles «nicht so ernst zu nehmen». Es ist daher wichtig, daß die Ärgergefühle zunächst einmal akzeptiert und nicht als unsinnig abgetan werden (vor allem nicht von Außenstehenden!) und daß der Betroffene selbst zu einer Neubewertung kommt. Und auch dann ist immer noch zu beachten, daß der Einfluß von solch «rationalem» Vorgehen auf die Gefühle häufig nicht sehr groß ist. Es wäre aber falsch und würde manchen Erfahrungen widersprechen, diese Möglichkeit ganz außer Betracht zu lassen, zumal das «innere Selbstgespräch» auch Ansatzpunkt systematischer Therapie sein kann (ELLIS 1962, vgl. S. 149).

Eine weitere, oftmals recht wirksame Möglichkeit ist die *Ablenkung* durch Beschäftigung mit anderen Dingen: entweder indem man schlicht im augenblicklichen Tun fortfährt, oder indem man sich interessante und angenehme Tätigkeiten sucht. Bei manchen Menschen und in manchen Situationen erfüllen dies auch harmlose quasi-aggressive Aktivitäten (wie Holzhacken), die wie ein «Ausleben» aussehen (s. S. 133). Generell ist aber daran zu erinnern, daß in den Untersuchungen zur Katharsis-Hypothese die sogenannten Kontrollaktivitäten im allgemeinen

170 Verminderung aggressiven Verhaltens

günstiger waren als die aggressiven Möglichkeiten zum angeblichen «Abreagieren». Entscheidend ist also, den Ärger nicht zu «pflegen», sich nicht selbst gedanklich und verhaltensmäßig zu stimulieren (vgl. BERKOWITZ 1970a), sondern durch die gedankliche, affektive und motorische Beschäftigung mit anderen Dingen entgegengesetzte Gefühle hervorzurufen.

Es ist zu beachten, daß es sich bei beiden genannten Vorgehensweisen *nicht* um ein Unterdrücken der Gefühle handelt, sondern um Hilfen, den ohnehin zu erwartenden Rückgang akuter affektiver Erregung zu erleichtern.

Dies gilt in geradezu reiner Form für eine dritte Möglichkeit, nämlich die der *Entspannung*. Für viele Menschen hat dies die Form einer relativ unbeschwerten, angenehmen Tätigkeit (Spaziergehen, Hobby) und liegt dann in der Nähe der «Ablenkung». Entspannung im strengen Sinne meint eine körperliche Umschaltung, wie sie etwa im Schlaf oder bei Entspannungsverfahren wie Joga und autogenem Training erreicht wird. Eine solche Ruhigstellung hat unter anderem eine «Resonanzdämpfung der Affekte» zur Folge, wie es J. H. SCHULTZ, der Erfinder des autogenen Trainings, formulierte (SCHULTZ 1966); das heißt, daß die Erregungen von ihrer körperlichen Seite her reduziert werden und sich somit «auflösen».

Der kommunikative Weg: Mitteilen von Gefühlen

Den Ärger abklingen zu lassen – unter Umständen erleichtert durch Neubewertung, Ablenkung oder Entspannung – ist sicher in vielen Fällen die einfachste und nervenschonendste Möglichkeit. Sie ist jedoch, wie eingangs gesagt, nur sinnvoll, wenn man das Problem ohne viel Aufhebens hinter sich bringen kann, oder um sich erst einmal zu beruhigen, ehe man «besonnen» an die Lösung herangeht. Sie ist nicht mehr sinnvoll, zumindest nicht ausreichend, wenn die Frustration «wichtig» ist, so daß man sie nicht einfach übergehen kann, also wenn sie stark ist oder des öfteren wiederkehrt und vor allem, wenn durch den Ärger soziale Beziehungen beeinträchtigt werden, der andere vielleicht sogar der Anlaß des Ärgers ist.

In solchen Fällen scheint die zweite Form des Umgangs mit aggressiven Gefühlen angemessen: die Gefühle akzeptieren und in nichtaggressiver Form zum Ausdruck bringen. Nehmen wir zunächst den Fall, daß es in einer sozialen Beziehung wie Ehe, Freundschaft, Eltern-Kind-Beziehung zu einer Verstimmung kommt, die mehr ist als ein flüchtiger Unmut, den man leicht übergehen kann. Hier ist es meist günstig, die «Ärgerreaktion offen auszudrücken und zu akzeptieren, einerseits so, daß man sich erleichtert fühlt, andererseits in einer Form, die den andern nicht verletzt» (MANDEL/MANDEL u. a. 1971, S. 155).

Wie kann dies aussehen?

1. Die Gefühle werden deutlich in Ich-Form als die eigenen ausgedrückt, z. B.: «Ich ärgere mich (oder: es stört mich . . .), wenn deine Sachen hier rumliegen», statt: «Du bist ein unordentlicher Mensch» oder «Du willst mich wohl ärgern». Dazu muß man die eigenen Gefühle erkennen und benennen können, was von manchen auch erst gelernt werden muß. Das kleine Kind, das zu seinem Spielkameraden sagt, «Paß auf, ich habe ziemliche Wut im Bauch», statt draufloszuschlagen, hat davon schon Beachtliches verstanden.

Es werden also in direkter Form («ärgert mich», «stört mich») die eigenen Gefühle beschrieben und dabei möglichst auf konkrete Ereignisse bezogen («wenn deine Sachen . . .»), statt allgemeine Aussagen über den anderen zu machen, über seine Eigenschaften («bist unordentlich», «bist rücksichtslos») oder seine Motive («willst mich ärgern»); denn dabei kommen häufig nur aggressive Unterstellungen und Beschuldigungen heraus, über die man endlos streiten kann, ohne in der Sache ein Stück weiterzukommen. Über die eigenen Gefühle aber kann man nicht streiten, auch nicht, wenn sie einem selbst oder dem anderen «logisch» unsinnig erscheinen. Wichtig ist natürlich, daß der andere die Gefühle als solche akzeptiert (z. B. «Das macht dir also sehr zu schaffen», statt «Ach, du bist zu empfindlich»), und zwar unabhängig davon, ob er in der Sache entgegenkommen kann oder nicht.

2. Falls der eigene Ärger sich nicht auf den anderen bezieht, sollte man ihm dies auch deutlich mitteilen: z. B. «Es tut mir selbst leid, aber ich bin im Moment ziemlich gereizt».

Um Mißverständnissen vorzubeugen: Es geht hier nicht um bloße Sprachkosmetik, also lediglich um «nette» Formen als Selbstzweck. Es geht primär darum, den *Beziehungsaspekt* jeder Kommunikation (WATZLAWICK u. a. 1969) – das heißt die Haltung gegenüber dem anderen –, so mitzuteilen, daß es nicht zu einer affektiven Blockierung des Gesprächs kommt. Und dafür ist es günstig, das zu sagen, was zunächst einmal unbestreitbar ist (daß man sich «ärgert»), statt das Problem sofort in eine durchaus strittige Behauptung umzumünzen (daß der andere «schuld» ist). Es wird nichts vertuscht. Im Gegenteil: Der Ärger wird deutlich mitgeteilt, zugleich jedoch so, daß der andere nicht sofort in die Verteidigung gedrängt wird, ebenfalls aggressiv reagiert und es zur Eskalation kommt; sondern so, daß er eher bereit ist, zuzuhören und sich auf die Verfassung des anderen einzustellen. *Daß* die Mitteilung erfolgt, ist im allgemeinen deshalb wichtig, weil sonst die Gefahr besteht, daß die Gefühle sich in aggressivem Verhalten ausdrücken.

Auch in den Fällen, wo man sich mit dem Gesprächspartner über Ärger unterhält, den man mit dritten Personen (z. B. Vorgesetzten) gehabt hat, oder der aus «sachlichen Frustrationen» (Mißerfolgen) stammt, ist es günstig, die eigenen Gefühle und Konflikte konkret vorzutragen, statt lediglich zu schimpfen. Dies erleichtert es dem Partner,

172   Verminderung aggressiven Verhaltens

zuzuhören und darauf einzugehen, und es kann eventuell die Lösung des Problems fördern, da dieses häufig mindestens zur Hälfte ein Problem des subjektiven Erlebens (der eigenen Ansprüche, Befürchtungen, Erwartungen) ist, statt nur ein Problem der äußeren Sachverhalte und der anderen Personen.

Der Umgang mit aggressiven Gefühlen – selbstbeeinflussend oder kommunikativ – führt in vielen Fällen zur Erleichterung und manchmal auch dazu, daß sich das Problem «von selbst löst». Er kann jedoch lediglich eine Vorstufe oder begleitende Maßnahme sein, wenn die Frustration nicht ein momentanes Ereignis ist, sondern weiterbesteht. Es muß dann eine Phase folgen, in der man versucht, die Probleme zu bewältigen.

Zielbereich 2: Die Bewältigung von Problemen und Konflikten

In den meisten Fällen ist aggressives Verhalten ein Versuch, ein bestimmtes Problem zu lösen. Soweit es sich nicht um einen rein expressiven Ärgerausbruch handelt, sollen mit der Aggression bestimmte Ziele erreicht werden, wobei dies mehr die Beseitigung einer «ärgerlichen» Frustration oder die «kühle» Durchsetzung von Interessen sein mag.

Diese Aggressionen mit mehr oder minder instrumentellem Charakter sind wahrscheinlich die häufigsten und wichtigsten innerhalb des gesamten Aggressionsproblems (s. S. 93). Hierfür alternative Verhaltensweisen stärker zu verbreiten, würde daher einen echten Fortschritt bedeuten. Solche Verhaltensweisen können reichen vom stillen Nachdenken bis zum kooperativen Vorgehen, von Meinungsbekundungen bis zum Verhandeln, von flexibler Zieländerung bis zum begründeten Verzicht. Meistens sind es zwischenmenschliche Konfliktsituationen, in denen diese Verhaltensweisen an die Stelle von Aggression treten sollen, so daß man auch von *sinnvollem Konfliktverhalten* sprechen könnte.

Welche Verhaltensweisen angemessen sind, ist verschieden je nach Art der Problemlage. Im folgenden soll von den typischen Aggressionszielen (s. S. 70f und 92) ausgegangen werden, um eine Reihe wichtiger alternativer Verhaltensweisen anzuführen (keine «vollständige Liste»). Dabei werden zunächst die Ziele Durchsetzung, Beachtung und Abwehr besprochen, die alle instrumentelle Ziele sind und sich in der Praxis auch überschneiden können. Danach soll noch auf das Problem der Vergeltung eingegangen werden und zwar als nichtinstrumentelle Reaktion (nicht als Abwehrmaßnahme) in sozialen Konfliktsituationen.

Verhaltensweisen für Durchsetzung, Beachtung, Abwehr
1. Im ersten Fall geht es um die *Durchsetzung* eigener Wünsche und Interessen, die mit den Wünschen anderer in Konflikt stehen. Als Bei-

spiel könnte man etwa einen Familienstreit über die Planung des Urlaubs nehmen. Alternative Verhaltensweisen zu aggressivem Schimpfen, Nörgeln, Schmollen, Machtwort-sprechen könnten sein:

○ eigene Wünsche äußern,
○ den Wünschen des anderen zuhören,
○ über Lösungen nachdenken,
○ Vorschläge machen (vor allem Kompromißvorschläge),
○ diskutieren, verhandeln.

Es ist offensichtlich, daß im Prinzip dieselben Verhaltensweisen auch bei politischen und anderen sozialen Konflikten relevant und vielerorts üblich sind; nur, daß dort nicht von Wünschen, sondern von Forderungen die Rede ist und der Verhandlungsstil einen «Härtegrad» haben kann, · der im privaten Bereich selten angemessen ist.

Ausdrücklich sei betont, daß Selbstbehauptung grundsätzlich ein legitimes und erstrebenswertes Verhaltensziel ist. Selbstbehauptung und Aggression müssen aber klar voneinander unterschieden werden. Es ist für das Bemühen um Aggressionsverminderung hinderlich, wenn – wie des öfteren zu lesen ist – Selbstbehauptung als eine Form von Aggression angesehen wird. Selbstbehauptung in den beschriebenen Formen ist gerade eine Alternative zu Aggression.

Zahlreiche Alltagserfahrungen sprechen dafür, daß Aggressionen häufig nur deshalb auftreten, weil jeder Beteiligte denkt, es gäbe nur zwei Möglichkeiten: Entweder ich setze mich durch und der andere gibt nach, oder der andere setzt sich durch und ich gebe nach. «Wir können doch nicht immer nachgeben!» sagen viele Eltern, wenn man den Wert von Befehlen und Strafandrohungen in Zweifel zieht. Als ob es dazwischen nichts gäbe! Die meisten guten Lösungen liegen aber dazwischen und sind durch die «niederlagelose Methode» der Konfliktlösung (GORDON 1972) erreichbar, die den Bedürfnissen aller Beteiligten entgegenzukommen versucht. Sie erstreckt sich vom Feststellen der unterschiedlichen Wünsche über das Sammeln aller Lösungsvorschläge (zunächst ohne Stellungnahmen!) bis zum Aushandeln einer Kompromißlösung. Es gibt meist viel mehr Lösungen, als die Beteiligten im ersten Moment sehen (jeder «seine» Lösung). Sie zu finden, erfordert aber bewegliches, manchmal originelles Denken sowie die übrigen oben genannten Verhaltensweisen.

Allerdings kann ein Konfliktverhalten der beschriebenen Art nur Erfolg haben, wenn auch eine entsprechende Einstellung hinzukommt: Die eigenen Ziele dürfen nicht überbewertet werden, es muß die Bereitschaft bestehen, unter Umständen Abstriche bei den eigenen Wünschen oder Forderungen zu machen und die Wünsche des anderen zu respektieren. Wo die eigenen Ansprüche verabsolutiert werden, wird das Konfliktverhalten letztlich wieder im Recht des Stärkeren enden.

2. Ein zweites häufiges Aggressionsziel ist *Beachtung* durch andere.

174   Verminderung aggressiven Verhaltens

Alternative Verhaltensweisen könnten in diesem Falle sein:
o seine Meinung vortragen,
o Leistungen zeigen,
o anderen helfen, Verständnis entgegenbringen,
o oder auch direkt den Wunsch nach Beachtung und Anerkennung äußern.

Um eine große Zahl von Menschen anzusprechen, können geeignet sein:
o Publikationen, Aufrufe herausbringen (eventuell über Massenmedien),
o Demonstrationen durchführen,
o sich an wichtige Personen (im politischen oder sonstigen Bereich) wenden.

Auch solche Verhaltensformen sind allgemein bekannt und verbreitet (als politische zumindest in Demokratien). Wichtig ist, sie als Alternativen zur Aggression zu erkennen und zu erlernen. Natürlich ist zuzugeben, daß in diesem wie in anderen Fällen aggressive Handlungen häufig eine stärkere Wirkung haben. Daher werden auch hier die Alternativen nur zur Geltung kommen können, wenn eine ablehnende Einstellung zu Aggression vorliegt und die eigenen Zwecke nicht so verabsolutiert werden, daß sie jedes Mittel «heiligen».

3. Ein drittes typisches Ziel instrumenteller Aggression wurde unter dem Stichwort *Abwehr* zusammengefaßt. Hier geht es um die besonders schwierige Frage, wie man auf die Aggression eines anderen reagieren kann. Auch wenn in solchen Abwehrsituationen eine Gegenaggression manchmal unvermeidlich ist (Notwehr bei akuter Lebensgefahr), so gibt es doch prinzipiell zahlreiche Alternativen (Zusammenstellung teilweise nach FÜRNTRATT 1974, S. 395 ff):
o ausweichen, flüchten,
o beschwichtigen, beruhigen (möglicherweise durch Versprechungen),
o umstimmen, versöhnen (auch nachträglich noch wichtig, um Wiederholungen zu vermeiden),
o erdulden (wenn alles andere nicht geht und ein Gegenangriff es noch schlimmer machen würde),
o «ins Leere laufen lassen» (z. B. Geiselnehmer durch Abwarten «aushungern», bis sie sich ergeben; sich «einigeln»).

Im Falle aggressiver Machtausübung gibt es als weitere Möglichkeiten
o Gehorsam,
o scheinbaren Gehorsam,
o Ungehorsam, gewaltlosen Widerstand.

Soweit der Aggressor nicht umzustimmen ist, wird eine dauerhafte Lösung nur über seine Entmachtung möglich sein. Sie enthält zwangsläufig aggressive Elemente, jedoch nicht unbedingt physische Gewalt. So wird in der Theorie und Praxis von gewaltfreien Aufständen gegen politische Unterdrückung betont, daß sich die Aktionen gegen die Rolle der Herrschenden im System richten soll, nicht aber gegen ihre Person (s. EBERT 1978). Mithin kann man die bewußte Beeinträchtigung des Macht- und Besitzumfangs durchaus mit der Zusage von persönlicher Unversehrtheit und materieller Sicherung verbinden. Für solchen Widerstand ist allerdings meist eine entscheidende Bedingung, daß die genannten Verhaltensalternativen in kollektiver und solidarischer Aktion realisiert werden, das heißt unter Beteiligung vieler Menschen, einschließlich solcher, die selbst nicht direkt betroffen sind. Solidarität als Lernziel (RICHTER 1974) ist fraglos eine wesentliche Voraussetzung für den Abbau von Ungerechtigkeiten auf gewaltlosem Wege.

Für den persönlichen Bereich wird häufig gefragt, wie man auf Provokationen, Beschimpfungen usw. von anderen reagieren kann. Daß Menschen auf Aggression mit Aggression reagieren, ist zwar besonders verbreitet, aber meist unbefriedigend, weil es zur Eskalation beiträgt und das Klima für eine vernünftige Lösungssuche verschlechtert. Ebenso unbefriedigend ist es, etwa eingeschüchtert zu reagieren. Was können also die Alternativen sein? Ein bißchen systematisiert wären folgende Möglichkeiten zu nennen:

o Ignorieren der Aggression: Man spricht und handelt einfach so weiter, wie man es ohne die Aggression des anderen tun würde.

o Emotionsbezogene Äußerungen: Man drückt, wie beschrieben, die eigenen Gefühle in Ich-Form aus («Das geht mich hart an, wie du mich beschimpfst»); und / oder man spricht in partnerzentrierter Weise den Ärger des anderen an («Du fühlst dich von mir hintergangen»); auch Entschuldigungen oder Bitten um einen freundlicheren Ton gehören in diese Rubrik (wichtig ist, in welchem Ton man sie vorbringt!).

o Inhaltsbezogene Äußerungen: Man erfragt Spezifizierungen oder Begründungen («Welches Verhalten von mir findest du egoistisch, kannst du Beispiele nennen?»); man stimmt inhaltlich zu, aber kritisiert den Ton, die Pauschalabwertung usw.; man bringt Argumente und Erläuterungen vor.

o Lösungsbezogene Äußerungen (auch inhaltlich, aber mit speziellem Akzent): Man wiederholt beharrlich seinen Wunsch, macht einen Vorschlag, erbittet einen Vorschlag, regt das Sammeln von Lösungen an.

o In Ausnahmefällen kann ein schweigendes Anblicken – etwa mit «fragendem» Gesicht – wirksam sein, bei vielen vergeblichen Bemühungen auch ein Abbrechen des Gesprächs durch kommentarloses Weggehen oder mit einer ruhig, aber bestimmt vorgebrachten Bemerkung wie: «Wir können weitersprechen, wenn du mich nicht mehr beschimpfst.»

In den meisten Alltagssituationen ist das Günstigste wohl eine Kombination aus Ignorieren und einer lösungsbezogenen Äußerung. Ein

176 Verminderung aggressiven Verhaltens

Rezept für alle Fälle gibt es nicht. Welches Verhalten besonders geeignet ist, hängt unter anderem davon ab, welches Ziel man momentan verfolgt oder verfolgen kann, z. B. ein Anliegen durchzusetzen, die Gründe für den Ärger zu klären oder ein gutes Gesprächsklima wiederherzustellen. Natürlich hängt die Wirkung auch von der anderen Person ab. Aber es wäre ein Fehler anzunehmen, daß Änderungen bei sich selbst sinnlos seien, solange der andere sein Verhalten nicht gleichzeitig ändert. Es ist daran zu erinnern, daß aggressives Verhalten innerhalb eines Interaktionsprozesses steht, in dem sich die Beteiligten wechselseitig beeinflussen. Wenn man nun sein eigenes Verhalten ändert, so wird dies in der Regel auch den anderen beeinflussen. Allerdings darf man nicht erwarten, daß der alternative Versuch immer auf Anhieb klappt, denn der andere braucht auch seine Zeit zum Umlernen.

Anstelle von Vergeltung
Die «echte» Vergeltung hat nur das «Heimzahlen», also das Leiden des Provokateurs, im Sinn (als Abschreckungsmaßnahme ist sie instrumentell). Das heißt, daß sie kein Problemlösungsverhalten ist wie z. B. aggressive Durchsetzung. Die Problemsituation (der Konflikt) ist bereits vorbei und nur das aggressive Bedürfnis selbst ist noch ein Problem. Daher gehört diese Frage auch eigentlich in den vorangegangenen Teil über den Umgang mit aggressiven Gefühlen. Sie wird jedoch hier besprochen, weil die Vergeltung meist aus den erwähnten zwischenmenschlichen Problemsituationen entspringt und weil Alternativen zur Vergeltung ein wesentlicher Beitrag zur Bewältigung solcher Konflikte sein können.

Wie können sie aussehen?

Da die Vergeltung von Gefühlen zwischen Groll und Haß getragen wird, gilt für sie zunächst einmal das, was im ersten Teil dieses Kapitels über den Umgang mit aggressiven Gefühlen gesagt wurde. Man kann also versuchen, die Gefühle sich verflüchtigen zu lassen. Dabei mag zuweilen Ablenkung hilfreich sein; wichtiger aber ist wohl häufig eine Neubewertung, die die Provokation des anderen «entschärft» (etwa, daß er einen «schlechten Tag» hatte). Reicht dies nicht, kann das Mitteilen der Gefühle eine Lösung begünstigen, insbesondere dann, wenn zu diesem sprachlichen Mitteilen der Gefühle das Versöhnen als unmittelbar konstruktives (situationsverbesserndes) Verhalten hinzukommt.

Da das Vergeltungsbedürfnis vermutlich auf die Wiederherstellung des eigenen Selbstwert- und Stärkegefühls oder des Gerechtigkeitsempfindens abzielt, können Verhaltensweisen von seiten des Provokateurs, die dem entgegenkommen, wesentlich zur Lösung beitragen: etwa indem er sich entschuldigt, um Verzeihung bittet oder Wiedergutmachung leistet. Nun haben sich im aggressiven Geschehen meist beide Seiten wechselseitig provoziert, und daher ist die Bereitschaft, als erster den Schritt zur Versöhnung zu tun, besonders wertvoll. Sicher gibt es schwere Fälle von Haß, in denen auch geduldige Versöhnungsversuche versagen oder gar nicht erst zustande kommen. Es ist dann, wenn möglich, immer noch besser, sich aus dem Wege zu gehen, als Vergeltung zu üben (die dann wieder «zurückkommt»).

Daß in bezug auf Vergeltungsaggression Veränderungen möglich sind, zeigt schon die Tatsache, daß sie stark an kulturelle Normen gebunden ist. Bei manchen Völkern oder Gruppen ist brutale Rache bei «Ehrverletzungen» eine «normale» Sitte. Und es ist noch gar nicht so lange her, daß das Duellieren im Morgengrauen nicht als sinnlose Untat, sondern als ehrenhaftes Verhalten galt. Wahrscheinlich können wir so weit umlernen, daß auch schwächere Formen der Vergeltung nicht mehr zu den Selbstverständlichkeiten unseres Zusammenlebens gehören.

Zusammenfassend lassen sich also als wichtige alternative Verhaltensweisen zur Vergeltungsaggression nennen:

o Angemessener Umgang mit den eigenen aggressiven Gefühlen (z. B. Neubewertung; Aussprechen der Gefühle);

o als konstruktives Verhalten Versöhnen, nach Möglichkeit verbunden mit Entschuldigen, Wiedergutmachung;

o und wenn das alles nicht möglich ist, ist es immer noch besser, nichts zu tun, zähneknirschend auf die Vergeltung zu verzichten und sich das «angenehme Gefühl» statt dessen durch eine moralische Selbstbekräftigung zu verschaffen!

Abschließend sei noch angemerkt, daß alle genannten Verhaltensweisen auch dann als Ziel gelten, wenn die aggressive Neigung sich verselbständigt hat. Doch sicherlich ist es hier viel schwerer, ein solches Umlernen zu erreichen.

2. Warum alternatives Verhalten gelernt werden muß: Das Problem des «Wollens» und «Könnens»

Im vorangehenden Abschnitt wurden Alternativen zu aggressivem Verhalten erörtert. Daß es diese Alternativen gibt, mag manch einem selbstverständlich erscheinen. Vielleicht könnte er die Liste sogar noch um weitere Verhaltensweisen verlängern, ohne jedoch darin irgendeine Lösung des Problems zu sehen. Denn, so könnte er begründen, das Problem liegt nicht darin, daß es die Alternativen nicht gibt, sondern daß die Menschen davon zu selten Gebrauch machen, und dies wiederum liegt daran, daß die Menschen dies nicht wollen, daß ihnen die richtige Einstellung dazu fehlt, daß sie zu unvernünftig sind, um sich richtig zu entscheiden; wäre dies nicht so, so würden die Menschen ja die Alternativen wählen. Nach dieser Ansicht wäre es nicht nötig, den Menschen beizubringen, wie sie sich «alternativ» verhalten können, sondern viel-

178   Verminderung aggressiven Verhaltens

mehr, den guten Willen dazu zu entwickeln.

Nun wurde im vorangehenden Abschnitt mehrfach betont, daß z. B. Verhandeln als Alternative sinnlos bleibt, wenn die eigenen Wünsche verabsolutiert werden und auch keine Hemmungen bestehen, sie letztlich doch «mit aller Macht» durchzusetzen. Das heißt also, daß eine antiaggressive Einstellung (Lösungsrichtung 4) und eine «vernünftige» Bewertung der Anreize zu Aggression (Lösungsrichtung 3) von großer Bedeutung sind. Dasselbe gilt auch für die situativen Anreger (Lösungsrichtung 2). Was würde es z. B. nützen, wenn ein Krimineller eine Berufsausbildung bekommt, also alternative «Wege zum Geld» erlernt – aber anschließend keine Arbeit findet (wegen allgemeiner Arbeitslosigkeit oder wegen Zurückweisung auf Grund der Vorstrafen).

Dennoch ist aus mehreren Gründen das Erlernen des alternativen Verhaltens ein entscheidender und notwendiger Ansatzpunkt. Denn wenn man die entsprechenden Verhaltensweisen nicht «kann»,

o werden sie entweder gar nicht «gewollt»,

o oder der «gute Wille» kann sich nicht in Handeln umsetzen.

Was ist mit dem «Können» von Verhalten gemeint? Ein besserer Ausdruck ist vielleicht, daß dem betreffenden Menschen diese Verhaltensweise in einer bestimmten Situation «verfügbar» ist. Die Nicht-Verfügbarkeit von Verhalten ist uns aus dem Leistungsbereich ganz geläufig: Jemand kann z. B. nicht Englisch reden, nicht Klavierspielen, nicht über einen Zaun springen, weil er es nicht gelernt hat. Dabei kann ein Mangel an Lerngelegenheiten wie auch die «Begabung» eine Rolle spielen.

Lernen macht Verhalten verfügbar. Gehen wir nun davon aus, *daß aggressives Verhalten häufig nur deshalb auftritt, weil alternatives nicht verfügbar ist*, so läßt sich dies noch spezifizieren, indem wir mehrere Möglichkeiten unterscheiden:

1. Der Betreffende kennt das alternative Verhalten gar nicht als Verhaltensmöglichkeit. Er weiß z. B. nichts von der Möglichkeit eines gewaltlosen Widerstandes, so wie manche Eltern nicht wissen, daß es zwischen eigenem Durchsetzen und Nachgeben noch andere Lösungen gibt. (Der Leser mag selbst einmal rückschauend prüfen, welche der in Abschnitt 1 erwähnten Alternativen ihm bekannt waren und welche nicht oder so wenig, daß er nicht «drauf gekommen» wäre.) Hier ist anzumerken, daß die Normen von Kulturen oder Gruppen-Milieus ihre Mitglieder häufig nur mit einer sehr engen Spielbreite möglichen Verhaltens bekannt machen.

2. Der Betreffende kennt das Verhalten, aber er kann es nicht ausführen. Er weiß z. B. von der niederlagelosen Methode der Konfliktlösung, könnte sie auch beschreiben, aber nicht vormachen oder beim ersten Versuch nur recht fehlerhaft praktizieren, weil er zu ungeübt ist. Das Wissen und der gute Wille (die «richtige Einstellung») reichen also nicht aus, um das Verhalten zu ermöglichen.

Alternatives Verhalten lernen   179

3. Der Betreffende kennt das Verhalten, kann es prinzipiell auch ausführen, aber es ist ihm noch nicht zur Gewohnheit geworden. Um bei unserem Beispiel zu bleiben: Er kennt die niederlagelose Methode, «kann» sie auch (wendet sie vielleicht sogar vereinzelt an), aber immer wieder passiert es ihm, daß er in der akuten Situation doch mit aggressivem Druck arbeitet (ein Verhalten, das ihm sehr verfügbar ist) und erst «zu spät» an die Methode «denkt». Das Verhalten hat also noch eine zu geringe Gewohnheitsstärke und kommt daher noch zu wenig «automatisch».

Das Problem der Nichtverfügbarkeit wird jeder leicht nachvollziehen können, der schon einmal gute Vorsätze für sein Verhalten gefaßt hat und dann doch immer wieder seine «Fehler» beobachten mußte.

Wie wir aus der Forschung zur Personwahrnehmung wissen, neigen wir dazu, das Verhalten von Menschen im allgemeinen aus ihren Motiven zu erklären, meist so, daß wir es als absichtliches Verhalten auffassen, z. B. daß das Kind «ungezogen» sein «will» (HEIDER 1958; deutsch 1977). So wichtig es ist, zu wissen, welche Ziele und Bedürfnisse hinter einer Handlung stehen, so wenig darf man jedoch darin die einzige Bedingung des Verhaltens sehen. Es ist eben auch von großer Bedeutung, welche Verhaltensweisen bei dem Betreffenden gewohnheitsmäßig oder «eingeschliffen» sind und zu welchen er überhaupt fähig ist. So gibt es also auch gute Gründe für die Annahme, daß viele Menschen sich unter anderem deshalb aggressiv *verhalten*, weil ihr sprachliches Ausdrucksvermögen nicht ausreicht, um ihre Probleme, Gefühle und Wünsche in *Worte* zu fassen – eine Fähigkeit, die sicher vom Alter wie vom sozialen Milieu abhängig ist. Wer von Argumentieren und Verhandeln nichts versteht, wird es eher mit der Faust versuchen.

Für die Konsequenz, alternatives Verhalten zu erlernen, spricht aber nicht nur der Umstand, daß die Motivation zu solchem Verhalten nicht ausreicht. Es ist sogar so, daß sie häufig erst geschaffen wird; vereinfacht gesprochen: daß man erst dann ein Verhalten «will», wenn man es «kann». So entwickeln sich z. B. Interessen häufig, nachdem man sich bei einer Sache als fähig erlebt hat. Das ist auch bei vielen Aktivitäten so, die einem bisher unbekannt waren oder vielleicht gar Unsicherheit und Angst auslösten.

Speziell im Fall der Aggression aber ist noch eine weitere Rückwirkung des neu erlernten Verhaltens auf die Motivation möglich, und zwar auf die Motivation für das bisherige (aggressive) Verhalten. Diese kann ja Angst gewesen sein; und diese Angst kann ihren Grund darin gehabt haben, daß der Betreffende sich *hilflos* fühlte, nicht «wußte», wie er sich in der Situation verhalten sollte. Mit anderen Worten: Er reagierte mit einer aggressiven Abwehrreaktion, weil ihm kein Verhalten für die Bewältigung der Situation zur Verfügung stand. Ein Beispiel: Eine Frau schlägt ihrem Mann vor «Wir könnten samstags zu Schulzes Gartenparty

180　Verminderung aggressiven Verhaltens

gehen», worauf er reagiert «Ach, du immer mit deinen Parties». Möglicher Hintergrund der Reaktion: Der Mann könnte sich in zweifacher Hinsicht ängstlich und unsicher fühlen. Erstens, er fühlt sich auf Parties so «unbeholfen»; zweitens, er weiß nicht recht, wie er sich gegenüber dem Wunsch seiner Frau verhalten kann. Der zweite Aspekt ist hier der für das alternative Verhalten wichtigere: Hätte er gelernt, Konflikte zu lösen, indem er (und sie) seine Wünsche und Gefühle offen mitteilt, Lösungen sucht und eine Einigung aushandelt, würde er dies vermutlich mit Gelassenheit tun.

Wer dies hingegen nicht gelernt hat, empfindet Konflikte mit anderen leicht als etwas Bedrohliches und reagiert nur «emotional». Bei manchen Menschen äußert sich das in der Weise, daß sie entweder «nichts sagen» oder aber plötzlich aggressiv «losplatzen» – eben weil ihnen die Verhaltensweisen dazwischen nicht verfügbar sind. So etwas scheint auch bei dem Typ von schweren Gewalttätern vorzuliegen, von dem MEGARGEE (1972) berichtet: Menschen, die normalerweise überbeherrscht sind, aber plötzlich einmal unkontrolliert zuschlagen.

3. Beispiele aus verschiedenen Lebensbereichen und die Rolle lernpsychologischer Prinzipien

Aus den vorangehenden Ausführungen dürfte deutlich geworden sein, daß neues Verhalten selten durch einen einfachen Willensakt erworben werden kann. Kognitive Leistungen wie bewußte Selbsteuerung oder Zielsetzungen, aber auch Einsichten und problemlösendes Denken haben zweifellos eine große Bedeutung. Doch wie die Entwicklung aggressiven Verhaltens hängt auch der Aufbau alternativen Verhaltens ganz wesentlich von Modellen (Imitationslernen) und Bekräftigungen (Lernen am Erfolg) ab.

Die Steuerung dieser Lernprozesse kann geschehen

o durch die Umwelt (Erziehung, Therapie, Gruppeneinflüsse),
o selbsttätig (Selbstkontrolle, Training).

Häufig wirkt beides zusammen.

Im folgenden soll verdeutlicht werden, welchen Nutzen die systematische Anwendung der Lernprinzipien haben kann. Zugleich sollen dabei einige der in Abschnitt 1 (s. S. 168 bis 177) genannten Alternativen an Beispielen aus verschiedenen Lebensbereichen konkretisiert werden.

Begonnen wird mit Beispielen aus dem sozialpädagogischen und klinischen Bereich. Sie liefern besonders klare Nachweise für die Lernfähigkeit in punkto Aggression. Und sie machen zugleich in sehr strenger Form die Prinzipien des «Umlernens» deutlich, wie sie von der *Verhaltenstherapie* beziehungsweise *Verhaltensmodifikation* entwickelt wurden. Danach folgen Bereiche mit weniger therapeutischem Charakter, in

Alternatives Verhalten lernen   181

denen aber auf breiter Basis alternatives Verhalten gelernt werden könnte und müßte: Erziehung, Partnerbeziehungen, Beruf und Politik.

Sozialpädagogische und klinische Beispiele

Das Hauptgebiet für die Anwendung lernpsychologisch-orientierter (verhaltenstherapeutischer) Methoden der Aggressionsbewältigung sind bisher leichte bis schwere Formen aggressiver Verhaltensstörungen gewesen, die in Kindergärten, Heimen, Kliniken behandelt wurden. In den meisten Untersuchungen wurde mit einer systematischen Anwendung des Bekräftigungslernens gearbeitet, manchmal auch mit dem Lernen am Modell sowie der rationalen Vermittlung von Einsichten.

Wo Modelle eingesetzt werden, haben die Situationen im allgemeinen den Charakter eines Trainings: In einem abgrenzbaren Zeitraum werden die Beteiligten mit alternativem Verhalten bekannt gemacht, und sie sind sich (je nach Alter) mehr oder minder bewußt, Neues zu lernen beziehungsweise tun dies aktiv. In anderen Fällen arbeitet man mit dem von sich aus auftretenden aggressiven beziehungsweise alternativen Verhalten und beeinflußt es durch die Art der Konsequenz. Über diesen Typ soll zunächst gesprochen werden. Der Übergang zum Training und zur «normalen» Erziehung ist fließend.

Therapie am «gegebenen» Verhalten

Ein gutes Beispiel für die Anwendung lernpsychologischer Prinzipien ist das Vorgehen von BROWN & ELLIOTT (1965) bei aggressiven Kindergartenkindern. Sie kombinierten die *Löschung (Nichtbekräftigung)* von aggressivem mit der *positiven Bekräftigung* von konstruktivem Verhalten. Die Kindergärtnerinnen wurden instruiert – entgegen der natürlichen Neigung, sich vor allem störendem Verhalten zuzuwenden –, aggressives Verhalten nicht zu beachten (außer gefährliche Aggressionen, die gestoppt, aber nicht bestraft werden sollten) und dafür friedliches und kooperatives Spiel zu bekräftigen (Zuwendung, Lob; z. B. «Schön machst du das»). Diese Phase dauerte zwei Wochen und führte zu einer starken Verringerung verbaler und körperlicher Aggression; dabei war der Erfolg bei einigen der schwierigsten Kinder besonders beeindruckend. Nach drei Wochen Pause, in denen sich die Erzieher wieder «spontan» verhalten konnten, nahmen die körperlichen Aggressionen wieder zu, nicht aber die verbalen. Eine erneute Therapie von zwei Wochen brachte dann die körperlichen Aggressionen auf die Hälfte, die verbalen auf 1/5 der Ausgangsrate.

Einige Untersuchungen schließen *leichte Formen von Bestrafung* mit ein, wenn die einfache Ignorierung der Aggression nicht möglich ist; meist handelt es sich dabei um das «time-out from positive reinforce-

182   Verminderung aggressiven Verhaltens

ment», eine vorübergehende Isolierung, die positive Bekräftigungen ausschalten soll. Bostow & Bailey (1969) berichten von einem 7-jährigen Jungen, Dennis, dessen Aggressivität selbst durch Drogen nicht zu bremsen war und der deshalb in einer Heilanstalt lebte. Hier mußte er angebunden werden, weil er unentwegt schlug, trat, biß und Möbel kaputt machte. Dennis wurde nun im Rahmen der verhaltenstherapeutischen Behandlung bei jeder Aggression (Schlagen, Beißen usw.) gegen seine Kameraden sofort wortlos in eine kahle Kabine gebracht. Nach 2 Minuten durfte er sie wieder verlassen und er wurde nun, sobald er sich 2 Minuten lang nicht aggressiv verhielt, z. B. mit Sprudel oder Keksen belohnt. Die Gesamtzeit, die Dennis täglich mit den anderen verbringen konnte, wurde von 30 Minuten immer weiter bis auf den ganzen Tag ausgedehnt. Die Aggressionen sanken von durchschnittlich 45 pro halbe Stunde (!) nach 11 Behandlungstagen auf fast null.

Dieses Vorgehen ist auch bei älteren Kindern angewandt worden. Ein Fall von Brown & Tyler (1968) war ein 16jähriger Junge, der zu Hause und in der Schule untragbar war und als «unkorrigierbar» in ein Heim eingewiesen worden war. Er mußte in eine Hütte neben dem Heim gehen, sobald er zu schlagen oder zu drohen begann. Das time-out dauerte hier bis zum nächsten Morgen. Kleinste Ansätze zu positivem Verhalten (wie Arbeit, kooperatives Verhalten) wurden verbal bekräftigt. Die Therapie dauerte 3 Monate und führte zu voll sozial angepaßtem Verhalten. Ein ähnliches weiteres Beispiel ist die Behandlung eines 14-jährigen Jungen bei Burchard & Tyler (1965), der unter anderem Tiere und kleine Kinder quälte.

Übrigens ist auch von Psychoanalytikern wie Redl & Wineman (1952, deutsch 1976) sowohl das bewußte Ignorieren als auch der vorübergehende «Hinauswurf» (im Beisein eines Erwachsenen) praktiziert worden; allerdings nur als Hilfe für den Augenblick. Lernpsychologisch sinnvoll – und damit langfristig wirksam – können die Maßnahmen im allgemeinen auch nur sein, wenn sie, wie beschrieben, mit der Bekräftigung erwünschten Verhaltens verbunden werden. So zeigte auch eine reine time-out-Therapie bei jugendlichen Delinquenten keine dauerhafte Verhaltensänderung (Tyler/Brown 1967; vgl. auch Kapitel 8 über Hemmung durch Bestrafung).

In einigen Untersuchungen wurden die beschriebenen Methoden noch durch *rationale Prozesse* ergänzt; so durch Gespräche über das eigene Verhalten, mögliche Alternativen, die Bedeutung der Eigenverantwortung bei der Therapie eines 13jährigen in einem Sommerlager, deren Effekte sich auch in den «Alltag» (Elternhaus, Internat) übertrugen (Richard/Dinoff, zit. n. Lischke 1972). Die rationale Auseinandersetzung bedeutet, daß ein stärkeres Gewicht auf die bewußte Selbstkontrolle gelegt wird.

Dies gilt indirekt auch für eine Arbeit von Schwitzgebel & Kolb

(1964), die sich der Methode des positiven Bekräftigens bediente, bei der die vermutlich wirksamen Prozesse jedoch offenbar darüber hinaus gingen. Etwa 40 15- bis 21jährige arbeitslose Jugendliche, die bereits mehrfach kriminell aufgefallen waren, wurden direkt von der Straße oder aus Spielhallen für ein Forschungsprojekt engagiert, in dem es angeblich darum ging, herauszufinden, was Jugendliche denken, wie sie zu ihren Meinungen kommen, wie sie sie ändern. Sie sollten 2–3mal in der Woche etwa 1 Stunde auf ein Tonband über beliebige Dinge sprechen und dafür 1 Dollar pro Stunde bekommen. Ein erstes wichtiges Ergebnis war, daß es bei den meisten Jugendlichen gelang, durch variable Bekräftigungen (z. B. Zigaretten, finanzieller «Bonus», gemeinsamer Verzehr einer Apfelsine) eine regelmäßige und ziemlich pünktliche Teilnahme zu erreichen. In den Interviews erzählten die Jugendlichen anfangs meist von ihren Abenteuern und anderen Erfahrungen. Der Versuchsleiter hörte im allgemeinen nur aufmerksam zu. Wenn den Jugendlichen nach einigen Stunden der Stoff ausging, machte er allgemeine Themenvorschläge oder trug zur Anregung ähnliche eigene Erfahrungen vor. Bekräftigt – z. B. durch Lob für «gute Arbeit», Geld – wurden besonders Interviews, in denen die Jugendlichen über ihr inneres Erleben, vor allem ihre Gefühle, berichteten. Da diese *Selbstexploration* nach der klientenzentrierten Richtung (ROGERS 1951, TAUSCH 1970) ein ganz wesentlicher Prozeß ist, ist das Vorgehen damit nicht mehr rein verhaltenstherapeutisch.

Nach etwa 2 Monaten hatten die Jugendlichen im allgemeinen mindestens so viel Interesse an ihrer Arbeit und dem Untersucher wie an dem Geld. Häufig äußerten sie Wünsche nach zusätzlichen Stunden. Die Interviews wurden dann durch Aktivitäten wie die Vorbereitung auf die Führerscheinprüfung, Basteln eines elektrischen Geräts, Beantworten von Korrespondenz ergänzt. Hierfür gab es kaum Geld. Die «Anstellung» endete meist nach etwa 8–9 Monaten, nachdem die Jugendlichen sich durchweg Arbeit gesucht hatten.

Das eigentliche Ergebnis wurde durch eine Nachuntersuchung 3 Jahre später ermittelt. Im Vergleich zu einer unbehandelten Kontrollgruppe war die Häufigkeit und der Schweregrad von Delikten stark vermindert, wenngleich die Zahl derjenigen, die überhaupt erneut in ein Erziehungsheim oder Gefängnis kamen, nicht statistisch zuverlässig geringer war (35 % gegenüber 45 % in der Kontrollgruppe). Insgesamt ist das Ergebnis auf dem schwierigen Feld der Jugendkriminalität sicher recht bemerkenswert, zumal es mit sparsamen Mitteln erzielt wurde. Interessant ist, daß hier das kriminelle Verhalten selbst überhaupt nicht angegangen wurde. Vielmehr wurden «Alternativen» im weiten Sinne – Mitarbeit, Pünktlichkeit, freie Meinungsäußerungen, Selbstreflexionen – «aufgebaut». Des weiteren betonen die Autoren, daß das Vorgehen ganz individuell zugeschnitten wurde, daß selbstbestimmendes Verhalten ange-

184 Verminderung aggressiven Verhaltens

strebt und zu jedem Zeitpunkt die persönliche Freiheit gewahrt wurde.

Zweifellos lassen sich alle erwähnten Arten von Problemverhalten unter zahlreichen Gesichtspunkten betrachten, nicht nur unter verhaltenstherapeutischen. Doch ist dies hier nicht das Thema. Die vorgetragenen Untersuchungen sollten lediglich beispielhaft die Prinzipien des «Umlernens» erläutern. Die empirischen Belege sind inzwischen so umfangreich, daß an der Brauchbarkeit dieser Ansätze nicht mehr gezweifelt werden kann. (Weitere Informationen geben z. B. LISCHKE 1972, BELSCHNER 1971, EULER 1971, BANDURA 1973; speziell zur Frage jugendlicher Delinquenz vgl. BARKEY/EISERT 1975 sowie PÜTZ 1976, der auch einen Überblick über zahlreiche andere therapeutische Strategien gibt.)

Der grundsätzliche Nachweis für die Möglichkeit systematischen Umlernens gilt unbeschadet der Tatsache, daß eine ganze Reihe von Problemen noch offen ist. Es gibt z. B. recht wenige Untersuchungen mit erwachsenen Personen. Auch bedarf die optimale Kombination verschiedener Maßnahmen noch einer ausgiebigen Erforschung. Ein besonderes Problem ist das Fortbestehen ungünstiger Umwelteinflüsse. Da die Lernpsychologie beziehungsweise die Verhaltensmodifikation das aggressive Verhalten als weitgehend abhängig von den Bedingungen der Umwelt ansieht (von ihren Bekräftigungen, Modellen, Auslösern), wird die Verhaltensänderung nach Möglichkeit «am Ort» vorgenommen. Nun können «Problemort» und «Therapieort» zuweilen identisch sein (z. B. Kindergarten, Familie). Aber gerade im sozialpädagogischen Bereich ist dies vielfach nicht zu realisieren; beispielsweise wenn die Verhaltensänderung in Institutionen wie Heim und Strafanstalt vorgenommen wird, während das problematische Verhalten eigentlich in der Familie, der Kameradengruppe oder im Beruf auftritt. Hier ist es dann erforderlich, das Verhalten von wichtigen Personen der Umwelt (wie den Eltern) mit zu verändern, oder dem Betreffenden neue Umwelten zu verschaffen (etwa therapeutische Wohngemeinschaften oder Selbsthilfegruppen).

Um eventuellen Mißverständnissen vorzubeugen, soll noch einmal klargestellt werden, daß Verhaltensmodifikation nicht etwa nur «oberflächliche» Veränderungen herbeiführt, etwa der Art, daß eine Änderung des äußeren Verhaltens eintritt, aber die aggressiven Bedürfnisse der Person weiterbestehen. Abgesehen davon, daß solche Effekte recht instabil wären (wie das im Falle bloßer Bestrafung ja auch meist der Fall ist), ist es wichtig zu sehen, daß durch die Verhaltensmodifikation *neue Quellen der Bedürfnisbefriedigung* erschlossen werden können. Man kann vom «Aufbau neuer Erfolgserwartungen» sprechen (BELSCHNER 1971). Die veränderte Person verhält sich jetzt z. B. konstruktiv, weil sie damit Anerkennung findet, Leistungserfolge hat, sich neue Freiheiten verschafft. Es wäre also gänzlich unsinnig, den Verhaltensaspekt und den

Alternatives Verhalten lernen 185

motivationalen Aspekt zu trennen (s. auch die Ausführungen über die Rückwirkung neuen Verhaltens auf Gefühle und Motive, S. 179 f). Hieraus wird auch deutlich, daß das Bekräftigungslernen im Grunde immer der Kern der Veränderung ist. Neues Verhalten kann sehr gut durch Modellernen erworben werden, in gewissem Maße auch durch rationale Vermittlung. Es würde aber nicht aufrechterhalten bleiben, wenn es nicht «erfolgreich» wäre. *Was* als Erfolg gilt, ist, wie mehrfach betont, individuell verschieden. Wenngleich viele Bekräftiger, wie soziale Anerkennung, Selbstdurchsetzung, Angstvermeidung, ziemlich allgemeingültig sind, hängt es doch zum Teil von den persönlichen Motiven und Wertmaßstäben ab, was als Erfolg erlebt wird. Hier können damit auch Einstellungsänderungen eine wichtige Rolle spielen, etwa derart, daß Eltern es eher als Erfolg erleben, wenn ein Kind seine eigene Ansicht äußert, als wenn es – möglicherweise durch elterliche Aggression erreichte – blinde Folgsamkeit zeigt.

Verhaltenstraining
Auch in den folgenden Beispielen geht es um die Veränderung von auffälligem oder «schwierigem» Verhalten. Das Vorgehen hat jedoch insofern mehr den Charakter eines Trainings oder gar Unterrichts, als es weniger in den Lebensablauf eingebettet ist, sondern zu bestimmten Zeiten neues Verhalten durch Modelle, Übungen, Erklärungen und Bekräftigungen zu vermitteln sucht. Der Lernende ist sich dessen auch meist bewußt, jedoch nicht immer. Insofern ist auch der Übergang zu den bisherigen Beispielen (besonders der SCHWITZGEBEL/KOLB-Untersuchung) fließend.

In einem klassischen Experiment von DAVITZ (1952) wurde versucht, die Reaktion auf Frustrationen durch gezieltes Lernen zu beeinflussen. 7- bis 9jährige Kinder nahmen in 7 Sitzungen von je 30 Minuten Dauer entweder an einem «Aggressionstraining» oder einem «Konstruktionstraining» teil. Im Aggressionstraining wurden in verschiedenen Wettspielen, die Körpereinsatz und Abwehr des Gegners erforderten, aggressive Verhaltensweisen ermutigt und belohnt. Im Konstruktionstraining wurde konstruktives Verhalten (Bildermalen und Puzzlespiele) ermutigt und gelobt, aggressives Verhalten entmutigt. In der Prüfphase des Experiments wurden die Kinder zunächst frustriert (ohne Erklärung wurden Lutschstangen weggenommen und ein Film abgebrochen) und anschließend im freien Spiel beobachtet. Es zeigte sich, daß die konstruktiv Trainierten sich deutlich konstruktiver und weniger aggressiv verhielten als die aggressiv Trainierten.

Anders als bei DAVITZ wurde in den folgenden Untersuchungen das *Lernen am Modell* einbezogen, was für Training besonders typisch ist. CHITTENDEN (1942; zit. nach BANDURA 1969) verwendete Puppen, um übermäßig aggressiven und dominierenden Kindergartenkindern alter-

186 Verminderung aggressiven Verhaltens

natives Verhalten zu vermitteln. In verschiedenen Spielen (11 mal 15 Minuten) führten die Puppen zu lebensnahen Konfliktsituationen eine aggressive und eine kooperative Lösung vor. Es wurde auch erläutert, warum die aggressive schlecht, die kooperative gut ist. Beispiel einer Szene: Zwei Jungen streiten sich um ein Spielzeug, es geht dabei kaputt, die Jungen sind bekümmert; in der kooperativen Lösung wechseln sie ab und sind beide zufrieden. Bei Kindern, die daran teilgenommen hatten, nahm die aggressive Durchsetzung ab und das kooperative Verhalten zu (im Vergleich zu einer unbehandelten Gruppe gleich schwieriger Kinder). Dies zeigte sich in Testsituationen (zwei Kinder in einem Raum mit nur einem interessanten Spielzeug) sowie allgemein im Kindergarten, auch noch – etwas abgeschwächt – in einer Nachuntersuchung nach einem Monat.

Die kognitive Verarbeitung von Modellen und ihren Bewertungen wird häufig durch ein Training auf der Verhaltensebene ergänzt, vor allem in Form von *Rollenspiel*. Dies gilt z. B. für ein Programm von PITKÄNEN (1974) mit 8jährigen Schülern, das im Abschnitt über die Schule noch ausführlich geschildert wird. SARASON & GANZER (1969) verwendeten Rollenspiele bei jugendlichen Delinquenten, um sie damit auf kritische Alltagssituationen vorzubereiten, z. B. Umgang mit Geld, Ausbildungsplanung, Standfestigkeit gegenüber negativem Einfluß von Kameraden, Bewerbung um eine Arbeitsstelle einschließlich einer günstigen Reaktion für den Fall, daß die Vorstrafe angesprochen wird. Als Modelle dienten Psychologiestudenten, die das Vertrauen der Jugendlichen gewonnen hatten und deren Verhalten auf einen Film aufgenommen wurde, wobei dann gemeinsam die Wirklichkeitsnähe des Modellverhaltens besprochen und unter Umständen korrigiert wurde. In der Trainingsphase wechselten aktive Nachahmung der Jugendlichen und Diskussion ab.

Ein sehr differenziertes Training mit aggressiven Kindern wurde von PETERMANN & PETERMANN (1978) entwickelt und an sechs 8- bis 10jährigen in einem Hort erprobt. Das Gesamtkonzept bezog auch die Hortnerin und die Eltern mit ein, im Mittelpunkt stand jedoch ein Programm aus sechs Einzelsitzungen und nachfolgend sechs Gruppensitzungen von je fünfzig Minuten. Im Einzeltraining lag der Schwerpunkt auf kognitiven Prozessen, z. B. Beurteilungen des Verhaltens von Personen in Bildgeschichten und Überlegungen zu Lösungen. In den Gruppen wurden Rollenspiele gemacht, um prosoziale Verhaltensweisen einzuüben; hier wirkte auch ein instruiertes «Modellkind» mit. Wenngleich der Ablauf des Trainings für alle Kinder gleich war, wurde es doch inhaltlich genau auf die individuellen Formen des Problemverhaltens zugeschnitten. Ein Kind z. B., das zu schmollendem Rückzug neigte, erhielt andere Geschichten und Filmszenen als eines, das durch Wutausbrüche oder Zerstörungen auffiel.

Auf unsere Systematik der Lösungsansätze übertragen, enthält das Training neben dem Lernen von alternativem Verhalten auch Änderungen in der Bewertung von Anregern sowie eine Förderung von Hemmungen. Es wird gelernt, Unterschiede in Formen von Konfliktverhalten wahrzunehmen, aggressives Verhalten kritischer zu beurteilen, z. B. durch Reflexion der Konsequenzen, sowie sich in die Lage des anderen einzufühlen. Lernpsychologisch gesprochen, dürften dabei Begriffsbildung («gefährlich», «kameradschaftlich») und Regellernen («wenn . . ., dann . . .») eine wichtige Rolle spielen.

Die eigentliche Modifikation des Verhaltens geschah außer über Lernen am Modell (Filmfiguren, Trainer, Modellkind) und Bekräftigungen (sog. Münzverstärkung durch eintauschbare Spielmarken, soziale Bekräftigung wie Zuwendung und Lob) auch über problemlösendes Denken und Selbstkontrollmechanismen:

o *Problemlösungen* wurden unter anderem an Szenen aus Filmen und Spielen geübt. Zunächst erläuterten und bewerteten die Kinder die Verhaltensweisen, dann dachten sie sich Lösungen aus und prüften sie auf ihre jeweiligen Konsequenzen. In den Rollenspielen des Gruppentrainings konnten sie auch erprobt und variiert werden.

o Die *Selbstkontrollmechanismen* bezogen sich primär auf die Methode der Selbstinstruktion (s. MEICHENBAUM 1977). Im Gruppentraining erhielten die Kinder Instruktionskarten mit Regeln, die sie zu sich sagen sollten (z. B. «Ich denke zuerst und handle dann»), um so Verhaltensweisen zu initiieren und zu steuern. Die Verbalisation von Situationsbewertungen kam, wie erwähnt, ebenfalls vor und sicher auch (ohne direkte Übung) Selbstbekräftigungen für «gutes» Verhalten.

Als Ergebnis des Trainings zeigten sich bei allen Kindern deutliche Reduzierungen von aggressiven und ein Zuwachs an prosozialen Verhaltensformen. Welches Gewicht den einzelnen Maßnahmen jeweils zukommt, ist nicht genau festzustellen. Die Autoren sehen gerade in ihrem Zusammenwirken, besonders auch in der Ergänzung von Einzel- und Gruppentraining, einen wesentlichen Punkt.

Problemlösungs- und Selbstkontrollprozesse haben als Prinzipien der Verhaltensänderung generell große Bedeutung gewonnen, bei Erwachsenen wie auch bei Kindern. Dabei kann man das Problemlösen auch als eine Form der Selbstkontrolle auffassen, da das eigene Verhalten selbsttätig geplant, überprüft und bewertet wird. Ein typisches Muster eines Problemlösungsvorgangs wäre: Problem definieren – Alternativen finden – entscheiden – Effekte prüfen, und zwar unabhängig vom spezifischen Inhalt des Problems (vgl. GOLDFRIED/GOLDFRIED 1977). Die schon erwähnten Verhaltensweisen zur Lösung zwischenmenschlicher Konflikte (vgl. S. 173) entsprechen im wesentlichen dieser allgemeinen Strategie.

188   Verminderung aggressiven Verhaltens

Wo das aggressive Verhalten aus starker emotionaler Erregung (Ärgereffekte) entspringt, kann es nützlich sein, auch diese selbst anzugehen. In solchen Fällen mag der betreffende Mensch die Harmlosigkeit der Frustrationen durchaus sehen, aber dennoch von den Affekten so überwältigt werden, daß er keine Chance hat, mit ihnen angemessen umzugehen (s. S. 168ff). Ein solcher Fall liegt ähnlich wie bei vielen Ängsten; und auch das therapeutische Vorgehen, das sich hier anbietet, ist aus der Angsttherapie übernommen (vgl. z. B. HALDER 1975). Man versucht hierbei, die durch klassische Konditionierung (Signallernen; s. S. 82f) erworbene Reiz-Reaktions-Verbindung – daß nämlich bestimmte «Stör»-reize heftige Affekte auslösen – zu löschen. Das gebräuchlichste Vorgehen – die *systematische Desensibilisierung* – besteht darin, daß der Betroffene mit einer Stufenleiter von auslösenden Reizen – von schwach bis stark – konfrontiert wird, und zwar in einem emotionalen Zustand, der mit Angst beziehungsweise Ärger unvereinbar ist. Häufig nimmt man dazu nicht nur einen vorgegebenen «normalen», sondern einen geradezu gegensätzlichen Zustand, meist Entspannung (*Gegenkonditionierung*). Das Entspannen muß vorher gesondert geübt werden.

Für den Ärger-Abbau bedeutet das, daß der Betreffende in einem tief entspannten, normal ruhigen oder sonstwie positiv getönten Zustand mit zunächst schwachen, dann zunehmend stärkeren Frustrationsreizen konfrontiert wird, die z. B. von einer offen gelassenen Tür bis zu einer deftigen Beleidigung reichen können (die Frustrationsreihe ist individuell verschieden). Die Konfrontation kann auf der Vorstellungsebene erfolgen (HERRELL, zit. n. BANDURA 1973) oder z. B. durch Rollenspiel in einer entspannten Atmosphäre (GITTELMAN 1965). GITTELMAN verband in seiner Untersuchung das Prinzip der systematischen Desensibilisierung mit dem Lernen am Modell, wie es in den vorangehenden Beispielen mehrfach beschrieben wurde: Er erfragte zunächst von den Jugendlichen (ca. 13 Jahre), in welchen Situationen sie sich leicht provozieren ließen. Diese Situationen wurden von etwas ärgerlich bis stark provozierend geordnet. Die Jugendlichen dachten sich dann für solche Situationen gute Verhaltenslösungen aus und demonstrierten sie. Mit wechselnden Rollen – einer als Provokateur, einer als Geärgerter – spielten sie dann die Situationen durch.

Behandlungen dieser Art setzen natürlich die Bereitschaft der betreffenden Person voraus. Da diese keineswegs so oft vorhanden ist wie bei mit starkem Leidensdruck verbundenen Ängsten, wurde diese Form der Aggressionstherapie bisher wenig angewandt. Sie sollte aber als Hilfe in besonderen Einzelfällen nicht außer Betracht gelassen werden.

Man kann ein solches Vorgehen als Training in Frustrationstoleranz bezeichnen, wie es etwa LISCHKE (1972) tut; man könnte vielleicht auch von Training in «Gelassenheit» sprechen. Das angestrebte Ziel ist im Prinzip nicht nur in therapeutischen Fällen von Bedeutung, sondern

Alternatives Verhalten lernen   189

generell psychohygienisch sinnvoll: Störungen und Ärgernissen nach Möglichkeit mit «Ruhe» zu begegnen. Dazu können auch Entspannungsübungen oder gelegentliche körperliche Selbstbeeinflussung (z. B. ruhiges, tiefes Atmen, langsame Bewegungen) von Nutzen sein (s. S. 170).

Die in diesem Abschnitt vorgetragenen Beispiele sollten belegen, wie die systematische Anwendung lernpsychologischer Prinzipien auch in schwereren Fällen aggressives Verhalten zugunsten alternativen Verhaltens abbauen kann. Fast immer ist dabei ein wesentliches Kennzeichen, daß weniger gefragt wird, welches Verhalten man *nicht* haben will, sondern vielmehr, welches Verhalten man *statt dessen* haben möchte. Der Abbau aggressiven Verhaltens geschieht also primär über das Verfügbarmachen günstigen Verhaltens, auch wenn «abbauende» Verfahren wie Löschung und leichte Bestrafung mit eingesetzt werden. Das konkrete Vorgehen mag im einen oder anderen Fall manchem Erzieher keineswegs neu sein (z. B. Puppen als prosoziale Modelle); dann mögen die geschilderten Untersuchungen als Ermutigung und Bestätigung dienen. Hier war es allerdings wichtig, nicht nur die Methoden darzustellen, sondern auch deren wissenschaftliche Kontrolle, die in der pädagogischen Praxis kaum zu leisten ist. (Wie wichtig solche Kontrollen sind, zeigt das Problem des «Auslebens», das ja auch vielfach «bewährte Praxis» ist.)

Beiläufig sei angemerkt, daß die Ergebnisse eindeutig gegen einen Trieb oder ein anderes Energiemodell der Aggression sprechen: Eine solche Vorstellung ist unvereinbar mit der Tatsache, daß durch lernpsychologische Mittel innerhalb kurzer Zeit der erwähnte Dennis oder die Kindergartenkinder das fortwährende «Ausleben» von Aggressionen beenden oder stark abschwächen. – Natürlich ist auch vor der Vorstellung zu warnen, daß durch Therapie und Training eine Art «Impfung» für das ganze Leben möglich wäre. Sie sind nur dauerhaft wirksam, wenn das neue Verhalten weiterhin «erfolgreich» ist (z. B. ermutigt wird, Freunde schafft). Es wird sich schwerlich halten, wenn es in einem aggressiven Milieu «entmutigt» wird.

Familiäre Erziehung

Wie bereits mehrfach betont, haben die Lernprozesse, nach denen soziales Verhalten erworben wird, umfassende Gültigkeit. Sie gelten damit für die Korrektur von Problemverhalten – wie in den vorangehenden Beispielen – und ebenso dort, wo für eine «normale» Entwicklung gesorgt werden soll. In diesem Falle bedarf es allerdings meist nicht einer solchen Strenge und Systematik, um die Lernprozesse nutzbar zu machen.

Elternhaus und Schule haben primär solche vorbeugenden und för-

190 Verminderung aggressiven Verhaltens

dernden Aufgaben, und darüber soll in diesem und dem nächsten Abschnitt vorwiegend gesprochen werden. Da jedoch Eltern wie Lehrer zuweilen vor der Notwendigkeit stehen, «korrigierend» tätig zu sein, sei vorher auch darauf eingegangen, und zwar zunächst für die familiäre Erziehung.

Manche Eltern gehen mit schwierigen Aggressionen ihrer Kinder von sich aus richtig um, so daß das Verhalten nach einiger Zeit wieder verschwindet. Geschieht dies aber nicht, ist es häufig dennoch vernünftig, das Problem im Rahmen der Familie zu lösen, statt das Kind separat in einer Beratungsstelle oder dergleichen behandeln zu lassen. *Denn Verhaltensänderungen in der natürlichen Umwelt haben den Vorteil, die psychologisch bedeutsamen Personen, die das Problemverhalten möglicherweise ungewollt begünstigen, unmittelbar mit einzubeziehen.* Praktisch bedeutet dies hier vor allem eine Änderung des elterlichen Erziehungsverhaltens. Es gibt inzwischen eine ganze Reihe erfolgreicher Versuche, Eltern als «unmittelbare Therapeuten» einzusetzen, die vom Psychologen als mittelbarem Therapeuten angeleitet werden (vgl. THARP/ WETZEL 1975, MINSEL 1975; speziell zu aggressivem Verhalten PATTERSON 1975a). In manchen Fällen kann auch bei einem selbständigen Vorgehen der Eltern durchaus viel erreicht werden (eine gut verständliche Anleitung gibt unter anderem PATTERSON 1975b).

Es folgt ein Beispiel aus dem Projekt von THARP & WETZEL (1975, S. 99); in diesem Fall wurde außer den Eltern auch noch die Lehrerin einbezogen: «Rena, eine Schülerin der Volksschule, war in der ganzen Schule für ihre Aggressivität gegenüber ihren Kameraden, ihr störendes Verhalten in der Klasse und ihren allgemeinen Trotz bekannt. Nach dem Interview mit ihren Eltern entdeckten wir, daß Rena in geringerer Intensität dasselbe Verhalten auch zu Hause zeigte. Die hauptsächlichste Sorge ihrer Eltern war jedoch ihr Verhalten in der Schule. Sie waren der Meinung, daß sich bei einer Stabilisierung ihres Schulverhaltens auch ihr Verhalten zu Hause verbessern würde. – Ein Therapieplan wurde aufgestellt, bei dem Renas Lehrerin die Eltern jeden Tag darüber informieren konnte, ob ihr Verhalten befriedigend gewesen war. Da Verstärker (Bekräftiger) zu Hause begrenzt waren, mußten wir uns auf die positive Aufmerksamkeit, die ihr Vater ihr geben konnte, wenn sie nach Hause kam, beschränken. Sie spielten einfache Kartenspiele oder draußen Seilspringen usw. Renas Vater hatte das gelegentlich früher mit ihr getan, und nun, da es kontingent (= abhängig von ihrem Verhalten, Anm. d. Verf.) geschah, wurde diese Interaktion für sie sehr bedeutend. War Renas Verhalten in der Schule nicht befriedigend, trat diese Verstärkung nicht ein. – Der Plan wirkte sehr schnell, und innerhalb kurzer Zeit war Rena in der Schule kein Problem mehr. Und wie erhofft, verbesserte sich auch ihr Verhalten zu Hause.»

An dieser Stelle sei eine allgemeine Bemerkung eingefügt. Zweifellos ist das systematische, dressurhaft wirkende Vorgehen in der Verhaltensmodifikation nicht nach jedermanns Geschmack. In strenger Form ist dies jedoch nur bei schwierigen Fällen erforderlich. Zu bedenken ist auch, daß Eltern so oder so unvermeidlich Bekräftigungen erteilen, nur eben häufig an der falschen Stelle. Selbst wenn materielle Bekräftigungen eingesetzt werden, weil Erklärungen, Lob und Mißbilligung sowie nichtmaterielle Anreize nicht ansprechen, ist dies immer noch sparsamer, effektiver und mit weniger aggressiven Erziehermodellen verbunden als endlose Ermahnungen oder gar physische Bestrafung. Auch ist zu beachten, daß gegebenenfalls verwendete materielle Bekräftiger nach und nach entzogen werden sollen und das Verhalten zunehmend durch die günstigen Reaktionen der Umwelt und die positiven Selbstbewertungen aufrechterhalten werden soll. Zu bedenken ist weiterhin, daß es nicht nur für die Umwelt, sondern auch für das Kind selbst wichtig ist, aus starkem aggressiven Verhalten herauszukommen, da es sonst häufig allgemeine Ablehnung auf sich zieht, die weitere Aggressionen begünstigen und sonstige schwere Probleme für den heranwachsenden Menschen mit sich bringen kann.

Hauptsächliche Zielsetzung der familiären Erziehung sollte natürlich sein, ungünstige Entwicklungen *von vornherein zu verhindern*. Dazu sollte der heranwachsende Mensch – im Rahmen der hier besprochenen Lösungsrichtung – möglichst viel Gelegenheit haben, günstiges alternatives Verhalten anstelle von Aggression zu lernen. Die Eltern als Modell für die Achtung anderer und für konstruktive Formen der Konfliktlösung spielen hier eine überragende Rolle. Ebenso gehört dazu die Bekräftigung (Anerkennung, Zuwendung usw.) günstigen Verhaltens der Kinder, bei gleichzeitiger Nichtbeachtung oder kritischer Bewertung aggressiven Verhaltens. Gefördert werden sollte weiterhin die bewußte, einsichtige Steuerung des Verhaltens, indem rationales Erklären, Argumentieren und Anleiten bevorzugt werden gegenüber Dirigierung, Drohung und Bestrafung. (Für empirische Belege vgl. BANDURA/WALTERS 1959, SEARS u. a. 1957, MANTELL 1972; Übersichten bei BERKOWITZ 1962, BANDURA/WALTERS 1963, CEARSAR 1972.)

Da Eltern ein solches Verhalten nicht ohne weiteres verfügbar ist, wenn sie dafür in ihrer Vergangenheit keine Modelle hatten und es auch sonst nicht lernen konnten, können hier Elternkurse eine Hilfe sein. Wichtig ist dabei, daß die Eltern nicht so sehr erfahren, was sie alles falsch machen oder falsch machen können, sondern daß ihnen grundlegende Verhaltensweisen vermittelt werden: z. B. der richtige Einsatz von Bekräftigung und Nichtbekräftigung, Eingehen auf Gefühle, Führen eines Konfliktgespräches. Nach Möglichkeit sollten dabei Anleitungen durch Fernsehen oder Bücher (z. B. PERREZ/MINSEL/WIMMER 1974, EWE/KASE/FALK 1977, GORDON 1972) mit Möglichkeiten zum Verhaltenstraining in Elterngruppen verbunden werden.

192   Verminderung aggressiven Verhaltens

Nehmen wir noch einmal die Regeln eines guten Konfliktgesprächs (s. S. 173), die eine Alternative zu aggressiven Auseinandersetzungen oder stummen Über-Unterordnungs-Beziehungen bieten, also Verhaltensweisen wie

o die aufeinanderstoßenden Wünsche und Gefühle definieren,
o Lösungsvorschläge sammeln,
o Alternativlösungen bewerten,
o eine Lösung wählen, die keinen der Beteiligten übergeht.

Dies können sowohl Eltern wie auch Kinder lernen (vgl. GORDON 1972).

Charakterisiert man in allgemeinerer Form das wünschenswerte Erzieherverhalten nach den Merkmalsdimensionen «emotionale Wertschätzung» (Feindseligkeit – Liebe) und «Lenkung» (strenge Kontrolle – Permissivität), so ist die Kombination von hoher emotionaler Wärme mit geringer/mäßiger Lenkung am günstigsten (vgl. die schon auf S. 53 erwähnte Zusammenstellung von BECKER 1964; ähnlich TAUSCH/ TAUSCH 1970). Die beschriebenen Lernbedingungen (günstiges Modell, Bekräftigung erwünschten Verhaltens, rationale Auseinandersetzung) dürften im allgemeinen Bestandteil eines solchen emotional warmen und relativ viel Autonomie gewährenden Erziehungsstils sein. Darüber hinaus sind darin sicherlich weitere aggressionsrelevante Aspekte enthalten: relativ geringe Frustrationsbedingungen (Lösungsrichtung 2) sowie fördernde Faktoren der Gewissensbildung (Richtung 4). Es kommen hier also verschiedene in gleichem Sinne wirkende und sich ergänzende Einflüsse zusammen.

Schule

Was eben über die elterliche Erziehung gesagt wurde, gilt im Prinzip auch für den *Erziehungsstil des Lehrers*. Bei der Aggression von Schülern sollte er stets auch sein eigenes Verhalten bedenken (zu diesem Problemkreis s. HEINELT 1978). Generell behalten hier wie bei allen Lehrer-Schüler-Konflikten die Merkmale «emotionale Wärme» und «mäßige Lenkung» mit Verhaltensweisen wie Erklären, Bekräftigen, partnerzentriertem Eingehen auf Gefühle oder den Konfliktgesprächs-Regeln ihre Bedeutung bei (TAUSCH / TAUSCH 1970, GORDON 1977).

Es bleiben freilich immer auch schwierige Schüler übrig, die besondere Erziehungsmaßnahmen erfordern. Lehrer haben meist nur begrenzte Möglichkeiten, sich mit Problemkindern eingehend zu befassen. Der vorhandene Spielraum aber kann – auch bei aggressivem Verhalten – nachweislich besser genutzt werden, wenn lernpsychologisch planvoll vorgegangen wird (vgl. BANDURA 1973, THARP/WETZEL 1975, EISERT/BARKEY 1975). Eine Reihe von Büchern gibt Anleitungen

Alternatives Verhalten lernen   193

dazu (z. B. LORENZ/MOLZAHN/TEEGEN 1976, BELSCHNER/HOFFMANN/
SCHOTT/SCHULZE 1973, HANKE/HUBER/MANDL 1976). In manchen Fällen ist natürlich eine enge Zusammenarbeit zwischen dem Lehrer und einem Therapeuten erforderlich.

Ein Projekt von KIRSCHNER & LEVIN (1975) arbeitete mit einer Kombination von Verhaltenstraining durch einen Psychologen und unmittelbaren Bekräftigungen durch den Lehrer im Klassenzimmer. 10- bis 13jährige Schüler, von den Lehrern als äußerst aggressiv bezeichnet, wurden gefragt, ob sie an einer Trainingsgruppe des Projekts teilnehmen wollten. Der Sinn der Gruppe wurde ihnen erklärt; auch konnten sie bei der Festlegung der Verhaltensziele und der Bekräftigungen mitbestimmen. Nur einer der 21 angesprochenen Schüler wollte nicht teilnehmen. Im einzelnen bestand das Programm aus folgenden Maßnahmen:

o Individuelle «Verträge» zwischen Psychologen und Schüler, in denen festgelegt wurde, daß der Schüler für jeden Vor- oder Nachmittag vom Lehrer einen Punkt erhielt, an dem er andere Schüler nicht angegriffen oder bedroht hatte. Für mehrere Punkte gab es größere Bekräftiger (unter anderem Spielzeug, positive Nachricht an die Eltern);

o Gruppenverträge, nach denen die Trainingsgruppe z. B. eine Fernsehstation besuchte, wenn sie als ganze eine bestimmte Punktzahl erreicht hatte;

o Lehrerlob für angemessenes Verhalten während des Unterrichts bei gleichzeitigem Ignorieren (soweit möglich) von aggressivem Verhalten (wie Stoßen, Hänseln);

o Rollenspiel mit Modellen und Diskussion zu Situationen, die ein Schüler schwierig fand (im ersten Teil eines 50-minütigen Treffens einmal pro Woche);

o anschließend Basketball oder andere attraktive Spiele.

Das Programm dauerte etwa 2 Monate. Eine Erfolgskontrolle durch Beobachtung (leider nur stellvertretend an 4 Schülern) ergab eine deutliche Steigerung des Zielverhaltens, und zwar auch außerhalb des Klassenraums (beim Essen). Auf Grund gelegentlicher Berichte der Lehrer nehmen die Autoren an, daß die Effekte bei der großen Mehrheit der Schüler auch nach dem Programm anhielten.

Ein schon erwähntes Projekt von PITKÄNEN (1974) ist insofern besonders interessant, als es in seiner Art auch Bestandteil normalen Unterrichts sein könnte – also mit präventiven Zielen –, wenngleich es von PITKÄNEN für die Behandlung von Problemverhalten bei 8jährigen Schülern eingesetzt wurde (s. S. 186). Das Programm dauerte mehrere Wochen und umfaßte – nach einigen atmosphärisch auflockernden Aufgaben für kreatives Denken – folgende Punkte:

o Die Schüler dachten über Situationen nach, in denen sie sich selbst geärgert hatten; sie sollten dadurch die Gründe für ihr Verhalten, die Folgen und mögliche Alternativen besser verstehen.

194   Verminderung aggressiven Verhaltens

○ Die Kinder sahen Dia-Serien mit Konfliktsituationen. Beispiel: 1. Bild: Ein Junge blickt auf das Fahrrad eines Mädchens, 2. Bild: Er läßt die Luft ab, 3. Bild: Das Mädchen sieht den platten Reifen, 4. Bild: Der Junge pumpt wieder auf (positives Modell). Die Kinder sollten ihre Beobachtungen mitteilen, das nächste Bild erraten und vor allem, über die Gefühle der Beteiligten Vermutungen äußern (Einfühlung üben). Für Äußerungen im Sinne der Zielsetzung wurden sie bekräftigt.

○ Die Schüler machten Rollenspiele zu verschiedenen Konfliktsituationen, in denen sie das kognitiv Gelernte anwenden sollten.

Zur Auswertung wurde das Verhalten der Kinder vor und nach dem Training in 9 kritischen Testaufgaben beobachtet (z. B. Malaufgabe, bei der es nur zwei Stifte für 3 Kinder gab; Rollenspiel zu einer Konfliktsituation; eine Gruppenentscheidung herbeiführen). Der Vergleich zeigte im ganzen (nach Aufgabenart verschieden) eine deutliche Abnahme aggressiven Verhaltens und einen Anstieg von Problemlösungsstrategien (z. B. Reihum-Äußerungen in der Gruppe) bei der Experimentalgruppe im Vergleich zu einer nichttrainierten Kontrollgruppe.

Der Erfolgsnachweis, den die empirische Kontrolle bei PITKÄNENS Programm liefern konnte, ist vielleicht auch eine Ermutigung für Versuche, die Förderung von Aggressions-Alternativen in den *schulischen Lehrplan* aufzunehmen, genauer: in den Unterricht zum sozialen Lernen (vgl. SCHMITT 1976, HIELSCHER 1976). Es können Konfliktsituationen aus dem Alltag (z. B. Streit ums Spielzeug, Vorgehen gegen einen starken Schüler, der schlägt) besprochen und im Rollenspiel durchgespielt werden; es können alternative Verhaltensweisen überlegt und ausprobiert werden. STANGE & STANGE (in HIELSCHER 1976) führen auch experimentell Konfliktsituationen der Schüler herbei und besprechen sie. Beispiel: Zwei Gruppen setzen aus Pappteilen je ein Haus zusammen; ein Teil ist nur einmal vorhanden. Das Lernziel ist hier unter anderem, unlösbare Konfliktsituationen erkennen und aushalten zu können. In einer anderen Aufgabe mit einem Puzzle gibt es verschiedene Lösungsmöglichkeiten, über die sich die Gruppen verständigen müssen.

Abschließend sei kurz auf das *Fernsehen* hingewiesen, das solche Lernprozesse ebenfalls unterstützen kann. So wurde für ausgewählte Filmszenen aus der berühmten «Sesamstraße» mit dem Lernziel «kooperatives-verständnisvolles Verhalten» nachgewiesen, daß die Kinder am Anschluß daran tatsächlich kooperativer und verständnisvoller dachten und handelten als Vergleichsgruppen (CHARLTON/CARSTEN/HAUGG/ HERRMANN 1975). Langfristige Effekte sind davon allein natürlich nicht zu erwarten. Dazu ist eine fortdauernde Beeinflussung, und zwar in Übereinstimmung mit Elternhaus und Schule, erforderlich.

Kommunikation in Partnerbeziehungen

Damit eine produktive Problembewältigung in engeren zwischenmenschlichen Beziehungen in Gang kommt, ist zunächst einmal der an-
gemessene Umgang mit den eigenen Gefühlen ein wichtiger «klimati-
scher» Faktor. Dabei kommt in diesem Zusammenhang dem aggres-
sionsfreien Mitteilen der Gefühle besondere Bedeutung zu (s. S. 170f).

Um die Probleme zu bewältigen, die den Ärger und die Unzufrieden-
heit verursacht haben, müssen jedoch noch weitere Verhaltensweisen
hinzukommen (s. S. 172f). Hierzu gehört einmal das Äußern von Wünschen. Wünsche sollten offen, in sachlichem Ton und so konkret wie
möglich geäußert werden (z. B. «Kannst du bitte zu meiner Frage etwas
sagen» statt: «Nie hörst du mir zu» oder stillem, aber sichtbarem Schmollen). Wünsche äußern schließt natürlich nicht die Berechtigung ein, den
Wunsch erfüllt zu bekommen; dies ist erst «auszuhandeln». Dazu gelten
auch hier wieder die Prinzipien eines fairen Konfliktgesprächs (vgl.
SCHWÄBISCH/SIEMS 1974). Das heißt: Jeder muß zunächst die Wünsche
des anderen kennen; und falls es nicht zu schnellem Einvernehmen
kommt, sollten von beiden Partnern Lösungsvorschläge gesammelt werden, um sie danach mit dem Ziel einer Einigung zu diskutieren.

Dies zu lernen, ist deshalb wichtig, weil das Aufeinandertreffen unterschiedlicher Wünsche eine unvermeidliche und normale Erscheinung ist
(auch in den besten Beziehungen). Das Ziel ist es, einerseits zu einem
ausgeglichenen Geben und Nehmen in der Wunscherfüllung zu gelangen
(LEDERER/JACKSON 1972), andererseits aber auch unvereinbare Erwartungen zu akzeptieren. «Akzeptieren» bedeutet dabei, daß inhaltliche
Meinungs- und Bedürfnisunterschiede gesehen werden, ohne daß dies zu
einer Beeinträchtigung in der Beziehung der Partner, das heißt in ihrer
wechselseitigen persönlichen Wertschätzung, führt. Dies ist sicherlich
«die menschlich reifste Form der Auseinandersetzung mit Unstimmig-
keiten» (WATZLAWICK u. a. 1969, S. 81).

Wünschenswert ist es, daß solche Formen des Konfliktverhaltens im
normalen Sozialisationsprozeß (vor allem in der Familie) gelernt werden. Zu späteren Zeitpunkten kann – häufig aus Anlaß von akuten
Beziehungsproblemen – ein regelrechtes *Streittraining* von Nutzen sein
(vgl. MANDEL/MANDEL u. a. 1971).

In beiden Fällen kommt – lernpsychologisch gesehen – dem Imitationslernen eine große Bedeutung zu, ob nun die Eltern als «natürliches»
Modell dienen, oder aber beim «korrigierenden» Kommunikationsler-
nen der Therapeut gezielt das Verhalten vormacht oder konkret beschreibt. Dabei ist das Training natürlich bewußter und mit mehr ein-
sichtsvollem Lernen verbunden als die «unbemerkte» Sozialisierung.

Des weiteren muß das angestrebte Verhalten bekräftigt werden, damit
es zur Gewohnheit werden kann. Nun geschieht dies teilweise «von

196 Verminderung aggressiven Verhaltens

selbst» durch die Erfolge beim Ausprobieren und Üben, wenn z. B. (in
der Alleinsituation) durch Ablenkung der Ärger vergeht oder (in der
sozialen Situation) durch das Mitteilen der eigenen Gefühle eine Erleichterung eintritt. Aber in zwischenmenschlichen Konflikten liegen auch
entscheidende Bekräftigungen in der Hand des Kommunikations*part-
ners*. Die Beteiligten müssen daher lernen, einander für erwünschtes
Verhalten durch Anerkennung, Zuhören, Freundlichkeit, Verständnis-
zeigen, Entgegenkommen zu «belohnen». Gleichzeitig sollte das uner-
wünschte Verhalten (wie Nörgeln, Schimpfen und andere Durchset-
zungsversuche) möglichst nicht bekräftigt, also übergangen werden.
Hinzukommen können auch nichtaggressive Formen der Mißbilligung
(«So wie du es sagst, fühle ich mich unter Druck gesetzt») oder die
unmittelbare Anregung alternativen Verhaltens («Könnten wir nicht
erst mal Lösungsvorschläge sammeln»).

In den letzten Jahren wurden auch zunehmend Prinzipien einer *selbst-
gesteuerten Veränderung* des eigenen Verhaltens entwickelt. Sie sollen
der Machtlosigkeit bloßer guter Vorsätze abhelfen durch konkrete Ziel-
bestimmungen, lernpsychologische Verhaltensanalysen und selbstbeein-
flussende Maßnahmen (vor allem Bekräftigungen). Anleitungen geben
z. B. WATSON & THARP (1975) oder TEEGEN, GRUNDMANN & RÖHRS
(1975). Von Nutzen kann dies sein, wenn ein Partner bereit ist, bei sich
selbst Verhaltensweisen abzubauen, die für die Beziehung destruktiv
sind (z. B. schnelles Aufbrausen, Jammern, Schmollen) beziehungsweise
konstruktive Alternativen (wie oben beschrieben) zu erlernen. Solche
Art der Förderung von Selbstkontrolle wird hier erwähnt, weil sie in
Partnerbeziehungen – bei denen einer den anderen nicht wie ein Kind
erziehen kann – von besonderer Bedeutung ist. Sie kann aber auch für
andere Lebensbereiche (Beruf, Freizeitkontakte) nutzbar gemacht werden. – Im übrigen ist anzumerken, daß auch bei den fremdgesteuerten
Beeinflussungen (Therapie, Erziehung) Einsicht und Selbstkontrolle ein
so starkes Gewicht haben sollten wie irgend möglich. Dies entspricht
auch neueren Trends innerhalb der Verhaltenstherapie (vgl. KANFER/
GOLDSTEIN 1977, HARTIG 1973).

Beruf

Für die meisten Berufe gilt, daß – anders als bei Erziehung und Therapie
– die Beeinflussung menschlichen Verhaltens nicht ihr primärer Gegenstand ist. Der große Zeitumfang, der von beruflichen Aktivitäten einge-
nommen wird, die existentielle Bedeutung, die ihnen zukommt, und das
häufige Auftreten von Konflikten am Arbeitsplatz sind jedoch Gründe
dafür, auch in diesem Bereich nichtaggressives, konstruktives Problemlösungsverhalten zu fördern.

Zu fragen wäre z. B., wieweit Vorgesetzte ein Modell für Zuhören, Verständnis, rationale Diskussion, Respektierung des Untergebenen sind. Zu fragen wäre, wieweit Ausbilder nicht nur Fachwissen besitzen, sondern auch darin geschult werden, ihr Wissen pädagogisch sinnvoll weiterzugeben sowie Konflikte mit den Auszubildenden zu erkennen und konstruktiv zu handhaben. Generell ist zu fragen, wieweit in Betrieben, Büros und anderen Arbeitsplätzen neben den reinen Fachkenntnissen gelernt wird, Probleme wie Rivalitäten, Mängel am Arbeitsplatz oder unzureichende Information vorzubringen und darüber zu verhandeln, und zwar so frühzeitig und in einer solchen Form, daß es zu destruktiven Auseinandersetzungen gar nicht erst kommt. Solche Verhaltensfertigkeiten wirken sich vermutlich auch auf den allgemeinen Umgangston aus, der an vielen Arbeitsplätzen für die Betroffenen eine ernste Belastung ist.

Dies bedeutet keineswegs, daß man ein harmonisches Betriebsklima zum Maß aller Dinge erheben sollte. Es bedeutet zunächst nur, daß auch am Arbeitsplatz ein Stück Frieden gelernt werden kann und sollte. Freilich sind der Einübung friedlicher Interessendurchsetzung Grenzen gesetzt, wenn von einer Seite bestimmte Werte wie Leistung oder Geld so verabsolutiert werden, daß ein Ausgleich unter den Beteiligten nicht möglich ist (vgl. Lösungsrichtung 3). Dagegen Schutz zu bieten, ist Aufgabe gesetzlicher Regelungen und formeller Institutionen (Verbände, Versammlungen, Gremien). Ihre Funktionsfähigkeit ist jedoch wiederum stark vom Verhalten der Beteiligten abhängig! Interessenvertretungen können wirkungslos sein, wenn ihre Mitglieder nicht wachsam und zäh arbeiten; sie können auch Schaden anrichten, wenn durch Beschränkung auf Angriffe (statt Lösungsversuche) oder die Selbstdarstellung einzelner die eigentliche Arbeit gelähmt wird.

Es geht über die Möglichkeiten dieses Buches hinaus, diesen Fragen im einzelnen nachzugehen. Es stecken arbeitsrechtliche, wirtschaftliche, verwaltungstechnische, organisatorische und andere Probleme darin. Hier sollte nur darauf hingewiesen werden, daß auch das Erlernen von konstruktivem Konfliktverhalten ein wichtiger – persönlich und sachlich wichtiger – *Bestandteil professionellen Arbeitsverhaltens* sein und daher in Ausbildungspläne mit einbezogen werden sollte. Wie dieses Lernen gezielt in Gang gesetzt werden kann, ist verschiedentlich ausprobiert worden. Trainingskurse in Führungsverhalten (allerdings nicht nur konfliktbezogen) gibt es für Manager schon seit längerer Zeit. Neuerdings werden vereinzelt auch Kurse für Arbeitnehmer durchgeführt, so ein Training für (benachteiligte) Arbeiterinnen, in dem unter anderem Filmmodelle für solidarisches Verhalten verwendet wurden (SCHMIDT-MUMMENDEY/KRAMEYER 1975), oder ein Verhaltenstraining für Betriebsräte im Umgang mit Kollegen und der Geschäftsleitung (SEMMER/RIEGER/GREIF 1977).

198   Verminderung aggressiven Verhaltens

Politik

Politische Aggressionen sind – quantitativ gesehen – im allgemeinen besonders schwerwiegend. Im Extremfall kann ein ganzes Volk oder gar die ganze Welt betroffen sein. Die Verminderung gewalttätiger Politik wäre daher überaus segensreich. Doch hat es einen Sinn, darüber zu reden? Hat es einen Sinn, Kriege verbieten zu wollen oder die Abschaffung der Folter zu fordern? Gehen solche Bemühungen nicht regelmäßig an denen vorbei, die es vor allem betrifft, und finden nur bei denen Gehör, die ohnehin friedlich sind? Und auf unsere psychologische Fragestellung bezogen: Liegt hier das Problem in nichterlernten Alternativen oder nicht vielmehr in den Interessen, die hinter der Aggression stehen (Im «Wollen» statt im «Können»)? So berechtigt all diese Zweifel sind, so sind dennoch nicht alle Bemühungen als sinnlos anzusehen und speziell auch der Lösungsweg «alternatives Verhalten lernen» nicht.

Zunächst einmal sind ja prinzipiell gewisse Verbesserungen erreichbar. Man denke etwa an die Beziehungen zwischen den europäischen Staaten. Gewiß wird der kriegsfreie Zustand zwischen West- und Osteuropa maßgeblich durch die Angst vor den Atomwaffen (Hemmung aus Angst vor Bestrafung) erzwungen. Doch gibt es auch vielerorts Beispiele dafür, daß die politische Vernunft zur Geltung kommen kann; man denke etwa an die deutsch-französische Aussöhnung. Auf einer anderen Ebene gibt es auch vereinzelte Erfolge bei der Behandlung von politischen Gegnern, wenn durch Regierungen oder Organisationen (wie amnesty international) die Freilassung von Gefangenen oder Hafterleichterungen erreicht werden. Und zweifellos sind – um ein weiteres Beispiel zu nennen – die politischen Auseinandersetzungen in unserem Lande heute im ganzen weit weniger aggressiv, vor allem weniger gewalttätig, als vor 1945.

Dies alles sind Beispiele für alternatives Verhalten. Daß bei der Verbreitung solcher politischer Verhaltensweisen (Aussöhnen, Einsetzen für Gefangene, gewaltlose Auseinandersetzung mit dem Gegner) das Imitationslernen eine wichtige Rolle spielt, ist offenkundig. Vor allem führende Politiker, Vorsitzende von Organisationen, Sprecher von Bürgerinitiativen haben eine große Chance, als Modell zu wirken und durch ihr Verhalten zur Aggressionsverminderung beizutragen.

Dies gilt auch – wenngleich mit weniger Öffentlichkeitswirkung – für das *Verhalten in demokratischen Instanzen* (Versammlungen, Konferenzen, Gremien). Sie können außer Funktion gesetzt werden durch Menschen, die nicht gelernt haben, konstruktiv zu argumentieren und zu verhandeln. Jede demokratische Instanz kann nur so gut sein wie das Verhalten ihrer Mitglieder. Demokratisches Verhalten zu lernen, ist mindestens so wichtig wie die Aneignung von Schulkenntnissen über staatliche Institutionen oder Gesetzgebungsverfahren.

Da politisches Lernen sich größtenteils in der politischen Auseinandersetzung selbst vollzieht, ist hier auch der Aspekt des Lernens am Erfolg von überragender Bedeutung. So ist es wichtig, daß politische Instanzen sensibel genug sind, um auf nichtaggressive Vorstöße zur Bewältigung von Problemen (Petitionen, Bürgerinitiativen) zu reagieren und nicht erst zu warten, bis sie unter dem Druck von Unruhen handeln müssen. In vielen Beispielen der letzten Jahre wurden in unserem Lande nichtaggressive Appelle und Initiativen ignoriert, während durch Revolten «die Dinge in Bewegung kamen» (z. B. Hochschulmißstände, Wohnungsnot, Umweltschäden). Hier handelt es sich eindeutig um aggressionsförderndes Bekräftigungsverhalten von seiten staatlicher Stellen. Nichtaggressive Versuche der Konfliktbewältigung müssen häufiger mit Erfolgen belohnt werden, wenn man aggressives Verhalten vermeiden will.

Eine besonders wichtige Alternative sind *gewaltfreie Aktionen* zur Durchsetzung von Rechten gegen übermächtige Regierungen oder Bevölkerungsgruppen. Denn wo die genannten Möglichkeiten wie Verhandeln auf dem «regulären» Instanzenweg, öffentliche Demonstrationen usw. erfolglos sind, wird häufig nur Gewalt als Ausweg gesehen. Hier Alternativen verfügbar zu haben kann für den Erfolg entscheidend sein und zugleich Blutvergießen verhindern (was an sich schon ein Erfolg ist).

Berühmte Beispiele sind der von Mahatma Gandhi geführte gewaltlose Widerstand zur Befreiung Indiens und die Bürgerrechtsaktionen der amerikanischen Neger unter Martin Luther King; es gibt zahlreiche weitere (s. EBERT 1970, 1978a). Eine genauere Beschäftigung mit solchen Aktionen zeigt, daß ihr Erfolg auf außerordentlich klugem und geschicktem Vorgehen beruhte; denn zweifellos ist es nicht einfach, Druck auszuüben, ohne in Gewalt abzugleiten, zumal die Beteiligten dabei oft Unrecht und Schmerz erdulden müssen. Gewaltfreies Konfliktverhalten ist kein bloßer Verzicht auf Gewalt, sondern ein Kampf mit anderen Mitteln. Die Aktionsformen sind breit gefächert. Nach EBERT (1978a) lassen sich unterscheiden:

o «Subversive» Widerstandshandlungen: von Protest über legale Nichtzusammenarbeit bis zu zivilem Ungehorsam gegenüber Gesetzen und Anordnungen der Herrschenden.

o «Konstruktive» Aktionen: von der öffentlichen Darlegung des angestrebten Systems über die alternative Ausfüllung wichtiger gesellschaftlicher Aufgaben (z. B. eigene Bildungsstätten, Hilfsdienste) bis zur Schaffung eines neuen sozialen Systems neben dem alten.

Dies alles bedeutet, daß gewaltlose Aktionen kaum «aus dem Stegreif» möglich sind, sondern in der Regel erst gelernt werden müssen!

Um mehr Menschen damit wenigstens bekannt zu machen, sollten schon im Geschichts- und Politikunterricht der Schule gewaltlose Ak-

200 Verminderung aggressiven Verhaltens

tionen genauso gründlich durchgenommen werden wie Kriege. Zur
Ausbildung in gewaltfreier Aktion haben verschiedene Organisationen
in manchen Ländern Trainingszentren eingerichtet; einige Bücher geben Anleitungen (z. B. ROTHENPIELER/WALKER 1977). Als sehr wichtiges Element der Ausbildung gilt Verhaltenstraining durch Rollenspiele,
Übungen im schnellen Entschlußfassen usw. (zur Evaluation s. BLUM-
BERG u. a. 1974).

Manche Menschen meinen, gewaltlose Methoden seien nur in halbwegs demokratischen Staaten ein geeignetes Mittel. Da jedoch *jedes*
Regime auf Zusammenarbeit mit der Bevölkerung angewiesen ist, haben gewaltfreie Aktionen auch und gerade in Diktaturen, starren Feu-
dalsystemen usw. große Bedeutung. Weiterhin sieht das Konzept der
«sozialen Verteidigung» in ihnen eine Alternative zur militärischen
Verteidigung gegen eine Invasion oder einen Putsch. Dieser Gedanke
ist den meisten Menschen völlig fremd. Die Gleichung «Verteidigung =
Schießen» ist so selbstverständlich, daß kaum ein professioneller Ver-
teidiger sich fragt, wieso denn etwa «das Verhalten von 60 Millionen
Zivilisten weniger wichtig sein (soll) als das von etwa ½ Million Soldaten» (EBERT 1978b). Dazu könnten gehören (s. ROBERTS 1971, S.
175ff):

o Generalstreik (z. B. beim erfolgreichen zivilen Widerstand gegen
  den Kapp-Putsch 1920);
o Nichtzusammenarbeit ohne Streik (Beispiel: Widerstand norwegi-
  scher Lehrer 1942 gegen Quislings Anweisung, das Erziehungswesen
  in den Dienst der Nazi-Ideologie zu stellen);
o bestimmte Formen von Sabotage;
o Kontakte mit Angehörigen der Invasionsarmee, um deren Sympathie
  zu gewinnen;
o offener Widerstand großer Massen, z. B. gegen Deportationen (in
  Dänemark gab es sogar erfolgreichen Widerstand gegen Judendepor-
  tationen) und anderes mehr.

Vielen Menschen ist noch der gewaltlose Kampf der Tschechoslowa-
ken gegen die Invasion von 1968 in Erinnerung. Trotz seines Scheiterns
war er nicht nutzlos. So verhinderte er ein Blutbad, das bei gewaltsa-
men Aktionen eingetreten wäre; und er hat Einheimische von der Kol-
laboration abgehalten (ROBERTS, S. 15f). Es handelte sich hier allerdings nicht um eigentliche soziale Verteidigung, die langfristig geplant
und organisiert sein muß, sondern um improvisierte Aktionen.

Es gibt für nichtmilitärische Verteidigung keine einfachen Erfolgsre-
zepte, sowenig wie für militärische. Erforderlich ist ein breites, flexibles
Arsenal von Widerstandsformen. Vor allem aber müßte soziale Verteidigung dadurch wirksamer gemacht werden, daß sie nicht der Improvi-
sation des Augenblicks überlassen bleibt. Es müßte auf diesem Gebiet
geforscht und geplant werden; es müßten – ähnlich dem Militärdienst –

Menschen dafür ausgebildet werden. Wo geschieht dies? Wahrscheinlich ließe sich schon viel erreichen, wenn wenigstens ein Bruchteil des Militärhaushalts für die Entwicklung sozialer Verteidigung aufgewandt würde.

Während sich gewaltfreie Aktionen (wie gewaltsame) auch gegen den bestehenden Staat richten können, wären sie für soziale Verteidigung mit seiner Hilfe zu organisieren. Daß dies nicht geschieht – und sei es nur als Ergänzung militärischer Verteidigung –, kann im Ernstfall schwerwiegende Folgen haben. Denn ganz abgesehen von verheerender Vernichtung kann ja die militärische Verteidigung des Territoriums mißlingen. Und die Bevölkerung wäre dann auch in der Verteidigung ihres sozialen Systems wehrlos. Es bliebe wieder nur übrig, sich zu fügen oder in – meist aussichtslose – Gewalt zu flüchten. Um noch einmal die psychologische Grundaussage zu wiederholen: Gewalt entspringt nicht einfach einem aggressiven Bedürfnis, sondern zu einem gut Teil daraus, daß Menschen gewaltfreie Alternativen nicht beherrschen.

Gewaltfreie Gesellschaftsveränderung und Verteidigung werden oft als weltferne Schwärmerei abgetan. Daher abschließend ein paar Anmerkungen zur Frage der Effektivität. Was ist eigentlich der Maßstab für Effektivität? Psychologisch sind dies meist schon kurzfristige Erfolge, etwa die Tötung von Gegnern; und als Hauptkriterium gilt vielen, ob ein unerwünschtes Regime gestürzt wird oder nicht. Aus dem Feindbild der Kampfsituation ist dies zwar verständlich, geht jedoch politisch an der Sache vorbei. Der Maßstab muß doch die eigentliche soziale Zielsetzung sein wie etwa: Schutz von Menschen, bessere Lebensbedingungen für viele, mehr Freiheit. Daran gemessen, erweisen sich gewaltsame Methoden in der Regel als recht ineffektiv: Erstens garantieren auch sie keinen Erfolg. Im Fall von Aufständen rufen sie oft gar ganze Armeen auf den Plan, gegen die keine Chance besteht; gewaltlose Methoden tun dies weniger leicht. Zweitens muß man bei der Effektivitätsbilanz auch die Verluste abziehen (!), also oftmals Tausende oder Millionen von Toten und Verstümmelten sowie zerstörte Länder. Drittens zeigt die Geschichte, daß Gewalt zur Fortsetzung tendiert; so legen die an sie gewöhnten und mit ihr erfolgreichen Revolutionäre nach dem Umsturz selten die Waffen aus der Hand, sondern richten sie allzuoft nun gegen das Volk (aus Angst vor «Konterrevolutionären»), statt die Freiheit zu bringen. Bei gewaltfreien Kampagnen hingegen ist Demokratie in Durchführung und Ergebnis nahezu unvermeidlich. Stellt man also an gewaltsame und gewaltfreie Methoden dieselben Ansprüche, so erweist sich Gewalt meistens als weniger effektiv.

Von allen beschriebenen Lösungsrichtungen ist das Lernen alternativen Verhaltens z. Z. wohl am weitesten erforscht und enthält das größte

202　Verminderung aggressiven Verhaltens

Spektrum praktischer Maßnahmen. Wie bei den anderen Ansätzen sieht die konkrete Realisierung je nach Art des Problems sehr unterschiedlich aus und ist in vielen Fällen weniger eine Sache von Psychologen als von Verantwortlichen in Politik, Schule, Wirtschaft und anderswo.

Kapitel 16
Ist Frieden lernbar?

Die vorangehenden Kapitel zeigen, daß es für die Verminderung von Aggression nicht eine bestimmte Lösung, sondern verschiedene Zugänge gibt, die jeweils eine Vielzahl möglicher Maßnahmen umfassen. So kann man einerseits versuchen, situative Anregungsfaktoren wie Herabsetzungen, Überforderungen, aggressive Vorbilder, einengende Lebensbedingungen usw. abzubauen (Lösungsrichtung 2). Und andererseits können Menschen lernen, mit solchen (zum Teil unvermeidlichen) aversiven Situationen wie auch mit positiv erlebten Anreizen anders «umzugehen»: in der Art und Weise ihrer Bewertung (Lösungsrichtung 3) wie auch in den Verhaltensformen, mit denen man Gefühle ausdrückt, Ziele verfolgt und Konflikte bewältigt (Lösungsrichtung 5). Dabei scheinen für die Bereitschaft zu solch alternativem «Umgang» auch Aggressionshemmungen, vor allem aus ethischen und mitmenschlichen Einstellungen heraus, eine notwendige, wenngleich keinesfalls hinreichende Bedingung zu sein (Lösungsrichtung 4).

Es ist von Fall zu Fall verschieden, welcher Lösungsansatz vorrangige Bedeutung hat. Wenn es für jemanden typisch ist, daß er auch auf sachliche Kritik «empfindlich» reagiert, wäre die Auseinandersetzung mit seinen kognitiv-emotionalen Bewertungsweisen sicherlich besonders wichtig. Wo das pädagogische Repertoire von Eltern über Schimpfen und Stubenarrest kaum hinausreicht, käme es darauf an, ihnen alternative Handlungsformen (z. B. konstruktive Konfliktgespräche, positive Bekräftigungen, Modellverhalten usw.) zu vermitteln. In vielen Fällen lassen sich die verschiedenen Zugänge sinnvoll ergänzen oder sind in einer Maßnahme ohnehin miteinander verquickt.

Wie solche Veränderungen im Rahmen der beschriebenen Lösungsrichtungen aussehen können, wurde in den vorangehenden Kapiteln vornehmlich an Beispielen aus dem *sozialen Nahraum* – besonders Erziehung, Partnerschaft, Sozialpädagogik und Therapie – erläutert. In diesen Praxisfeldern macht man sich Psychologie gewöhnlich am ehesten zunutze. Und da für die meisten Menschen unserer Kultursphäre «Krieg» und «Frieden» vorwiegend in der Familie oder dem Berufsleben stattfinden, sind solche Hilfen zur Konfliktbewältigung im sozialen Nahraum sicherlich wichtig und wertvoll.

Was aber bedeuten die beschriebenen Lösungswege und die Rolle des Lernens für *politisch-militärische* Konflikte und Konfliktregelungen, an die wir ja in erster Linie bei den Worten «Krieg» und «Frieden» denken? Wäre Frieden machbar, wenn Menschen nach den dargestellten Prinzipien Friedfertigkeit lernen würden?

Seit sich die Psychologie mit der menschlichen Aggression befaßt, hat man sich von ihr immer auch eine Antwort auf die Frage «warum Krieg?» erhofft (vgl. den Brief FREUDS 1933, auf eine solche Frage von Albert EINSTEIN). Denn offensichtlich ist ja auch die «große Politik» ein Problem menschlichen Verhaltens, des Verhaltens von politischen Führern wie von einfachen Bürgern. Kriege werden in den Köpfen von Menschen geplant und von ihren Bedürfnissen und Gefühlen getragen. Zahllose Menschen werden eigens für Kriege in gewalttätigen Verhaltensformen trainiert, und andere setzen ihr intelligentes und kreatives Denken für die Entwicklung neuer Tötungsinstrumente ein. Mit der Bemerkung «Regierungen bestehen aus Kindern, die groß geworden sind» weist MANTELL (1972, S. 31) überdies darauf hin, daß die Erziehung eines Kindes unter bestimmten Bedingungen weltpolitische Bedeutung gewinnen kann. Und ob ein Krieg stattfindet, kann auch von der sog. öffentlichen Meinung und der Verbreitung kriegerischer «Tugenden» in dem jeweiligen Lande abhängen. – Dies alles bedeutet mithin, daß auch politische Gewalt in beträchtlichem Maß auf jene Lernprozesse angewiesen ist, die die Angehörigen der betreffenden Nationalität, Rasse, Religion usw. in verschiedenen Phasen ihrer Sozialisation durchmachen. Und wie bei individueller Aggression wird das Gelernte in bestimmten Person-Situation-Konstellationen aktiviert (vgl. Kapitel 10).

Aber: dies alles bedeutet nicht, daß man politische Gewalt mit individueller Gewalt und politischen Frieden mit persönlicher Friedfertigkeit gleichsetzen könnte. Sosehr wir prinzipiell dieselben psychologischen *Prozesse* heranziehen können, um Erwerb und Aktivierung individuellen ebenso wie kollektiven Verhaltens zu erklären, so sehr sind doch die *Inhalte* dieser Prozesse in vielen Punkten verschieden. Konkreter ausgedrückt: *Was* gelernt wird, um Kriege zu ermöglichen, bzw. *welche* Art von Friedfertigkeit gelernt werden müßte, um sie zu verhindern, das unterscheidet sich erheblich vom Verhalten im individuellen Nahraum.

Da dieses Buch einen allgemeinen Überblick über die psychologische

204   Verminderung aggressiven Verhaltens

Entstehung und Verminderung von Aggression geben wollte und somit politische Bezüge lediglich von Zeit zu Zeit zur Sprache kamen, hat der Verfasser dem Problembereich von Gewalt bzw. Frieden im politischen Raum ein eigenes Buch gewidmet («Lernschritte zur Gewaltlosigkeit», rororo 7488). An dieser Stelle können nur wenige zusammenfassende Stichworte genannt werden:

● Die alltäglichen Aggressionen im Umgang mit Mitmenschen sind gewöhnlich Handlungen einzelner gegen einzelne (Aggression zwischen Individuen), und sie sind «eigenmotiviert».

● Gewalt im politischen Feld (Krieg, Terror, Folter usw.) besteht hingegen in kollektiven und organisierten Handlungen, die gegen andere Kollektive gerichtet sind (Gewalt zwischen Gruppen). Für den einzelnen ist sein Handeln stets eine Gewalt*beteiligung*, und diese ist zum großen Teil «fremdmotiviert».

Die meisten Menschen (zumindest in unserem Kulturkreis) ziehen nicht in den Krieg, weil sie ein Bedürfnis danach verspüren, sondern weil ihnen dies befohlen oder mit allerlei Verlockungen anempfohlen wird. Es geht auch ohne Feindbild und ohne Vergeltungsdrang. Selbst Beispiele aus der Judenvernichtung belegen dies (vgl. S. 72), und ebenso die Gehorsamsexperimente von MILGRAM (vgl. Kapitel 8). Noch einmal ist daran zu erinnern, daß Aggressionen nicht immer Reaktionen auf negative Erfahrungen und Ausdruck aggressiver Gefühle sind, sondern daß sie ganz oder teilweise instrumentellen Charakter haben können (Erlangung von Vorteilen und Anerkennung; Vermeidung von Nachteilen; vgl. Kapitel 6.2. und 7). Und gerade bei organisierter Gewalt wird gewöhnlich das Handeln des einzelnen entscheidend durch Belohnungs- und Bestrafungssysteme gesteuert.

Zwar kann man in einer politischen Aussage ein Kollektiv wie ein Individuum behandeln («Deutschland wollte mit diesem Krieg ...»); psychologisch ist dies jedoch eine grobe Vereinfachung. Denn die Beteiligten einer kollektiven Gewaltaktion sind keineswegs alle von derselben Motivation getragen (vgl. Kapitel 7). Aus diesem Grunde ist es beispielsweise auch nicht möglich, aus der Persönlichkeit Adolf Hitlers (wie immer man sie deuten mag) «den» Nationalsozialismus psychologisch zu begreifen. Getragen wurde er vielmehr durch das Zusammenspiel von Menschen mit unterschiedlichsten Motiven und Einstellungen. Dies gilt sogar für den Kreis führender Nazis und erst recht für die Millionen von Mitläufern und stummen Duldern.

Was ist daraus für das Lernziel einer politisch wirksamen Friedfertigkeit zu folgern? Während es im Alltag darum geht, mit *eigenen* Tendenzen zu aggressivem Verhalten besser umzugehen (wie in den vorangehenden Kapiteln beschrieben), geht es im politischen Feld für die meisten Menschen eher darum, einer *Aufforderung* zur Gewaltbeteiligung, die aus der eigenen Gruppe bzw. aus politischen Instanzen kommt, *wi-*

derstehen zu können. Und weiter: da politische Gewalt organisierte Gewalt ist, kann ihr letztlich auch nur organisierte Gewaltlosigkeit entgegenwirken, wie sie sich etwa in Kampagnen des zivilen Ungehorsams oder anderen Formen gewaltfreier Aktion darstellt.

Daß man *systematisch Lernprozesse organisieren* müßte, die zur Aggressionsverminderung beitragen, ist eine naheliegende Konsequenz, die gleichermaßen für den individuellen wie den politischen Bereich gilt und für beide bislang nirgendwo in der Weise realisiert wird, wie uns das für das Lernen von Mathematik und Fremdsprachen, für Schwimmen und Autofahren und nicht zuletzt für die Ausbildung in bewaffneter Konfliktbewältigung (Militärdienst) selbstverständlich geworden ist.

Will nun jemand in einem institutionellen Rahmen wie der Schule solche Lerngelegenheiten schaffen, wird er dies freilich für den sozialen Nahraum leichter realisieren können als für den politischen. Gefühle und Wünsche in Ich-Form auszudrücken und konstruktive Konfliktgespräche zu führen, erscheint dem Staat überall in der Welt natürlich weniger brisant als eine Neubewertung von politischen «Feinden», Kriegsdienstverweigerung oder Training in gewaltfreier Aktion. Doch soweit der Spielraum reicht – ob nun für Kommunikationstraining oder für Gandhi als Thema des Geschichtsunterrichts –, er sollte genutzt werden. Die notwendigen Ergänzungen müssen von weltanschaulichen, religiösen und politischen Gruppen geleistet werden.

Überdies sollte man die wichtige Rolle der Eltern nicht vergessen. Einige Elemente der familiären Erziehung scheinen sowohl für den individuellen als auch für den politischen Bereich bedeutsam zu sein: insbesondere die Anleitung zur Einfühlung in andere Menschen, emotionale Wärme und natürlich das elterliche Vorbild – sei es das Vorbild für privates Konfliktverhalten oder für gewaltfreies, prosoziales Engagement im politischen Feld.

Ist Frieden lernbar? Vermutlich ja, wenn man von den psychischen Möglichkeiten des Menschen ausgeht. Vermutlich nein, wenn man von den zur Zeit sichtbaren Bemühungen ausgeht, diese Möglichkeiten auszuschöpfen beziehungsweise Lerngelegenheiten bereitzustellen. Angesichts der Größe und Bedeutung des Problems sind sie sicher zu gering. Und es gibt zu viele Menschen, die daran auch gar kein Interesse haben. Den Interessierten sollte dieses Buch eine Orientierungshilfe geben.

Anhang
Leitfaden zur Analyse von Problemfällen

Der folgende Leitfaden ist ein Extrakt aus den vorangehenden Erörterungen zur Erklärung und Verminderung aggressiven Verhaltens. Er soll in konkreten Situationen herauszufinden helfen, welche Bedingungen das Verhalten vorrangig bestimmen und wo Änderungen anzusetzen hätten.

1. Beschreibung des Verhaltens

Zunächst ist genau zu beschreiben, um welches Verhalten es geht. Abgesehen davon, daß es keine scharfe Abgrenzung «aggressiven» Verhaltens gibt, sind die Erscheinungsformen sehr vielfältig und weder in ihrer Wichtigkeit noch in ihrer Erklärung ohne weiteres gleichzusetzen (vgl. Kapitel 2 und 7). Für die Analyse konkreter Probleme ist daher statt der allgemeinen Angabe, eine Person oder Gruppe verhalte sich aggressiv, eine genaue Beschreibung erforderlich: z. B. . . . erteilt dem Kind Ohrfeigen . . . klagt in jammerndem Ton über . . . bedroht Menschen mit der Waffe und beraubt sie.

2. Überprüfung der Zielsetzungen

In manchen Fällen mag die Absicht lediglich sein, eine Erklärung für ein aus der Distanz betrachtetes Problem zu finden. Ist das Ziel jedoch eine reale Verminderung aggressiven Verhaltens – z. B. bei sich selbst, einem Kind, in einer Gruppe usw. –, sollte man sich folgende Fragen stellen:

o Ist es überhaupt sinnvoll, das Verhalten ändern zu wollen? Wer wünscht dies? Wer leidet darunter? Ist es nicht zu unbedeutend? Ist es ethisch legitim, es ändern zu wollen (z. B. aggressive, aber gewaltfreie Aktionen gegen Unterdrückung wie Protestmarsch oder Sit-ins)?

o Was genau will man verändern; welche Verhaltensaspekte? In welchem Ausmaß: was gänzlich, was teilweise?

o Welches Verhalten wird statt dessen angestrebt? Was sind konkret die alternativen Verhaltensziele?

o Müßten außer dem aggressiven Verhalten Umweltbedingungen mitverändert werden? Ist die Verhaltensänderung auch sinnvoll, wenn dies nicht geht? Welche weiteren Folgen könnte sie haben, was würde sich mitverändern?

3. Erklärung des Verhaltens

Das Schema schließt sich an das Erklärungsmodell von Kapitel 10 an. Anordnung und Bezeichnungen wurden allerdings so abgeändert, daß es für praktische Zwecke besser geeignet ist.

Anhang 207

Analyse-Schema für Erklärungen und Lösungshinweise

Bedingungen

Anregungs-bedingungen der Situation

Aversiver Reiz, Frustration	Anreiz *
Modell	Hinweisreiz

Mögliche Fragen zur Präzisierung
Welche Faktoren lösen Aggression aus oder verführen dazu?:
Gibt es Störungen, Angriffe usw. als Anlaß?
Zielt Aggression auf bestimmte Effekte (s. u. = Anreiz)?
Verhalten sich andere Personen aggressiv?
Welche Zielobjekte, Aufforderungen, Symbole, Gegenstände usw. legen Aggression nahe?
○ *Lösungsrichtung 2*, s. Kapitel 12

Bewertung/ Motivation

Bewertung der Anreger	
Ärger	Bedürfnis nach Anreiz

Wird Frustration zu ernst genommen? Wird Anreiz überbewertet? Wird Modell oder Hinweisreiz unkritisch gesehen oder verzerrt (z. B. Zielobjekt einseitig als «schuldig»)?
Welche Gefühle und Bedürfnisse sind damit verbunden? Reaktiv: Ärger, Ängste usw.; anreizbezogen: Streben nach Besitz, Macht, Anerkennung, Vermeidung eigenen Schadens, Selbstachtung usw.
Welche Selbstwahrnehmung liegt dabei vor (hilflos, überlegen, hart, loyal usw.)?
○ *Lösungsrichtung 3*, s. Kapitel 13

Verfügbares Verhalten

Verhaltensmöglichkeiten und -gewohnheiten

Welches Verhalten kennt und kann die Person? Hat sich aggressives Verhalten durch Modelle und Bekräftigungen (s. u.) gefestigt? Welche Alternativen fehlen, sind unbekannt oder werden nicht beherrscht?
○ *Lösungsrichtung 5*, s. Kapitel 15

Hemmungen

Angst vor Strafe Moralische Hemmung

Wird Strafe erwartet oder ist Aggression risikolos? Bestehen moralische Hemmungen oder fehlen sie? Wird Aggression gerechtfertigt? Verantwortung abgeschoben?
(Die zugehörigen situativen Faktoren – Strafe, Hinweis auf Unzulässigkeit – sind im Schema nicht gesondert eingezeichnet!)
○ *Lösungsrichtung 4*, s. Kapitel 14

Aggressives Verhalten

Wie äußert sich die Aggression? Was genau tut die Person?

Nachfolgende Bedingungen

Effekte *

Was passiert nach der Aggression? Wie reagiert die Umwelt, die Person selbst?:
Durchsetzung (sozial, materiell)? Beachtung, Anerkennung? Abwehr von Störungen, Schäden, Angriffen? Schmerzreaktionen des anderen? Spannungsreduktion (innerer Konflikt beendet o. ä.)? Stimulierung, Nervenkitzel? Selbstbekräftigung (Stolz o. ä.)?
Oder: Bestrafung? Oder: Keine Wirkung?

208   Anhang

Situative Bedingungen: Es ist zu klären, bei welchen Ereignissen, Personen usw. das Verhalten auftritt. Dabei ist zu bedenken, daß die «Situation» auf verschiedenen Ebenen betrachtet werden kann, etwa als unmittelbar-persönliche oder als gesellschaftliche Situation.

Im Schema sind die Bedingungen nach psychologischen Funktionen gegliedert, wobei eine bestimmte Gegebenheit mehrere Funktionen haben kann (z. B. ist ein Befehl ein Hinweisreiz für ein bestimmtes Verhalten und zugleich ein Anreiz zu Strafvermeidung; oder: eine Person löst als «aversiver Reiz» Ärgergefühle aus und wirkt als Hinweis, sie zu kritisieren).

Anreize sind in zwei zeitlichen Stellungen aufgeführt (*): als eigentlicher Anreiz vor und als bekräftigender Effekt nach der Handlung (z. B. ist erwartetes Nachgeben des anderen der Anreiz, erreichtes der Effekt). Bei Verhaltensanalysen sind die Anreize (mithin die Motive) meist leichter über die Effekte zu erkennen. Die Effekte sind größtenteils situativ (z. B. als Reaktion des anderen), zum Teil intrapersonal (vgl. Kapitel 6).

Personale Bedingungen: Es ist zu klären, welche aggressive «Anregbarkeit» die betreffende(n) Person(en) mitbringt (mitbringen).

Die Bewertungen beziehen sich vornehmlich auf die Situation, zum Teil auf die eigene Person (Selbstwahrnehmung, Selbstbekräftigung als Effekt). Sie enthalten kognitive und emotionale Anteile und bilden zugleich die Motivation der Aggression: als «Ärger» (soweit es eine Reaktion auf aversive Auslöser ist) oder als «anreizbezogenes Bedürfnis»; meist kommen beide Aspekte vor.

Der Ausdruck «verfügbares Verhalten» dient als Oberbegriff für die Gewohnheitsstärke und Verhaltensmöglichkeiten – den «Könnens-Faktor» – des aggressiven und alternativen Verhaltens.

Hemmungen können – als gegenläufige Motivation – einer durch die übrigen Faktoren geförderten aggressiven Tendenz entgegenwirken. Für das Auftreten von Aggression ist wichtig, warum sie nicht bestehen oder zu schwach sind.

4. Änderungen

Änderungen sollten möglichst bei den Bedingungen ansetzen, die das Verhalten vorrangig erklären. Es sollten also Maßnahmen im Sinne der entsprechenden Lösungsrichtungen (LR) ergriffen werden: Eine Verminderung der Anreger der Situation (LR 2), Änderungen in ihrer Bewertung (LR 3), das Wecken und Fördern von Hemmungen (LR 4) und das Erlernen von alternativen Verhaltensformen (LR 5). Die Änderung von Effekten ist nicht als eigene Lösungsrichtung dargestellt, da sie in mehrere Lösungsrichtungen hineinspielt: Vor allem soll gezielte Bekräftigung und Nichtbekräftigung alternatives Verhalten fördern (LR 5); zugleich kann dies auch die Motivation verändern (LR 3), das heißt, daß z. B. für konstruktive Konfliktlösung sowohl die Verhaltensweisen wie auch eine positive Einstellung gefördert werden. Änderungen äußerer Effekte sind an sich auch Änderungen im Bereich der Anreger, da ja die Effekte Anreize sind; doch werden sie nicht als solche vermindert (wie sonst bei LR 2), sondern nur für aggressives Verhalten (Nichtbekräftigung).

Wie die Maßnahmen praktisch aussehen können, ist für jeden Einzelfall zu durchdenken und auszuprobieren, wobei dies oftmals nicht ohne fachliche Hilfe geht. Hinweise – wenngleich keine Rezepte – geben die Kapitel 12 bis 15 sowie die dort angegebene Literatur. Verschiedene, einander ergänzende Maßnahmen sind meist das

Sinnvollste. Nicht immer wird es möglich sein, dort anzusetzen, wo das Hauptproblem liegt. In vielen Fällen müßte man z. B. die Umweltbedingungen verändern, ohne daß dies realisierbar wäre. Dann kann es dennoch sinnvoll sein, den betreffenden Menschen anzuleiten, so auf die Umwelt zu regieren, daß er sich selbst schützen und behaupten und eigene alternative Wege gehen kann.

Literaturverzeichnis

ADORNO, T. W./FRENKEL-BRUNSWIK, E./LEVINSON, D./SANFORD, R.: The Authoritarian Personality. New York 1950

ARENDT, H.: Eichmann in Jerusalem. München 1964

AICHHORN, A.: Verwahrloste Jugend. 1925. 8. Aufl. Bern 1974

ALLPORT, G. W.: Personality. New York 1937. Deutsch: Persönlichkeit. Stuttgart 1949

ALLPORT, G. W.: The Nature of Prejudice. Reading 1954. Deutsch: Die Natur des Vorurteils. Köln 1971

AMELANG, M./ZAWORKA, W.: Lernziel Unsolidarität. *Psychologie heute* 5/1976, 11–18

BACH, G. R./GOLDBERG, H.: Keine Angst vor Aggression. Düsseldorf 1974

BANDURA, A.: Influence of Model's Reinforcement Contingencies on the Acquisition of Imitative Responses. *Journal of Personality and Social Psychology* 1965, 1, 589–95

BANDURA, A.: Principles of Behavior Modification. London 1969

BANDURA, A.: Aggression: A Social Learning Analysis. Englewood Cliffs 1973

BANDURA, A.: Gewalt im Alltag. *Psychologie heute* 7/1979, 23–29

BANDURA, A./HUSTON, A. C.: Identification as a Process of Incidental Learning. *Journal of Abnormal and Social Psychology* 1961, 63, 311–18

BANDURA, A./LIPSHER, D./MILLER, P. E.: Psychotherapist's Approach-Avoidance Reactions to the Patient's Expressions of Hostility. *Journal of Consulting Psychology* 1960, 24, 1–8

BANDURA, A./ROSS, D./ROSS, S.: Transmission of Aggression through Imitation of Aggressive Models. *Journal of Abnormal and Social Psychology* 1961, 63, 575–82

BANDURA, A./ROSS, D./ROSS, S.: Imitation of Film-Mediated Aggressive Models. *Journal of Abnormal and Social Psychology* 1963a, 66, 3–11

BANDURA, A./ROSS, D./ROSS, S.: Vicarious Reinforcement and Imitative Learning. *Journal of Abnormal and Social Psychology* 1963b, 67, 601–7

BANDURA, A./ROSS, D./ROSS, S.: A Comparative Test of the Status Envy, Social Power, and Secondary Reinforcement Theories of Identification Learning. *Journal of Abnormal and Social Psychology* 1963c, 67, 527–34

BANDURA, A./WALTERS, R. H.: Adolescent Aggression. New York 1959

BANDURA, A./WALTERS, R. H.: Social Learning and Personality Development. New York 1963

210 Literaturverzeichnis

BANDURA, A./WALTERS, R. H.: Der Erwerb aggressiver Verhaltensweisen durch soziales Lernen. In: SCHMIDT-MUMMENDEY/SCHMIDT 1971

BARKER, R./DEMBO, T./LEWIN, K.: Frustration and Regression: An Experiment with Young Children. *University of Iowa Studies in Child Welfare* 1941, 18, No. 1

BARKEY, P./EISERT, H. G.: Verhaltensmodifikation jugendlicher Delinquenz. In: ROST/GRUNOW/OECHSLE 1975

BARON, R. A.: Magnitude of Victim's Pain Cues and Level of Prior Anger Arousal as Determinants of Adult Aggressive Behavior. *Journal of Personality and Social Psychology* 1971a, 17, 236–43

BARON, R. A.: Exposure to an Aggressive Model and Apparent Probability of Retaliation from the Victim as Determinants of Adult Aggressive Behavior. *Journal of Experimental Social Psychology* 1971b, 7, 343–55

BARON, R. A.: Reducing the Influence of an Aggressive Model: The Restraining Effects of Discrepant Modeling Cues. *Journal of Personality and Social Psychology* 1971c, 20, 240–45

BARON, R. A.: Reducing the Influence of an Aggressive Model: The Restraining Effects of Peer Censure. *Journal of Experiment Social Psychology* 1972, 8, 266–75

BEATTY, J.: Widerspruch gegen Lorenz die Ute betreffend. In: MONTAGU 1974

BECK, A. T.: Wahrnehmung der Wirklichkeit und Neurose. München 1979

BECKER, W. C.: Consequences of Different Kinds of Parental Discipline. In: HOFFMANN, M. L./HOFFMAN, L. W. (Hg.): Review of Child Development Research Vol. 1. New York 1964

BECKER, W. C./PETERSON, D. R./HELLMER, L. A./SHOEMAKER, D. J./QUAY, H. C.: Relation of Factors Derived from Parent-Interview Ratings to Behavior Problems of Five Year Olds. *Child Development* 1962, 33, 509–35

BELSCHNER, W.: Das Lernen aggressiven Verhaltens. In: SELG 1971

BELSCHNER, W./HOFFMANN, M./SCHOTT, F./SCHULZE, C.: Verhaltenstherapie in Erziehung und Unterricht. Stuttgart 1973

BERKOWITZ, L.: Aggression: A Social Psychological Analysis. New York 1962

BERKOWITZ, L.: Aggressive Cues in Aggressive Behavior and Hostility Catharsis. *Psychological Review* 1964, 71, 104–22

BERKOWITZ, L.: Impulse, Aggression, and the Gun. *Psychology today* 2/1968, 19–22

BERKOWITZ, L.: The Frustration-Aggression-Hypothesis Revisited. In: BERKOWITZ 1969

BERKOWITZ, L. (Hg.): Roots of Aggression. New York 1969

BERKOWITZ, L.: Experimental Investigations of Hostility Catharsis. *Journal of Consulting and Clinical Psychology* 1970a, 35, 1–7

BERKOWITZ, L.: Aggressive Humor as a Stimulus to Aggressive Responses. *Journal of Personality and Social Psychology* 1970b, 16, 710–17

BERKOWITZ, L.: Aggression. Stichwort in: ARNOLD, W./EYSENCK, H. J./MEILI, R. (Hg.): *Lexikon der Psychologie.* Freiburg i. Br. 1971

BERKOWITZ, L.: Words and Symbols as Stimuli to Aggressive Responses. In: KNUTSON 1973

BERKOWITZ, L./CORVIN, R./HIERONIMUS, M.: Film Violence and Subsequent Aggressive Tendencies. *Public Opinion Quarterly* 1963, 27, 217–29

BERKOWITZ, L./GEEN, R. G.: Film Violence and Cue Properties of Available Targets, *Journal of Personality and Social Psychology* 1966, 3, 525–30

BERKOWITZ, L./GEEN, R. G.: The Stimulus Qualities of the Targets of Aggression. A Further Study. *Journal of Personality and Social Psychology* 1967, 5, 364–68

BERKOWITZ, L./GREEN, J. A.: The Stimulus Qualities of the Scape-Goat. *Journal of Abnormal and Social Psychology* 1962, 64, 293–301

BERKOWITZ, L./GREEN, J. A./MACAULEY, J. R.: Hostility Catharsis as the Reduction of Emotional Tension. *Psychiatry* 1962, 25, 23–31

BERKOWITZ, L./HOLMES, D. S.: A Further Investigation of Hostility Generalization to Disliked Objects. *Journal of Personality* 1960, 28, 427–42

BERKOWITZ, L./KNUREK, D. A.: Label-mediated Hostility Generalization. *Journal of Personality and Social Psychology* 1969, 13, 200–206

BERKOWITZ, L./LePAGE, A.: Weapons as Aggression-eliciting Stimuli. *Journal of Personality and Social Psychology* 1967, 7, 202–207. Deutsch in: SCHMIDT-MUMMENDEY/SCHMIDT 1971

BERKOWITZ, L./RAWLINGS, E.: Effects of Film Violence on Inhibition against Subsequent Aggression. *Journal of Abnormal and Social Psychology* 1963, 66, 405–12

BERLYNE, D. E.: Konflikt, Erregung, Neugier. Stuttgart 1974

BETTELHEIM, B./JANOWITZ, M.: Dynamics of Prejudice. New York 1950

BLUMBERG, H. H./HARE, A. P./FULLER, C./WALKER, C./KRITZLER, H.: Evaluation of Training for Nonviolent Direct Action. *Mental Health and Society* 1974, 1, 364–375

BOSTOW, D. E./BAILEY, J. B.: Modification of Severe Disruptive and Aggressive Behavior using Time-out and Reinforcement Procedures. *Journal of Applied Behavior Analysis* 1969, 2, 31–37

BRAMEL, D./TAUB, B./BLUM, B.: An Observer's Reaction to the Suffering of his Enemy. *Journal of Personality and Social Psychology* 1968, 8, 384–92

BROSZAT, M. (Hg.): Rudolf Höß: Kommandant in Auschwitz. München 1963

BROWN, P./ELLIOTT, R.: Control of Aggression in a Nursery School Class. *Journal of Experimental Child Psychology* 1965, 2, 103–107

BROWN, G. D./TYLER, V. O.: Time-out from Reinforcement: A Technique for Dethroning the «Duke» of an Institutionalized Delinquent Group. *Journal of Child Psychology and Psychiatry* 1968, 9, 203–211

BURCHARD, J./TYLER, V.: The Modification of Delinquent Behavior through Operant Conditioning. *Behavior Research and Therapy* 1965, 2, 245–50

BURNSTEIN, E./WORCHEL, P.: Arbitrariness of Frustration and its Consequences for Aggression in a Social Situation. *Journal of Personality* 1962, 30, 528–41

BUSS, A. H.: The Psychology of Aggression. New York 1961

BUSS, A. H.: Physical Aggression in Relation of Different Frustrations. *Journal of Abnormal and Social Psychology* 1963, 67, 1–7

BUSS, A. H.: The Effect of Harm on Subsequent Aggression. *Journal of Experimental Research on Personality* 1966a, 1, 249–55

BUSS, A. H.: Instrumentality of Aggression, Feedback, and Frustration as Determinants of Physical Aggression. *Journal of Personality and Social Psychology* 1966b, 3, 153–62

BUSS, A. H.: Die Quittung der Aggression. In: SINGER 1972

BUSS, A. H./DURKEE, A.: Conditioning of Hostile Verbalizations, in a Situation Resembling a Clinical Interview. *Journal of Consulting Psychology* 1958, 22, 415–18

CAESAR, B.: Autorität in der Familie. Reinbek 1972

CHARLTON, M./CARSTEN, U./HAUGG, R. M./HERRMANN, B. J.: Die Auswirkung von Szenen zum sozialen Lernen aus der Fernsehserie «Sesamstraße» auf Vorstellungsinhalte und Spielverhalten von Kindern. *Zeitschrift für Sozialpsychologie* 1975, 6, 348–59

CHASDI, E. H./LAWRENCE, M. S.: Some Anticedents of Aggression and Effects of

212 Literaturverzeichnis

Frustration on Doll Play. *Personality* 1951, 1, 32–43

COHEN, S.: An Examination of Frustration-Aggression-Relations in Boys during Middle Childhood. *Journal of Genetic Psychology* 1971, 118, 129–40

COWAN, P. A./WALTERS, R. H.: Studies of Reinforcement of Aggression: I. Effects of Scheduling. *Child Development* 1963, 34, 543–51

DANN, H. D.: Müssen Aggressionen ausgelebt werden? In: SCHMIDT-MUMMENDEY/ SCHMIDT 1971 (a)

DANN, H. D.: Aggression und Leistung. Stuttgart 1971 b

DAVIES, J. C.: Toward a Theory of Revolution. In: BERKOWITZ 1969

DAVITZ, J. R.: The Effects of Previous Training on Postfrustration Behavior. *Journal of Abnormal and Social Psychology* 1952, 47, 309–15. Deutsch in: EWERT, O. M. (Hg.): Entwicklungspsychologie Bd. 1. Köln 1972

DEMBO, T.: Der Ärger als dynamisches Problem. *Psychologische Forschung* 1931, 15, 1–144

DOLLARD, J./DOOB, L. W./MILLER, N. E./MOWRER, O. H./SEARS, R. R.: Frustration and Aggression. New Haven 1939. Deutsch: Frustration und Aggression. Weinheim 1971

DOOB, A. N.: Catharsis and Aggression: The Effect of Hurting One's Enemy. *Journal of Experimental Research in Personality* 1970, 4, 291–96

DOOB, A. N./GROSS, A. E.: Status of Frustrator as an Inhibitor of Horn-honking Responses. *The Journal of Social Psychology* 1968, 76, 213–18. Deutsch in: KOCH, J. J. (Hg.): Altruismus und Aggression. Weinheim 1976

DOOB, A. N./WOOD, L.: Catharsis and Aggression: The Effects of Annoyance and Retaliation on Aggressive Behavior. *Journal of Personality and Social Psychology* 1972, 22, 156–162

DORSCH, F.: Psychologisches Wörterbuch. Hamburg 1970 (8. Aufl.)

DREIKURS, R./GRUNWALD, B./PEPPER, F.: Schülern gerecht werden. München 1976

EBERT, Th. (Hg.): Ziviler Widerstand. Düsseldorf 1970

EBERT, Th.: Gewaltfreier Aufstand. Alternativen zum Bürgerkrieg. Waldkirch 1978 a (Erg. Neuaufl.)

EBERT, Th.: Die soziale Verteidigung im Bezugsfeld alternativer Sicherheitskonzepte. *Gewaltfreie Aktion* 1978 b, Heft 37/38, 49–57

EIBL-EIBESFELDT, I.: Der vorprogrammierte Mensch. Wien 1973

EISERT, H. G./BARKEY, P.: Verhaltensmodifikation in der Schule. In: ROST/GRUNOW/ OECHSLE 1975

ELLIS, A.: Reason and Emotion in Psychotherapy. Secaucus 1962. Deutsch: Die rational-emotive Therapie. München 1977

ERON, L. D./WALDER, L. O./TOIGO, R./LEFKOWITZ, M. M.: Social Class, Parental Punishment for Aggression, and Child Aggression. *Child Development* 1963, 34, 849–67

EULER, H. E.: Aggressionskontrolle mit Methoden der Verhaltenstherapie. In: SCHMIDT-MUMMENDEY/SCHMIDT 1971

EWE, R./FALK, I./KASE, G.: Verhalten ändern in der Familie. Reinbek 1977

FEND, H.: Sozialisierung und Erziehung. Weinheim 1970 (2. Auf.)

FEND, H./KNÖRZER, W./NAGEL, W./SPECHT, W./VÄTH-SZUSDZIARA, R.: Über Rowdy- und Mogelfaktor, Unordentlichkeits- und andere Syndrome. *betrifft: erziehung* 11/ 1975, 45–50

FESHBACH, S.: The Drive-Reducing Function of Fantasy Behavior. *Journal of Abnormal and Social Psychology* 1955, 50, 3–11

FESHBACH, S.: The Catharsis Hypothesis and some Consequences of Interaction with Aggressive and Neutral Play Objects. *Journal of Personality* 1956, 24, 449–62

FESHBACH, S.: The Stimulating versus Cathartic Effects of a Vicarious Aggressive Activity. *Journal of Abnormal and Social Psychology* 1961, 63, 381–85

FESHBACH, S.: The Function of Aggression and the Regulation of Aggressive Drive. *Psychological Review* 1964, 71, 257–72

FESHBACH, S./STILES, W. B./BITTER, E.: The Reinforcing Effect of Witnessing Aggression. *Journal of Experimental Research in Personality* 1967, 2, 133–39

FREUD, S.: Jenseits des Lustprinzips. 1920. Ges. Werke Bd. 13

FREUD, S.: Das Ich und das Es. 1923. Ges. Werke Bd. 13

FREUD, S.: Das Unbehagen in der Kultur. 1930. Ges. Werke Bd. 14

FREUD, S.: Neue Folge der Vorlesungen zur Einführung in die Psychoanalyse. 1933a. Ges. Werke Bd. 15

FREUD, S.: Warum Krieg? 1933b. Ges. Werke Bd. 16

FREUD, S.: Abriß der Psychoanalyse. 1938. Ges. Werke Bd. 17

FROMM, E.: Anatomie der menschlichen Destruktivität. Stuttgart 1974

FÜRNTRATT, E.: Psychologie der Aggression. *betrifft: erziehung* 5/1972, 27–33

FÜRNTRATT, E.: Angst und instrumentelle Aggression. Weinheim 1974

GAGNÉ, R. M.: Die Bedingungen des menschlichen Lernens. Hannover 1969

GALTUNG, J.: Strukturelle Gewalt. Reinbek 1975

GAMBARO, S./RABIN, A. I.: Diastolic Blood Pressure Responses Following Direct and Displaced Aggression after Anger Arousal in High and Low-Guilt Subjects. *Journal of Personality and Social Psychology* 1969, 12, 87–94

GEEN, R. G./BERKOWITZ, L.: Name-mediated Aggressive Cue Properties. *Journal of Personality* 1966, 34, 456–65

GEEN, R. G./BERKOWITZ, L.: Some Conditions Facilitating the Occurrence of Aggression after the Observation of Violence. *Journal of Personality* 1967, 35, 666–76

GEEN, R. G./PIGG, R.: Acquisition of an Aggressive Response and its Generalization to Verbal Behavior. *Journal of Personality and Social Psychology* 1970, 15, 165–70

GEEN, R. G./STONNER, D.: Effects of Aggressiveness Habit Strength on Behavior in the Presence of Aggression-related Stimuli. *Journal of Personality and Social Psychology* 1971, 17, 149–53

GEEN, R. G./STONNER, D./SHOPE, G. L.: The Facilitation of Aggression by Aggression: Evidence against the Catharsis Hypothesis. *Journal of Personality and Social Psychology* 1975, 31, 721–26

GITTELMAN, M.: Behavior Rehearsal as a Technique in Child Treatment. *Journal of Child Psychology and Psychiatry* 1965, 6, 251–55

GLUECK, S./GLUECK, E.: Unraveling Juvenile Delinquency. New York 1950

GOLDFRIED, M./GOLDFRIED, A.: Kognitive Methoden der Verhaltensänderung. In: KANFER/GOLDSTEIN 1977

GOLDSTEIN, J. H./ARMS, R. L.: Effects of Observing Athletic Contests on Hostility. *Sociometry* 1971, 34, 83–90

GORDON, Th.: Familienkonferenz. Hamburg 1972

GORDON, Th.: Lehrer-Schüler-Konferenz. Hamburg 1977

GRUNDKE, P.: Interaktionserziehung in der Schule. München 1975

GURR, T. R.: Why Men Rebel. Princeton 1970

HACKER, F.: Aggression. Wien 1971

HACKER, F.: Terror. Wien 1973

HALDER, P.: Verhaltenstherapie. Stuttgart 1975

214 Literaturverzeichnis

HANKE, B./HUBER, G. L./MANDL, H.: Aggressiv und unaufmerksam. München 1976

HANRATTY, M. A./O'NEAL, E./SULZER, J. L.: Effect of Frustration upon Imitation of Aggression. *Journal of Personality and Social Psychology* 1972, 21, 30–34

HARRIS, M. B.: Field Studies of Modeled Aggression. *The Journal of Social Psychology* 1973, 89, 131–39. Deutsch in: KOCH, J. J. (Hg.): Altruismus und Aggression. Weinheim 1976

HARRIS, M. B.: Mediators between Frustration and Aggression in a Field Experiment. *Journal of Experimental Social Psychology* 1974, 10, 561–71. Deutsch in: KOCH, J. J. (Hg.): Altruismus und Aggression. Weinheim 1976

HARRIS, M. B./HUANG, L. C.: Aggression and the Attribution Process. *The Journal of Social Psychology* 1974, 92, 209–16

HARTIG, M. (Hg.): Selbstkontrolle. München 1973

HARTMANN, D. P.: Influence of Symbolically Modeled Instrumental Aggression and Pain Cues on Aggressive Behavior. *Journal of Personality and Social Psychology* 1969, 11, 280–88

HEIDER, F.: The Psychology of Interpersonal Relations. New York 1958. Deutsch: Psychologie der interpersonalen Beziehungen. Stuttgart 1977

HEINELT, G.: Umgang mit aggressiven Schülern. Freiburg 1978

HICKS, D. J.: Imitation and Retention of Film-mediated Aggressive Peer and Adult Models. *Journal of Personality and Social Psychology* 1965, 2, 97–100

HICKS, D. J.: Effects of Co-observer's Sanctions and Adult Presence on Imitative Aggression. *Child Development* 1968, 39, 303–309

HIELSCHER H. (Hg.): Materialien zur sozialen Erziehung im Kindesalter. Heidelberg 1976

HOFSTÄTTER, P. R.: Einführung in die Sozialpsychologie. Stuttgart 1966 (4. Aufl.)

HOFSTÄTTER, P. R.: Gruppendynamik. Reinbek 1971

HOKANSON, J. E.: Psychophysiological Evolution of the Catharsis Hypothesis. In: MEGARGEE, E. I./HOKANSON, J. E. (Hg.): The Dynamics of Aggression. New York 1970

HOKANSON, J. E./BURGESS, M.: The Effects of Status, Type of Frustration, and Aggression on Vascular Processes. *Journal of Abnormal and Social Psychology* 1962a, 65, 232–37

HOKANSON, J. E./BURGESS, M.: The Effects of Three Types of Aggression on Vascular Processes. *Journal of Abnormal and Social Psychology* 1962b, 64, 446–49

HOKANSON, J. E./BURGESS, M./COHEN, M. F.: Effect of Displaced Aggression on Systolic Blood Pressure. *Journal of Abnormal and Social Psychology* 1963, 67, 214–18

HOKANSON, J. E./EDELMAN, R.: Effects of Three Social Responses on Vascular Processes. *Journal of Personality and Social Psychology* 1966, 3, 442–47

HOKANSON, J. E./SHETLER, S.: The Effect of Overt Aggression on Physiological Arousal Level. *Journal of Abnormal and Social Psychology* 1961, 63, 446–48

HOKANSON, J. E./WILLERS, K. R./KOROPSAK, E.: The Modification of Autonomic Responses during Aggressive Interchange. *Journal of Personality* 1968, 36, 386–404

HOLMES, D. S.: Effects of Overt Aggression on Level of Physiological Arousal. *Journal of Personality and Social Psychology* 1966, 4, 189–94

HULL, C. L.: Principles of Behavior. New York 1943

KAGAN, J./MOSS, H. A.: Birth to Maturity. New York 1962

Literaturverzeichnis 215

KAHN, M. W.: The Physiology of Catharsis. *Journal of Personality and Social Psychology* 1966, 3, 278–86

KANFER, J. H./GOLDSTEIN, A. P. (Hg.): Möglichkeiten der Verhaltensänderung. München 1977

KAUFMANN, H.: Definitions and Methodology in the Study of Aggression. *Psychological Bulletin* 1965, 64, 351–64

KELLER, G.: Psychologie der Folter. *Psychologie heute* 3/1978, 39–46

KELLNER, H./HORN, I.: Gewalt im Fernsehen. Schriftenreihe des ZDF, Heft 8, 1972

KIRSCHNER, N. M./LEVIN, L.: A Direct School Intervention Program for the Modification of Aggressive Behavior. *Psychology in the Schools* 1975, 12, 202–208

KNUTSON, J. F. (Hg.): Control of Aggression. Chicago 1973

KRAAK, B.: Auswirkungen von Psychologieunterricht auf soziale und pädagogische Vorurteile. Weinheim 1968

KREBS, D.: Wirkungen von Gewaltdarstellungen in Massenmedien – Katharsis oder Stimulation? *Zeitschrift für Sozialpsychologie* 1973, 4, 318–32

KUNCZIK, M.: Gewalt im Fernsehen. Köln 1975

LARDER, D. L.: Effect of Aggressive Story Content on Nonverbal Play Behavior. *Psychological Reports* 1962, 11, 14

LEDERER, W./JACKSON, D. D.: Ehe als Lernprozeß. München 1972

LEFKOWITZ, M./BLAKE, R. R./MOUTON, J. S.: Status Factors in Pedestrian Violation of Traffic Signals. *Journal of Abnormal and Social Psychology* 1955, 51, 704–706

LESSER, L. N.: An Experimental Investigation of Children's Behavior as a Function of Interpolated Activities and Individual Differences in Imaginative Behavior. *Dissertation Abstracts* 1963, 24 (2), 836–37

LISCHKE, G.: Psychophysiologie der Aggression. In: SELG 1971

LISCHKE, G.: Aggression und Aggressionsbewältigung. Freiburg 1972

LOEW, C. A.: Acquisition of a Hostile Attitude and its Relation to Aggressive Behavior. *Journal of Personality and Social Psychology* 1967, 5, 335–41

LORENZ, K.: Das sogenannte Böse. Wien 1963

LORENZ, R./MOLZAHN, R./TEEGEN, F.: Verhaltensänderung in der Schule. Reinbek 1976

LOVAAS, O. I.: Effect of Exposure to Symbolic Aggression on Aggressive Behavior. *Child Development* 1961 a, 32, 37–44

LOVAAS, O. I.: Interaction between Verbal and Nonverbal Behavior. *Child Development* 1961 b, 32, 329–36

MAIER, N. R. F.: Frustration. New York 1949

MALLICK, S. K./McCANDLESS, B. R.: A Study of Catharsis of Aggression. *Journal of Personality and Social Psychology* 1966, 4, 591–96

MANDEL, A./MANDEL, K. H./STADTER, E./ZIMMER, D.: Einübung in Partnerschaft durch Kommunikationstherapie und Verhaltenstherapie. München 1971

MANTELL, D. M.: Das Potential zur Gewalt in Deutschland. In: SCHMIDT-MUMMENDEY/SCHMIDT 1971

MANTELL, D. M.: Familie und Aggression. Frankfurt 1972

McCORD, J./McCORD, W.: The Effects of Parental Role Models on Criminality. *Journal of Social Issues* 1958, 14, 66–75

McCORD, W./McCORD, J./HOWARD, A.: Familial Correlates of Aggression in Nondelinquent Male Children. *Journal of Abnormal and Social Psychology 1961, 62,* 79–93

McGUIRE, W. J.: Inducing Resistance to Persuasion. In: BERKOWITZ, L. (Hg.): Ad-

216 Literaturverzeichnis

vances in Experimental Social Psychology, Vol. I. New York 1964

MEES, U.: Vorausurteil und aggressives Verhalten. Stuttgart 1974

MEGARGEE, E. I.: Die Bedeutung der Hemmung für die Diagnose und das Verständnis der Gewalttätigkeit. In: SINGER 1972

MEICHENBAUM, D.: Methoden der Selbstinstruktion. In: KANFER/GOLDSTEIN 1977

MICHAELIS, W.: Verhalten ohne Aggression? Köln 1976

MILGRAM, S.: Einige Bedingungen von Autoritätsgehorsam und seiner Verweigerung. Zeitschrift für experimentelle und angewandte Psychologie 1966, 13, 433–63

MILGRAM, S.: Das Milgram-Experiment. Reinbek 1974

MILLER, N. E./BUGELSKI, R.: Minor Studies in Aggression: The Influence of Frustrations Imposed by the In-group on Attitudes Expressed toward Outgroups. Journal of Psychology 1948, 25, 437–42

MILLER, N. E./SEARS, R. R./MOWRER, O. H./DOOB, L. W./DOLLARD, I.: The Frustration-Aggression-Hypothesis. Psychological Review 1948, 48, 337–42. Deutsch in: THOMAE, H. (Hg.): Die Motivation menschlichen Handelns. Köln 1965

MINSEL, B.: Verhaltensmodifikation im Elternhaus. In: ROST/GRUNOW/OECHSLE 1975

MISCHEL, W./GRUSEC, J.: Determinants of Rehearsal and Transmission of Neutral and Aggressive Behaviors. Journal of Personality and Social Psychology 1966, 3, 197–205

MITSCHERLICH, A.: Die Idee des Friedens und die menschliche Aggressivität. Frankfurt 1969a

MITSCHERLICH, A. (Hg.): Bis hierher und nicht weiter – Ist die menschliche Aggression unbefriedbar? München 1969b

MONTAGU, A. (Hg.): Mensch und Aggression. Weinheim 1974

MOYER, K. E.: Experimentelle Grundlagen eines physiologischen Modells aggressiven Verhaltens. In: SCHMIDT-MUMMENDEY/SCHMIDT 1971

MOYER, K. E.: Die Physiologie der Aggression und ihre Konsequenzen für die Beherrschung der Aggression. In: SINGER 1972

MOYER, E. E.: Die Physiologie der Aggression. Psychologie heute 3/1974, 17–20 u. 55

MUCCHIELLI, R.: Das nicht-direktive Beratungsgespräch. Salzburg (ohne Jahr)

MUSSEN, P. H./RUTHERFORD, E.: Effects of Cartoons on Children's Aggressive Play. Journal of Abnormal and Social Psychology 1961, 62, 461–64

NEIDHARDT, F.: Aggressivität und Gewalt in der modernen Gesellschaft. In: NEIDHARDT u. a. 1973

NEIDHARDT, F./SACK, F./WÜRTENBERGER, T./LÜSCHER, K./THIERSCH, H./COLLATZ, K. G.: Aggressivität und Gewalt in unserer Gesellschaft. München 1973

NEWCOMB, T. M.: Sozialpsychologie. Meisenheim 1959

NOLTING, H. P.: Psychologie in der Schule. Die höhere Schule 10/1972

NOLTING, H. P.: Zur Erklärung von Sündenbockphänomenen. Gruppendynamik, 1978, 9, 197–207

PALMER, S.: Frustration, Aggression, and Murder. Journal of Abnormal and Social Psychology 1960, 60, 430–32

PASTORE, N.: The Role of Arbitrariness in the Frustration-Aggression-Hypothesis. Journal of Abnormal and Social Psychology 1952, 47, 728–31

PATTERSON, G. R.: Multiple Evaluations of a Parent-Training Program. In: THOMSON, T./DOCKENS, W. S. (Hg.): Applications of Behavior Modification. New York 1975a

PATTERSON, G. R.: Soziales Lernen in der Familie. München 1975b

PETERMANN, F./PETERMANN, U.: Training mit aggressiven Kindern. München 1978

PERREZ, M./MINSEL, B./WIMMER, H.: Elternverhaltenstraining. Salzburg 1974

PITKÄNEN, L.: The Effect of Simulation Exercises on the Control of Aggressive Behavior in Children. *Scandinavian Journal of Psychology* 1974, 15, 169–77

PLACK, A.: Die Gesellschaft und das Böse. München 1967

PLACK, A. (Hg.): Der Mythos vom Aggressionstrieb. München 1974

PÜTZ, A.: Einstellungs- und Verhaltensänderung bei Jugendlichen mit sozial abweichendem Verhalten. Stuttgart 1976

RATTNER, J.: Aggression und menschliche Natur. Olten 1970

REDL, F./WINEMAN, D.: Controls from Within. New York 1952. Deutsch: Steuerung aggressiven Verhaltens beim Kinde. München 1976

RIBES-INESTA, E./BANDURA, A. (Hg.): Analysis of Delinquency and Aggression. New York 1976

RICHTER, H. E.: Eltern, Kind, Neurose, Stuttgart 1963

RICHTER, H. E.: Patient Familie. Reinbek 1970

RICHTER, H. E.: Lernziel Solidarität. Reinbek 1974

ROBERTS, A. (Hg.): Gewaltloser Widerstand gegen Aggressoren. Göttingen 1971

ROGERS, C. R.: Client-centered Therapy. Boston 1951. Deutsch: Die klientenzentrierte Gesprächspsychotherapie. München 1972

RÖHM, H.: Kindliche Aggressivität. Frankfurt 1976

ROSENZWEIG, S.: An Outline of Frustration Theory. In: HUNT, J. McV. (Hg.): Personality and Behavior Disorders, Vol. I. New York 1944

ROST, D. H./GRUNOW, P./OECHSLE, D. (Hg.): Pädagogische Verhaltensmodifikation. Weinheim 1975

ROTHENSPIELER, H./WALKER, Ch.: Training gewaltfreier Aktion. Waldkirch 1977

RUCH, F. L./ZIMBARDO, P. G.: Lehrbuch der Psychologie. Berlin 1974

RYAN, E. D.: The Cathartic Effect of Vigorous Motor Activity on Aggressive Behavior. *Research Quarterly of the American Association for Health, Physical Education and Recreation* 1970, 41, 542–51

SARASON, I. G./GANZER, V. J.: Developing Appropriate Social Behaviors of Juvenile Delinquents. In: KRUMBOLTZ, J. D./THORESEN, C. E. (Hg.): Behavioral Counseling. New York 1969

SCHACHTER, S./SINGER, J. E.: Cognitive, Social, and Physiological Determinants of Emotional State. *Psychological Review* 1962, 69, 379–99

SCHMIDT-MUMMENDEY, A.: Bedingungen aggressiven Verhaltens. Stuttgart 1972

SCHMIDT-MUMMENDEY, A.: Verhaltenswissenschaftliche Aspekte der Verringerung von Gewalt. *Zeitschrift für Pädagogik* 1973, 19, 213–24

SCHMIDT-MUMMENDEY, A./KRAMEYER, A.: Gemeinsam erreichen wir mehr. *Psychologie heute* 2/1975, 22–27

SCHMIDT-MUMMENDEY, A./SCHMIDT, H. D. (Hg.): Aggressives Verhalten. Neue Ergebnisse der psychologischen Forschung. München 1971

SCHMIDT-MUMMENDEY, A./SCHMIDT, H. D.: Persönlichkeitsmerkmale, situative Hinweisreize und aggressives Verhalten. In: ECKENSBERGER, L. H./ECKENSBERGER, U. S. (Hg.): Bericht über den 28. Kongreß der Deutschen Gesellschaft für Psychologie in Saarbrücken 1972, Band 3: Gruppendynamik und soziale Kognitionen, S. 241–45. Göttingen 1974

SCHMITT, R.: Soziale Erziehung in der Grundschule. Frankfurt 1976

SCHNEIDER, H. J.: Wer wird Opfer eines Verbrechens? *Psychologie heute* 11/1975, 32–38 u. 12/1975, 32–36

SCHOTT, F.: Was ist Aggression? In: SELG 1971

218 Literaturverzeichnis

SCHULTZ, J. H.: Das autogene Training. Stuttgart 1966 (12. Aufl.)

SCHWÄBISCH, L./SIEMS, M.: Anleitung zum sozialen Lernen für Paare Gruppen und Erzieher. Reinbek 1974

SCHWITZGEBEL, R./KOLB, D. A.: Inducing Behavior Change in Adolescent Delinquents. *Behavior Research and Therapy* 1964, 1, 297–304

SEARS, R. R.: Relation of Early Socialization Experiences to Aggression in Middle Childhood. *Journal of Abnormal and Social Psychology* 1961, 63, 466–92

SEARS, R. R./MACCOBY, E. E./LEVIN, H.: Patterns of Child Rearing. Evanston 1957

SELG, H. (Hg.): Zur Aggression verdammt? Stuttgart 1971

SELG, H.: Die Frustrations-Aggressions-Theorie. In: SELG 1971

SELG, H.: Menschliche Aggressivität. Göttingen 1974

SENGHAAS, D.: Aggressivität und kollektive Gewalt. Stuttgart 1971

SELIGMAN, M.: Todesursache: Selbstaufgabe. *Psychologie heute* 7/1976, 20–26

SEMMER, N./RIEGER, A./GREIF, S.: Verhaltenstraining für Betriebsräte. *Psychologie heute* 1/1977, 18–25 u. 83

SIEBERT, M.: Ärgerkontrolle: Eine Methode der Aggressionsbewältigung. *Zeitschrift für Klinische Psychologie* 1977, 1, 59–69

SIEGEL, A. E./KOHN, L. G.: Permission, Permissiveness, and Aggression: The Effect of Adult Presence or Absence on Aggression in Children's Play. *Child Development* 1959, 30, 131–41

SINGER, J. L. (Hg.): Steuerung von Aggression und Gewalt. Frankfurt 1972

SINGER, J. L.: In Fernsehen und Film dargestellte Gewalt und ihr Anteil an der Bewirkung offener Aggression. In: SINGER 1972

SKINNER, B. F.: The Behavior of Organisms. New York 1938

SOMMER, A./GROBE, H.: Aggressiv durch Fernsehen? Neuwied 1974

SOMMER, G./ERNST, H.: Gemeindepsychologie. München 1977

DER SPIEGEL: Wir tun's. Nr. 38/1975, 84–86

DER SPIEGEL: Faszination des Demagogen. Nr. 27/1977, 155–56

SPRENGER, J.: Zum Problem der Aggressionen im Sport. *Sportwissenschaft* 1974, 4, 231–57

STANGE, E./STANGE, W.: Training des Konfliktlöseverhaltens. In: HIELSCHER 1976

STAUB, E.: Das Lernen und Verlernen von Aggression. In: SINGER 1972

STEWART, O. C.: Was Lorenz und Margolin über die Ute-Indianer zu sagen haben. In: MONTAGU 1974

STONE, L. J./HOKANSON, J. E.: Arousal Reduction via Self-punitive Behavior. *Journal of Personality and Social Psychology* 1969, 12, 72–79

SZCZESNY, G.: Das sogenannte Gute. Reinbek 1971

TAUSCH, R.: Gesprächspsychotherapie. Göttingen 1970 (4. Aufl.)

TAUSCH, R./TAUSCH, A. M.: Erziehungspsychologie, Göttingen 1970 (5. Aufl.)

TEEGEN, F./GRUNDMANN, A./RÖHRS, A.: Sich ändern lernen. Reinbek 1975

THARP, R. G./WETZEL, R. J.: Verhaltensänderungen im gegebenen Sozialfeld. München 1975

THIBAUT, J. W./COULES, J.: The Role of Communication in the Reduction of Interpersonal Hostility. *Journal of Abnormal and Social Psychology* 1952, 47, 770–77

THORNDIKE, E. L.: The Psychology of Learning. (Educational Psychology, Vol. II). New York 1913

TOCH, H.: Violent Men. Chicago 1969

TRIANDIS, H. C.: Einstellungen und Einstellungsänderungen. Weinheim 1975

TYLER, V. O./BROWN, G. D.: The Use of Swift Brief Isolation as a Group Control

Device for Institutionalized Delinquents. *Behavior Research and Therapy* 1967, 5, 1–9

ULLMANN, D.: Aggression und Schule. München 1974

ULRICH, R./DULANEY, S./ARNETT, M./MUELLER, K.: An Experimental Analysis of Nonhuman and Human Aggression. In: KNUTSON 1973

VOGEL, E. F./BELL, N. W.: Das gefühlsgestörte Kind als Sündenbock der Familie. In: BATESON, G. u. a.: Schizophrenie und Familie. Frankfurt 1969

WALTERS, R. H./BROWN, M.: Studies of Reinforcement of Aggression: III. Transfer of Responses to an Interpersonal Situation. *Child Development* 1963, 34, 563–71

WALTERS, R. H./THOMAS, E. L./ACKER, C. W.: Enhancement of Punitive Behavior by Audio-visual Displays. *Sciene* 1962, 136, 872–73

WATSON, D./THARP, R.: Einübung in Selbstkontrolle, München 1975

WATZLAWICK, P./BEAVIN, J. H./JACKSON, D. D.: Menschliche Kommunikation – Formen, Störungen, Paradoxien. Bern 1969

WATZLAWICK, P./WEAKLAND, J. H./FISCH, R.: Lösungen. Bern 1974

WERBIK, H.: Das Problem der Definition «aggressiver» Verhaltensweisen. *Zeitschrift für Sozialpsychologie* 1971, 2, 233–47

WÜRTENBERGER, T.: Gewalt und Kriminalität in der Familie. In: NEIDHARDT u. a. 1973

ZIMBARDO, P. G./BANKS, W. C./HANEY, C./JAFFE, D.: The Mind ist a Formidable Jailer: A Pirandellian Prison. *New York Times Magazine*, 8. April 1973, Sektion 6, 38–60

ZUCKERMAN, M.: Warum manche den Nervenkitzel brauchen. *Psychologie heute* 6, 1978, 15–21

ZULLIGER, H.: Heilende Kräfte im kindlichen Spiel. Stuttgart 1963 (4. Aufl.)

Sachregister

Ablenkung 133, 169, 196
Abwehr 32, 34, 50, 57, 71, 73, 77, 90, 92, 171, 174 ff, 179, 199 ff
Aggression
– Arten 28, 88–93
– Definition 16 ff
– Erscheinungsformen 17, 31, 86, 88, 206
– Messung 17, 122
Aggressionsmaschine 17, 60, 69, 79, 94 f, 100, 103, 127, 140
Aggressionsverschiebung 103–111, 121, 130
Aggressivität (Eigenschaft) 52, 79 f
Aktivität, Aktivierung 18, 48 f, 50, 88, 90, 92
Akzeptierung 148 f, 159 ff, 166, 169, 170, 195
Alarmreaktion 50, 117
Alkohol 32, 36, 47, 165
Ambiguitätstoleranz 156
Anerkennung, 64, 70, 71, 82, 90, 114, 116, 181, 183, 185, 191, 196 f, 207
s. auch Beachtung
Angeborenes Verhalten 28, 33, 37 f, 49 f, 69, 86 f, 94 f, 117
Angst 18, 32, 43, 48, 49, 50, 71, 77, 82, 91, 92, 114, 159, 179, 185, 188
Anreiz, positiver s. Instrumentelle Aggression
Arbeitsplatz 18, 63, 135, 189, 196 f, 202
Ärger(-Aggression) 17, 18, 35, 39 f, 43 ff, 48 f, 50, 61, 71, 77, 82 f, 89 ff, 96, 103, 104 ff, 114, 115, 116, 120, 123, 125–133, 147–151, 168–172, 175 f, 186, 188, 195, 207
Ausleben (von Aggressionen) 26, 30, 33, 36, 46, 102, 109, 118, 133, 168, 170, 189
Autorität 81, 100, 164

Beachtung 70, 71, 72, 90, 92, 173, 181, 208
s. auch Anerkennung
Bedrohung 44, 47, 50, 70, 107, 111, 136, 148 f, 180
s. auch Schädigende Reize
Begriff 84 f, 187
Bekräftigung
– Lernen durch B. s. Lernen am Erfolg
– intermittierende 74 f

– sekundäre 77, 82
Beobachtung s. Modell
Beruf s. Arbeitsplatz
Bewertung (der Situation) 43 f, 45, 49, 55, 56, 63, 84 f, 98, 114, 115, 116, 118, 146–159, 160, 169, 176, 177, 187, 197, 202, 203, 204, 207
Bewußtsein s. Einsicht

Demokratie 142, 144, 174, 198
Denken s. Einsicht und Problemlösen
Deprivation, relative 55 f
Desensibilisierung 188
Diskrimination 80, 106
Dogmatismus 114, 151
Durchsetzung 20, 51, 57 f, 68, 70, 71, 72, 77, 78, 80, 85, 90, 92, 111, 137, 172 f, 185, 199 f, 207

Ehe s. Partnerbeziehung
Einfühlung 101, 147 f, 160, 187, 194
Einsicht 25, 26, 32, 98, 146 ff, 157 ff, 166, 176, 180, 182, 185, 186 f, 191 f, 193, 195, 196
Einstellung 26, 104, 115, 154, 156, 158 f, 174, 178, 185, 204
– zu Aggression 73, 97–101, 162–166
s. auch Hemmung, moralische
Eltern s. Erziehung
Emotion 48 f, 82 f, 86, 107, 109, 118, 158, 169 f, 180, 188
s. auch Gefühl
Emotionale Zuwendung 31, 43, 52 ff, 149, 166, 192
Empirische Forschung 14, 32
Empfindlichkeit 148 f, 158
Energiemodell 23, 27, 31, 32, 33, 46, 104, 109, 118, 120, 124, 189
Entbahnung 35, 40, 42 f, 52 ff
Entspannung 170, 188 f
Erlebnishunger 72, 79, 88, 91, 92
Erleichterung 72, 121, 129–132, 167, 169 f, 196
Erziehung 13, 18, 20 f, 25, 32, 52 ff, 55, 64 f, 70, 74, 80, 96 f, 108, 120, 136 ff, 153, 154, 161, 165 f, 168, 171, 173, 180, 181, 185, 189–194, 202–204

Familie 20, 53, 97, 106, 109, 110, 119, 136 ff, 148, 153,

165, 166, 173, 184, 189–192, 195 f, 202, 203
Film s. Massenmedien
Flucht 47, 48, 49, 50, 71, 174
Folter 78, 81, 85, 103, 198
Frieden 13, 97, 145 f, 202–204
Frustration 29, 35, 63, 65, 76, 80, 82, 90, 112, 114, 115, 116, 117, 124, 128, 146–151, 161, 162, 167, 170, 175, 185, 188, 207
– F.-Aggressions-Hypothese 21, 27, 39–57, 58, 74, 87, 89, 104, 109, 118, 120, 134, 157
– F.-Antriebs-Hypothese 48 f
– Begriff 40 f, 52
– Reaktionen auf F. 40, 41, 46 ff, 53 f, 56, 65, 87, 167, 175, 185
– Verminderung von F. 25, 46, 134–139, 149, 192
Funktionelle Autonomie der Motive 78

Gefühle
– aggressive 17, 43 ff, 48 f, 73, 74, 77, 82 f, 86, 89–92, 102, 106 f, 108, 109, 139, 162, 168–172, 176
s. auch Ärger
– Eingehen auf G. 147, 171, 175, 191, 192
– Mitteilen von G. 125, 133, 170 ff, 175, 176, 180, 195, 196
Gehirn 38, 88, 118
Gehorsam 72, 81 f, 94 f, 100, 140, 164, 174
Generalisierung 79, 108
Gesetze 142, 145, 197
Gewalt 17, 31, 55 f, 81, 88, 98, 99 f, 102, 144 f, 154, 157, 163 ff, 174, 198 ff
Gewaltloser Widerstand / gewaltfreie Aktion 146, 174 f, 199 ff, 203, 206
Gewalttäter 53, 70, 72 f, 76, 78, 81 f, 101, 161, 180
Gewissen s. Hemmung, moralische
Gewohnheit 44, 47, 50, 55, 69, 80, 97, 100, 112, 114, 116, 118, 159, 179, 202, 207
Gruppe 35, 60, 64, 70, 99, 107, 116, 140, 143, 156, 157, 168, 177, 178, 186 f, 194 f
s. auch Kollektiv

Handlungsdruck 106, 107, 109
Haß 18, 73, 77, 91, 92, 176 f

Sachregister 221

Heim 181, 184, 202
Hemmung 28, 44, 46, 63, 73, 80, 87, 93–101, 105, 112, 113, 115, 118, 128, 139, 159–166, 187, 202
– leidinduzierte 34, 94–96, 101, 115, 160
– durch Angst vor Strafe 75, 94, 96f, 112, 113, 115, 159, 161, 165, 181f, 198, 207
– moralische 11, 26, 29, 30, 31, 73, 94, 97–101, 107, 108, 113, 115, 116, 153, 159, 162–166, 173, 177, 192, 207
Hindernisfrustration 40, 42, 44, 48, 50
Hinweisreize, aggressive 45, 63, 81, 84, 113, 114, 115, 116, 133, 141f, 142, 143, 155f, 207
Humor 47, 147, 148

Ideologie 73, 116, 143, 150, 151, 152
Immunisierung (Inokulation) 156
Individualpsychologie 148f
Instrumentelle Aggression 51, 74, 87, 89ff, 102, 107, 110, 112, 114, 117, 120, 124, 133, 151ff, 156, 167, 168, 172ff, 207
Internalisierung 93, 166

Katharsis 46, 119–133, 147, 169
s. auch Ausleben
Kausalattribuierung 106f, 109, 155f, 179
Kindergarten 58, 59, 69f, 181, 184, 186, 203
Klientenzentrierte Therapie 147, 148, 183
Kollektiv 55f, 94, 110, 116, 139f, 164, 175
s. auch Gruppe
Kommunikation 125, 135, 138, 148, 169, 170ff, 195f
Konfliktlösung 172ff, 176, 179, 180, 185ff, 191f, 194, 195, 196f, 198ff, 203, 204
Konstruktives Verhalten 15, 47, 48, 49, 50, 83, 110, 137, 140, 153, 172–200, 203, 204, 208
Krieg 13, 64, 70, 74, 91, 93, 99, 100, 120, 123, 144, 163, 198f, 202ff
Kriegsfreiwillige 53, 79, 166
Kriminalität 51, 53, 60, 64, 66f, 75, 76, 85, 87, 101, 102, 130, 138, 144, 149, 178, 182, 183, 187
Kultur(en) 38, 64, 70, 151, 152, 157

Langeweile 72, 79
Lehrer 19ff, 59, 65, 102, 140, 143, 148, 180f, 190, 192f
Leid (als Bekräftigung) 71, 73, 75–79, 91, 92, 96, 114, 115, 117, 129ff, 160
Leistungsdruck 20, 138, 154
Leistungsmotiv 72, 79, 85, 91, 92
Lernen 16, 22, 25, 27, 31, 38, 45, 50, 54, 96, 112, 117, 134, 137, 167, 189, 203
– am Erfolg (L. durch Bekräftigung) 23, 27, 54f, 58, 62, 64, 68–82, 89, 90, 97, 98, 106, 117, 131, 132, 136, 166, 168, 180, 181–187, 189, 190f, 192f, 196, 199, 201, 207
– am Modell (L. durch Beobachtung) 23, 27, 54f, 57, 58–67, 69, 87, 89, 97, 98, 106, 117, 143, 153, 166, 168, 180, 184, 185–189, 191, 193f, 195, 197, 198, 207
– kognitives 84–86, 147ff, 180, 182, 186f
Löschung 74, 75, 97, 181, 189, 193, 196

Macht 20, 62, 70, 74, 78, 91, 92, 113, 135, 144f, 151f, 166, 199f, 207
s. auch Durchsetzung
Männlichkeit 72, 76, 78, 165
Massenmedien 23, 59, 60f, 66ff, 118, 124, 125f, 133, 140, 153, 157, 159, 191, 194, 203, 204
Militär 64, 81, 85, 87, 91, 94, 96, 101, 141, 155, 156, 161, 200f
Modelle 23, 45, 51, 60ff, 81, 98, 99, 106, 112, 113, 115, 116, 120, 121, 124, 125f, 132, 133, 136, 140f, 143, 153, 154, 160, 166, 184, 190, 206
s. auch Lernen am Modell
Motivation 28, 73f, 89ff, 114, 147, 151, 158, 179

Nationalsozialismus 72f, 81, 106, 109, 144, 156
Natur, menschliche 13, 37f, 47, 86f, 204
Normen 21, 56, 64, 72, 76, 100, 108, 143, 150f, 165f, 168, 177, 178, 203

Orientierung 76, 100, 106, 110, 139f

Partnerbeziehung 65, 106, 109, 125, 137f, 143, 155, 170f,
195f, 202
Partnerzentriertes Gespräch 147, 149, 175
s. auch Gefühle, Eingehen auf
Persönlichkeit 44, 53f, 108, 114
Phantasie 47, 121, 126, 130, 132
Physiologie 38, 49, 87, 130f
Politik 13, 18, 20, 52, 55ff, 87, 91, 99, 110, 116, 119, 139, 143ff, 150, 153, 157, 165, 173, 174, 198–201, 202–204
Polizei 81, 87, 140, 141, 142, 145
Problemlösen 69, 79, 85f, 87, 117, 173, 180, 187
Psychoanalyse 28–33, 78, 81, 149, 182
Psychotherapie 120, 135, 147ff, 158, 180–196

Rationalisierung 47, 168
Rebellion 43, 56f, 135, 139, 146
Rechtfertigung 32, 62, 80, 99ff, 107, 110, 113, 116, 136, 140, 155, 162ff, 203, 207
Regel 81, 187
Religion 21, 81, 143, 150, 152, 165, 169
Rolle 81, 164, 188
Rollenspiel 156, 186f, 193f, 200
Rückzug 40, 47, 48, 49, 50, 53, 54, 70, 71, 115, 174
s. auch Flucht

Sadismus 29, 51, 71, 73, 77f, 91, 92, 96, 103, 114
Schadenfreude 76, 129
Schädigende Reize 40, 42, 44, 47, 48
Schmerz (als Auslöser) 32, 42
Schuld(ig) 45, 103–111, 155f, 158, 171
Schuldgefühle 72, 98, 106, 128, 129, 130, 165, 168
Schule 16, 24, 52, 65, 71, 137, 138, 143, 153, 157ff, 160, 180, 192–194, 199, 202–204
Selbstaggression 46, 47, 131
Selbstbehauptung 125, 173
Selbstbewertung 71, 72f, 76, 78, 79, 98ff, 114, 117, 148f, 165, 177, 181, 187, 207, 208
Selbstbewertung 71, 72f, 76, 78, 79, 98ff, 114, 148f, 165, 177, 181, 187, 207, 208
Selbstexploration 149, 183
Selbstkontrolle 132, 150, 180, 182, 187, 191, 196
Selbstverbalisation 149f, 187
Selbstwahrnehmung 72, 148f, 168, 207
Sexualität 29, 43, 52, 72, 79
Signallernen 84f, 90, 148, 188

222 Sachregister

Sozialisation 55, 84, 87, 98, 108, 130, 165 f, 195

Sozioökonomische Bedingungen 16, 20, 24, 25, 26, 43, 52, 55 ff, 135, 136, 138 f, 143 ff, 152, 154, 162, 199, 202, 204

Spannungsreduktion 29, 30, 72, 73, 130 ff, 207

Spiel 58 f, 62, 66, 68, 80, 97, 99, 120, 123, 127, 132, 133, 185, 186

Spielzeug 45, 58 f, 60, 123, 141 f ·

Spontane Aggression 27, 28–39, 51, 71, 77 ff, 91 f, 96, 103, 111

Sport 37, 63, 87, 120, 121, 124, 132

Sprache 83, 84, 87, 142, 164, 179

Stimulierung 71, 72, 73, 124, 128, 132, 170, 207

Strafe 26, 52, 53, 64 f, 66, 69, 74 f, 76, 96 f, 98, 104, 106, 112, 113, 115, 116, 131, 136, 137, 159, 161, 166, 181 f, 189,

191, 207

Strafvollzug 14, 60, 119, 184, 186, 202, 203

Streit suchen 51, 77, 91, 92, 103

Sündenbock 46, 85, 103–110, 155 f, 157

Terror 70, 72

Tiere 33 ff, 42, 89, 94

Trieb 14, 23, 27, 28–39, 74, 76, 78, 87, 89, 104, 109, 118, 120, 189

Todestrieb 28 ff, 33

Unterricht 157 ff, 193 f, 199, 204

Ursachenerklärung s. Kausalattribuierung

Ventil 23, 32, 33, 104, 109, 110, 119 ff
  s. auch Ausleben

Verantwortung 81, 99 f, 164 f, 182, 207

Verbalisation 149 f, 187

Verfügbarkeit (von Verhaltensweisen) 47, 50, 69, 118, 177 ff,

199, 202, 203, 207

Vergeltung 71, 73, 76 f, 84, 90, 91, 92, 114, 115, 121, 127 f, 129 ff, 140, 147, 168, 176 f

Verhaltenstherapie/-modifikation 97, 180–196

Verhaltenstraining 24, 27, 87, 180, 181, 185–189, 191, 193 f, 195, 196, 197, 199, 200, 203

Verselbständigte Aggression 77 f, 91, 92, 103, 114, 177

Verständnis s. Einsicht u. Einfühlung

Verteidigung s. Abwehr

Vorurteil 84, 104, 106 f, 156, 158 f

Waffen 45, 84, 85, 94, 141 f, 116,

Wirtschaft 43, 55, 70, 110, 112, 143 ff, 154
  s. auch sozioökonomische Bedingungen

Zielperson 28, 45, 102 ff, 115

Register der zitierten Autoren

Acker 51, 60, 63
Adorno 108
Ahrendt 72, 73
Aichhorn 149, 166
Allport 78, 106, 107, 123
Amelang 138
Arms 124

Bach 120, 122, 125
Bailey 182
Bandura 48, 53, 54, 58, 59, 60,
  61, 62, 64, 65, 66, 69, 70, 71,
  84, 88, 97, 98, 99, 101, 107,
  124, 143, 144, 153, 165, 166,
  184, 185, 188, 191, 192
Barker 47
Barkey 184, 192
Baron 94, 96, 140
Beatty 36
Beavin 109, 155
Beck 150
Becker 53, 54, 65, 192
Bell 106, 109
Belschner 65, 74, 184, 193
Berkowitz 17, 30, 39, 40, 42,
  43, 44, 45, 55, 60, 61, 62, 63,
  66, 76, 83, 89, 96, 98, 103,
  104, 108, 123, 126, 127, 128,
  129, 141, 170, 191
Berlyne 72
Bettelheim 104
Bitter 76
Blake 62
Blum 76, 129
Blumberg 200
Bostow 182
Bramel 76, 77, 129
Bricker 69
Brown 42, 74, 80, 96, 181
Broszat 73
Bugelski 104
Burchard 182
Burgess 130
Burnstein 42, 98, 147
Buss 17, 31, 40, 42, 69, 89, 94,
  96, 105, 124, 125, 165

Caesar 54, 65, 165, 191
Carsten 194
Charlton 194
Chasdi 96, 97
Chittenden 185
Cohen 53, 130
Corvin 60, 62, 126
Coules 127
Cowan 69, 74

Dann 121, 128
Davies 43, 57

Davitz 69, 185
Dembo 39, 40, 41, 42, 47, 105
Dinoff 182
Dollard 39, 40, 41, 52, 103, 104,
  120
Doob 39, 42, 128
Dorsch 41
Dreikurs 148
Durkee 69, 124

Ebert 175, 199, 200
Edelman 130
Eibl-Eibesfeldt 38, 87
Eisert 184, 192
Elliott 181
Ellis 149, 169
Ernst 143
Eron 53, 97
Euler 69, 184
Ewe 191

Falk 191
Fend 138, 165
Feshbach 42, 45, 76, 77, 89, 96,
  123, 125, 126
Fest 156
Fisch 142
Frenkel-Brunswick 108
Freud 28, 29, 30, 31, 104, 120,
  203
Fromm 29, 30, 39, 74, 78, 79,
  103, 152
Fürntratt 18, 47, 63, 71, 77, 89,
  90, 93, 97, 135, 141, 161, 174

Gagné 84
Galtung 144, 145
Gambaro 130
Ganzer 186
Geen 42, 60, 61, 63, 69, 80, 126
Gittelmann 188
Glueck 65
Goldberg 120, 122, 125
Goldfried 150, 187
Goldstein 124, 196
Gordon 148, 173, 191, 192
Green 76, 104, 127, 128, 129
Greif 197
Grobe 66
Gross 42
Grundke 147, 158
Grundmann 196
Grunwald 148
Grusec 62
Gurr 43, 55, 56, 57, 110

Hacker 18, 31, 32, 99, 104, 119,
  120, 129
Halder 188

Hanke 193
Hanratty 61, 126
Harris 42, 45, 107
Hartig 98, 196
Hartmann 126
Haugg 194
Heider 81, 101, 106, 179
Heinelt 192
Herrell 188
Herrmann 194
Hielscher 194
Hieronimus 60, 62, 126
Hicks 59, 62, 119
Hoffmann 193
Hofstätter 37, 42, 76, 100, 108,
  144
Hokanson 130, 131
Holmes 104, 130
Horn 66
Howard 53
Huang 107
Huber 193
Hull 68
Huston 59, 61

Jackson 109, 155, 195
Janowitz 104

Kagan 97
Kahn 130
Kanfer 196
Kase 191
Kaufmann 111, 114
Keller 85
Kellner 66
Kirschner 193
Knurek 83
Kohn 99
Kolb 182, 185
Koropsak 130, 131
Kraak 158
Krameyer 197
Krebs 126
Kuncik 61, 67
Kunczik 66, 126

Larder 61
Lawrence 96, 97
Lederer 195
Lefkowitz 53, 62, 97
Lesser 126
Levin 53, 193
Levinson 108
Lewin 47
Lipscher 69
Lischke 14, 16, 38, 52, 54, 58,
  59, 61, 71, 72, 182, 184, 188
Littmann 69
Loew 80, 124, 127

224 Register der zitierten Autoren

Lorenz, K. 14, 33, 34, 36, 89, 94, 120, 122, 160
Lorenz, R. 193
Lovaas 60, 61, 69, 80

Maccoby 53
Maier 47
Mallick 42, 127, 147
Mandel 88, 170, 195
Mandl 193
Mantell 53, 79, 93, 95, 98, 140, 166, 191, 203
McCandless 42, 127, 147
McCauley 76, 127, 129
McCord 53, 54, 64
McGuire 156
Mees 105, 159
Meichenbaum 187
Megargee 101, 180
Michaelis 47, 84, 87, 89, 91
Milgram 81, 94, 95, 100, 140, 164
Miller 39, 41, 69, 104
Minsel 190, 191
Mischel 62
Mitscherlich 14, 18, 30, 31, 32, 120, 157
Molzahn 193
Moss 97
Mouton 62
Mowrer 39
Moyer 38
Mucchielli 148
Mussen 51, 60, 61

Neidhardt 55
Newcomb 158
Nolting 105, 107, 157

O'Neal 61

Page 45
Palmer 53
Pastore 44
Patterson 69, 190
Pawlow 80
Pepper 148
Perrez 191
Petermann 186
Pigg 80

Pitkänen 147, 186, 193, 194
Plack 39, 43
Pütz 184

Rabin 130
Rattner 39
Rawlings 60, 62, 126
Redl 147, 149, 182
Ribes-Inesta 143
Richard 182
Richter 106, 175
Rieger 197
Röhm 149
Röhrs 196
Roberts 200
Rogers 147, 148, 149, 183
Rosenzweig 40
Ross 58, 59, 61, 62
Rothenspieler 200
Ruch 42
Rutherford 51, 60, 61
Ryan 127

Sanford 108
Sarason 175, 186
Schachter 49, 107, 109
Schmidt 45, 58
Schmidt-Mummendey 14, 42, 45, 58, 114, 116, 141, 197
Schmitt 194
Schneider 103
Schott 16, 193
Schulze 193
Schultz 170
Schwäbisch 148, 195
Schwitzgebel 182, 185
Sears 39, 53, 65, 77, 98, 165, 191
Selg 14, 16, 39, 40, 41, 48, 49, 52, 58, 64, 131
Seligman 48
Semmer 197
Senghaas 55, 56
Shetler 130
Shope 128
Siebert 150
Siegel 99
Siems 148, 195
Singer 49, 66, 67
Skinner 68, 86

Sommer, A. 66
Sommer, G. 143
Sprenger 124
Stange 194
Staub 76, 101, 147
Stewart 36
Stilles 76
Stone 131
Stonner 69, 128
Sulzer 61
Szczesny 73, 145

Taub 76, 129
Tausch 137, 148, 183, 192
Teegen 193, 196
Tharp 190, 192, 196
Thibaut 127
Thomas 51, 60, 63
Thorndike 68
Toch 76, 78, 103, 111
Toigo 53, 97
Triandis 153, 156, 158
Tyler 96, 182

Ullmann 157
Ulrich 42

Vogel 106, 109

Walder 53, 97
Walker 200
Walters 42, 48, 51, 53, 54, 58, 60, 61, 63, 64, 65, 69, 70, 74, 80, 97, 98, 165, 166, 191
Watson 196
Watzlawick 109, 142, 148, 155, 171, 195
Weakland 142
Werbik 16
Wetzel 190, 192
Wimmer 191
Wineman 147, 149, 182
Willers 130, 131
Wood 128
Worchel 42, 98, 147
Würtenberger 138

Zaworka 138
Zimbardo 42, 81
Zuckerman 72
Zulliger 120